世界の
サンドイッチ図鑑

意外な組み合わせが楽しい
ご当地レシピ
355

The World's Sandwiches

佐藤政人

誠文堂新光社

Contents

- 8 はじめに
- 10 本書で紹介するサンドイッチの定義

Chapter 1 西ヨーロッパ

12 イングランド
- 12 ヨークシャー・プディング・スモークサーモン・オープンサンドイッチ
- 13 チップ・バティ
- 14 プラウマンズ・ランチ
- 15 シューターズ・サンドイッチ
- 16 ソルト・ビーフ・ベーグル
- 17 トースト・サンドイッチ
- 18 ティー・サンドイッチ
- 20 ツナ&スイートコーン/ソーセージ・サーニー/ベーコン・バティ
- 21 ピクニック・サンドイッチ

22 ウェールズ
- 22 ウェルシュ・ラビット

23 スコットランド
- 23 スコッチ・ウッドコック

24 アイルランド
- 24 クリスプ・サンドイッチ
- 25 バナナ&シュガー・サンドイッチ
- 26 コンビーフ・サンドイッチ/ブレックファスト・ロール/ブラムリー&ベーコン・バティ

27 アイスランド
- 27 ハンギキョート/ピルシュル

28 ドイツ
- 28 ブラットヴァルスト・イム・ラウゲンスタンゲン
- 30 ブッターブロート
- 31 バウエン・オームレット・サンドイッチ
- 32 リーバルヴァルスト・サンドイッチ
- 33 トースト・ハワイ/コッテンブッター/カスラー・メルト
- 34 ハイセス・ヴァルストブロート
- 35 ドゥナル・キバップ・サンドイッチ
- 36 エンテンブルスト・サンドイッチ/フィッシュブロートヒェン
- 37 ビエルヴァルスト/リーバルキセメル/シュヴァインブラテン・サンドイッチ

38 オーストリア
- 38 ウィンナ・シュニッツェル
- 39 ボスナ/ザルディーネン・ブロート

40 オランダ
- 40 ブローチェ・クロケット/ブローチェ・バール
- 42 ブローチェ・ハルナーレン・メット・コンコマー
- 43 ブローチェ・ポム
- 44 カリー・バニーズ/トスティ/アウツマイター
- 45 ブローチェ・カース/フロークタ・バーリング/ブローチェ・フリカンデル
- 46 ベスハウト・メット・マウシェス
- 47 ブローチェ・ハーゲルスラッハ

48 ベルギー
- 48 ブローチェ・クラブサラーダ
- 49 ブローチェ・マルティーノ
- 50 ブローチェ・ゾムサラーダ
- 51 ラ・ミトレイエット

52 イタリア
- 52 ベーグル・ファルチッティ
- 54 ブルスケッタ・アル・ポモドーロ
- 56 スキャッチャータ
- 57 ムフォレッタ/パネッレ/パニノ・コン・ラ・フリッタータ・コン・ラ・ルッコラ
- 58 パニ・カ・メウサ/パニノ・アル・ランプレドット/パニノ・サルシッチャ・エ・ブロッコレッティ
- 59 パネ・クンツァート/プチャ・サレンティーナ/パニノ・カプレーゼ
- 61 パネットーネ・ガストロノミコ
- 62 トラメッツィーノ
- 64 バルケッテ・ディ・パネ・リピエーネ
- 65 パニノ・コン・イル・ポルポ/パニノ・パルミジャーナ・ディ・メランザーナ/パニノ・アル・トンノ
- 66 パニノ・プロシュット・エ・フィキ
- 67 パニノ・コン・ラ・ポルケッタ/ピアディーナ・コン・コット・エ・カルチョフィーニ
- 68 ブリオッシュ・コン・ジェラート
- 69 パニノ・オ・ヌテラ

70 マルタ
- 70 フティーラ・ウィズ・トマト&オリーブ
- 71 ホブス・ビゼイト

72 **フランス**
- 72 パン・バーニャ
- 73 ジャンボン・ブール
- 74 クロック・ムッシュ
- 75 サンドウィッチ・ア・ロムレット
- 76 タルティーヌ
- 78 サンドウィッチ・オ・ソシソン／
タコ・ア・ラ・リヨネーズ
- 79 パテ・ア・パン／サンドウィッチ・ドゥ・プーレ／
サンドウィッチ・ドゥ・カナール

80 **スイス**
- 80 シュニッツェル・コルドン・ブルー・バーガー
- 81 ローシンケン・ビルネ・ホーニグ・センフ・
サンドウィッチ

82 **スペイン**
- 82 モンタディート
- 84 セタス・エン・トスターダ
- 85 ボカタ・デ・トルティーヤ・デ・パタタス／トマテ／
サンドウィッチ・デ・チョコラーテ、
クレマ・デ・カカウエテ・イ・プラタノ
- 86 ボカディーヨ・デ・カラマーレス
- 87 ボカディーヨ・デ・ハモン
- 88 コカ・デ・サン・フアン・デ・チョコラーテ・
イ・ナランハ／
コカ・デ・サルディナス・コン・サルモレッタ

89 **ポルトガル**
- 89 サーンジス・ドゥ・パナド／
サーンジス・ドゥ・プレゼント・エ・ケイジョ・ダ・セラ
- 91 フランセズィーニャ／
サーンジス・ドゥ・カルニ・アサード
- 92 ビファナ／サーンジス・ドゥ・コーラトス

93 *Chapter 2* **北ヨーロッパ**

94 **フィンランド**
- 94 ヴォイレイパ
- 96 ポリライネン
- 97 スィラッカレイパ／
カライサット・コロミオレイヴァット

98 **スウェーデン**
- 98 スモルゴス／
ミユカカ・メッド・エッペレ・オック・モロット
- 100 スモルゴストルタ
- 101 ヴァルム・スモルゴストルタ・メッド・フヌカカ

102 **ノルウェー**
- 102 スモーブロー
- 104 レフセ

105 **デンマーク**
- 105 フレクステグス・サンドウィッチ
- 106 スモーブロー（デンマーク版）
- 108 ラム・チーズ・バーガー

109 *Chapter 3* **東ヨーロッパ**

110 **ハンガリー**
- 110 ホルトバジ・パラチンタ
- 111 スィルヴェスタリ／
トゥロボル・トゥールトット・ジェムレ
- 112 レフォルム・サンドヴィッチ・ポルショシュ・
サルミヴォル／ランゴシュ／
ニェールシュ・ゴンバッシュ・サンドヴィッチ

113 **ポーランド**
- 113 カナプカ・ズ・カシャンカウ
- 114 トゥファロジェック・ナ・カナプキ
- 115 スシャボヴァ・カナプカ
- 116 カナプカ・ズィ・シュレジエム／
カナプキ・ズ・キショナ・カプスタ
- 117 カナプカ・ズ・トゥファロギエム・イ・ジェメム／
カナプカ・ズ・コトゥレテム・ミエロヌィム
- 118 ザピエカンカ／
ザピエカンキ・ズ・ビアワ・キオバッサ

119 **チェコ**
- 119 オブロジェネ・フラビーチキ・ス・リヴァミ／
スマジェニィ・シール

120 **エストニア**
- 120 キルヴイレイブ

121 **クロアチア**
　121　セリアチキ・センドウィッチ／
　　　 トプリ・センドウィッチー

122 **セルビア**
　122　コバシツァ・センドウィッチ／
　　　 コンプレット・レピーニャ
　123　セヴァプチチ・センドウィッチ／
　　　 ピェスカビツァ／ショプスカ・サラタ

124 **ロシア**
　124　ブリヌイ

125 **ギリシャ**
　125　スブラキ／イロ／ホリアティキ

126 **アルメニア**
　126　ラヴァーシュ・ロール／
　　　 ロシュ・ケバブ・ウィズ・ピダ・ブレッド

127 *Chapter 4* **中近東**

128 **レバノン**
　128　アタイエフ・ビル・アシュタ
　129　コフテ・カバブ・ロール

130 **トルコ**
　130　ラフマジュン・ウィズ・ギャヴルター・サラタス
　131　ラヴァーシュ・トースト
　132　バルック・エキメッキ／スジューク・バーガー
　133　ドネル・ケバブ・ウィズ・ユンリュク・エキメッキ／
　　　 ベヤズ・ペイニーリ・サンドヴィッチ

134 **イラン**
　134　イスファハニ・ビリヤニ・ウィズ・タフトゥーン

135 **イスラエル**
　135　サビーフ

136 **イラク**
　136　ムサクァハン・オン・ラファ
　137　ベトゥリニアン・マイクリ・オン・ラファ
　138　シシ・カバブ・イン・サムーン／
　　　 バギラ・ビル・ディアヒン

139 **アフガニスタン**
　139　アフガニ・バーガー／ボラニ

140 **パキスタン**
　140　ニザミ・ロール
　141　バン・ケバブ／チャトパタ・パラタ・ロール

142 **中近東全般**
　142　ファラフェル／シャワルマ

143 *Chapter 5* **北アメリカ**

144 **アメリカ合衆国**
　144　プルド・ポーク・サンドイッチ
　145　フレンチ・ディップ
　146　ルーベン
　147　チキン・サンドイッチ
　148　チョップト・レバー・サンドイッチ
　149　イタリアン・サブ
　150　ビー・エル・ティー
　152　クラブ・サンドイッチ
　153　グリルド・ポートベロ・サンドイッチ
　154　ブレックファスト・ビスケット・サンドイッチ
　155　ムフラタ
　156　デビルド・ハム・サンドイッチ
　157　スロッピー・ジョー
　158　エッグ・ベネディクト
　160　クラブ・メルト
　161　クラム・ロール
　162　マザー・イン・ロー
　163　フィリー・チーズステーキ・サンドイッチ
　164　アメリカン・タコ／バーベキュー・サンドイッチ／
　　　 チャウ・メイン・サンドイッチ
　165　クディギー／ダグウッド／
　　　 ベジ・クロワッサン・サンドイッチ
　166　チリ・バーガー／ブリトー／デンバー・サンドイッチ
　167　ハンバーガー／ホット・ドッグ
　168　ジ・エルビス
　169　ビーフ・オン・ウェック／ボローニャ・サンドイッチ／
　　　 キューバン・サンドイッチ
　170　チックピー・サラダ・サンドイッチ
　171　ベイクド・ビーン・サンドイッチ／
　　　 マシュマロ・スプレッド＆ピーナッツバター・
　　　 サンドイッチ／フライド・フィッシュ・サンドイッチ
　172　ラックス
　173　ロブスター・ロール／オイスター・ローフ

- 174 グリルド・チーズ・サンドイッチ／
ホット・ロースト・ビーフ・サンドイッチ／
ジューシー・ルーシー
- 175 ミートボール・サンドイッチ／
ミートローフ・サンドイッチ／
パストラミ・サンドイッチ
- 176 バーモンター・サンドイッチ
- 177 ポーク・テンダーロイン・サンドイッチ
- 178 パティ・メルト／プリマンティ／
ロースト・ビーフ・サンドイッチ
- 179 スピーディ／ステーキ・ボム／
ターキー・アップル・サンドイッチ
- 180 マフィンウィッチ
- 181 スモア
- 182 ドーナッツ・サンドイッチ
- 183 アイスクリーム・サンドイッチ／モンテ・クリスト／
ピーナッツ・バター＆ジェリー・サンドイッチ
- 184 ポーボーイ／ケイジャン・パーチ・ポーボーイ

185 ハワイ
- 185 グリルド・ハワイアン・テリヤキ・バーガー
- 186 ベイクド・ハム＆スイス・チーズ・サンドイッチ
- 187 カルア・ポーク・サンドイッチ／スパムウィッチ

188 カナダ
- 188 ホット・チキン・サンドイッチ
- 189 モントリオール・スタイル・スモークド・ミート・サンドイッチ
- 190 サーモン・バノック・サンドイッチ／
ピーミール・ベーコン・サンドイッチ

191 Chapter 8 ラテンアメリカ

192 メキシコ
- 192 タコス・デ・ポイヨ
- 193 セミタ・ポブラナ
- 194 トルタス・デ・アグアカテ・フリト
- 195 ペロナ
- 196 グアホロタ／ラス・クラシカス・ケサディーヤ
- 197 パンバソ／モイエテス
- 198 チャンクラス／ブリトー・デ・カルネ

199 プエルトリコ
- 199 トリプレッタ
- 200 マヨルカ
- 201 パン・コン・レチョン・アサド／ヒバロ

202 キューバ
- 202 エレナ・ルース
- 203 フリタ
- 204 パン・デ・メディアノーチェ／
パン・コン・ティンバ

205 ハイチ
- 205 ヘイシャン・エッグ・サンドイッチ／
ヘイシャン・ステーキ・サンドイッチ

206 ドミニカ
- 206 サンドウィチ・デ・ピエルナ・デ・セルド
- 207 チミチュリ・バーガー

208 ジャマイカ
- 208 ジャマイカン・ジャークチキン・サンドイッチ
- 209 ジャマイカン・ツナ・サンドイッチ
- 210 ジャマイカン・パティ・イン・ココ・ブレッド

211 グァテマラ
- 211 シュコ／ピルホス

212 ベリーズ
- 212 ガルナーチェス／ジョニー・ケイクス

213 ホンジュラス
- 213 バレアーダス／サンドウィチ・デ・ポイヨ

214 エルサルバドル
- 214 パネス・コン・パヴォ／
ププサス・コン・クルティード

215 コスタリカ
- 215 パタコン・レイエノ
- 216 アレグラド／タコス・ティコス
- 217 ピカディーヨ

218 パナマ
- 218 パナマニアン・コーン・トルティーヤ

219 ブラジル
- 219 ミスト・ケンチ
- 220 バウル
- 222 モルタデッラ・サンドイッチ
- 223 シス-トゥード／
サンドウィッシュ・ジュ・カルン・ジュ・ソル／
タピオカ

224 **トリニダート・トバゴ**
　224　ダブルズ／ベイク＆シャーク・サンドイッチ

225 **ベネズエラ**
　225　ベビト・デ・カルネ
　226　アレパス・デ・ペリコ／
　　　　プラタノス・レボサドス・レイエノス・デ・ケソ

227 **エクアドル**
　227　セヴィーチェ・デ・カマロン／
　　　　サンドゥチェ・デ・チャンチョ・オルナード

228 **コロンビア**
　228　アレパ・デ・ケソ・コロンビアナス
　229　パン・コン・パルタ

230 **ペルー**
　230　サンドウィッチ・トリプレ
　232　サンドウィッチ・デ・チチャロン／
　　　　ウェヴォス・ア・ラ・ラボナ／ブティファラ

233 **ボリビア**
　233　サンドウィチェ・デ・チョラ

234 **パラグアイ**
　234　ロミト・アラベ

235 **ウルグアイ**
　235　チヴィート
　236　チョリパン

237 **アルゼンチン**
　237　サンドウィッチ・デ・ミラネッサ
　238　ベベテ・デ・ハモン・イ・ケソ／
　　　　サンドウィッチェス・デ・ミガ
　239　ロミト／ボンディオラ

240 **チリ**
　240　チャカレロ
　241　バロス・ハルパ／バロス・ルーコ
　242　チュラスコ／コンプレート

243 **Chapter 7 アフリカ**

244 **エジプト**
　244　クナーファ・ウィズ・クリーム
　246　アエージ・バラディ・ウィズ・デュカ
　247　ハワウシ／エジプシアン・パレス・ブレッド
　248　エジプシアン・ムサカ／フール・ミダミス

249 **モロッコ**
　249　ハルチャ
　250　バトブート
　251　モロカン・チキン＆チックピー・サラダ／
　　　　ラム・タジン・ウィズ・プルーンズ

252 **チュニジア**
　252　フリカッセ

253 **アルジェリア**
　253　ガランティータ／フリット・オムレット

254 **南アフリカ**
　254　バーニ・チャウ
　255　ギャツビー／ブラーイブルーイキ
　256　スパイシー・アマルラ・チキン・レバーズ・
　　　　ウィズ・クラスティ・ブレッド
　257　パイナップル・サンドイッチ／
　　　　ルースタークック

258 **ザンビア**
　258　クロコダイル・バーガー

259 **Chapter 8 アジア、オセアニア**

260 **中国**
　260　ツウ・パイ・パオ
　261　シャオ・ビン
　262　ロー・ジャー・モー

263 **台湾**
　263　グァン・ツァイ・バン
　264　グアバオ

265 **韓国**
- 265 プルコギ・バーガー

266 **日本**
- 266 カツサンド
- 267 焼きソバパン／フルーツサンド

268 **ベトナム**
- 268 バイン・ミー

269 **タイ**
- 269 アイティム・カノム・パン

270 **カンボジア**
- 270 ナン・パン

271 **マレーシア**
- 271 ロティ・ジョン

272 **シンガポール**
- 272 カヤ・トースト

273 **インド**
- 273 パニール・ティッカ・カティー・ロール
- 274 ブレッド・パコラ
- 276 ウォラ・パオ／
  ボンベイ・マサラ・チーズ・トースト・サンドイッチ
- 277 カークラ・チャート
- 278 ダベリ
- 279 ジャトパト・アルー・ロール
- 280 チョーレー・クルチェ
- 281 マライ・サンドイッチ

282 **オーストラリア**
- 282 カンガルー・バーガー
- 283 ベジマイト・サンドイッチ

284 **パンの作り方**
- 284 ルグブロー
- 285 グラウブロート
- 286 ムフォレッタ
- 287 プチャ
- 288 コカ・デ・サン・フアン
- 289 ミユカカ&フヌカカ
- 290 タフトゥーン
- 291 サムーン
- 292 セミタ
- 293 キューバン・スイート・ブレッド&マヨルカ
- 294 アレパ／マラケッタ

295 サンドイッチのソースとシーズニング

298 サンドイッチに使われるパンの分類

300 サンドイッチに使われる世界の珍味

はじめに

　この本の執筆にあたり、6か月ほどの間に350を超すサンドイッチの写真を撮った。その中で買ったものはたぶん20もない。あとは全部自分で作り、手に入らないパンは自分で焼いた。「撮影が終わったら、しばらくサンドイッチは食べなくてもいい」と思った。それなのに、撮影が終わってからも週に少なくとも2、3回はサンドイッチを食べている。新しいアイデアが浮かぶので、いろいろと試してみたくもなる。

　私の好きなサンドイッチは、バゲットを使ったもの。バゲットは買ってきたばかりでも必ず軽くトーストする。中身はスライスしたゴーダのゴートチーズ、その上にスライスしたアボカドとトマト、バジルの葉を数枚のせる。塩、コショーのあとにバルサミコヴィネガーとオリーブオイルをかける。そしてルッコラをたっぷりはさむ。肉がほしいときは、ハモン・セラーノのスライスを1枚足す。アンチョビやサーディンの場合もある。サンドイッチのおもしろいところは、発想次第でバリエーションが無限に広がるところではないだろうか。高級レストランで食べる料理ではなく、道端やマーケットでだれでも買える庶民の食べ物であることも、私の性には合っている。

　また、サンドイッチにはその土地の食文化が凝縮されている。サンドイッチを見れば、その土地の人たちが日常的にどんなものを食べているのかがわかってくる。サンドイッチを通して、その背景にある文化や歴史を垣間見ることもできる。逆も然りで、その土地の文化や歴史がサンドイッチに反映されているといってもいいと思う。この本を通して、そんなサンドイッチの魅力を感じてもらえれば幸いだ。

佐藤政人

本書で紹介するサンドイッチの定義

　アメリカでもっとも知られる辞書のひとつ『メリアム・ウェブスター』によると、サンドイッチの定義は以下のようになる。「間に何か（肉、ピーナッツバターなど）がはさまっている2枚のパン。何かがはさまった2枚以上のクッキー、クラッカー、ケーキのスライス」

　サンドイッチらしきものが歴史上に登場するのは1世紀のことだ。ユダヤ教の指導者だったヒレルが、過越（ユダヤ教の祭り）のときに生贄の羊（ラム）と苦いハーブを、2枚のマッツァー（発酵していない平たいパン）にはさんで食べたといわれている。ただ、一般にサンドイッチという言葉が普及し始めるのは、18世紀に入ってからで、場所はイギリスである。いわゆるティー・サンドイッチに代表される、2枚のパンに具をはさんだ、お馴染みのサンドイッチのことだ。

　しかし、このイギリスのサンドイッチや、辞書のサンドイッチがサンドイッチの定義だとすると、ヨーロッパのオープン・サンドイッチも、メキシコのタコスも、中近東のピタポケットもサンドイッチではないということになる。でも、実際は多くの人が、これらをサンドイッチとして認識している。　私のサンドイッチの定義に関する考えはこうだ。「パン、あるいはパンに相当するもの（パン生地、パイ、パイ生地、ラテンアメリカのプランテインなど何でもかまわない）で具をはさんでいるもの」。もうひとつは「オープン・サンドイッチ、パンの上に何かがのっている、あるいは何かがかかっているもの」。この本に出てくるサンドイッチは、この定義に沿って選んでいる。だから「これがサンドイッチ？」と言いたくなるものもいくつかあるかもしれないが、私のこの定義では立派なサンドイッチなのである。

サンドイッチの日本語表記は、日本で一般的に使われているものに対してはそれに合わせ、それ以外のものは現地の発音にできるだけ合わせました。

The World's Sandwiches

Chapter

1

西ヨーロッパ

イングランド／ウェールズ／スコットランド／
アイルランド／アイスランド／ドイツ／オーストリア／
オランダ／ベルギー／イタリア／マルタ／フランス／
スイス／スペイン／ポルトガル

Yorkshire Pudding Smoked Salmon Open Sandwich

イングランド

ヨークシャー・プディング・スモークサーモン・オープンサンドイッチ

イギリス伝統のペーストリーで作る新感覚のオープンサンド

　マフィン型に少量の油を入れ、オーブンで煙が出るほど熱くする。そこに生地を入れてオーブンで20分ほど焼くと、見事に膨らんでふわふわのペーストリーができる。これがヨークシャー・プディングだ。デザートのプディング（プリン）とはまったく違う食べ物だ。そもそもこの安上がりな食べ物は食事の最初に出され、腹をある程度膨らませてからメインの食事に入るという、いってみれば労働者階級の食べ物だった。今ではヨークシャー地方の名物料理で、海外で生活するその地方の人がもっとも懐かしむ料理でもある。

材料（12人分） Recipe

【パン】ヨークシャー・プディング：12個*
【具材】細かく刻んだ新鮮なディル（クレム・フレッシュに混ぜる）：大さじ3／クレム・フレッシュ（サワークリーム）：200ml／スモークサーモン：6枚／ディル（飾り用）：適宜
*サラダ油：大さじ1／小麦粉：140g／卵：4個／牛乳：200ml／塩と黒コショー：ひと摘み　●オーブンを200℃にセット。マフィン型の穴にサラダ油を少しずつ注ぎ、オーブンで熱する。小麦粉をボールに入れ、卵を加えて滑らかになるまで混ぜる。さらにミルクを少しずつ入れて滑らかな生地を作る。最後に塩とコショーを加える。生地を計量カップなど注ぎやすい容器に移す。煙が出るくらい熱した型を取り出し、大さじ2から3くらいずつ各穴に流し込み、すばやくオーブンにもどし、20分ほど、ふっくらと膨らむまで焼く。

Memo

焼くのに油を使うが、生地が油をあまり吸い込まないので油っこくはならない。ジャムやクリームチーズを塗って食べるのが普通だ。焼き立てがいちばん。

Chip Butty

イングランド

チップ・バティ

イギリスでもっともポピュラーなサンドイッチのひとつ

日本でチップといえばポテトチップスのことだが、イギリスではフライドポテトのことで、ポテトチップスはクリスプと呼ぶ。バティはパンとバターという意味で、イギリス北部、ヨークシャー、リバプールあたりが発祥の地であるらしい。なんてことはない、パンにバターを塗って、フライドポテトをはさむ、それだけのサンドイッチだが、イギリス人の誇り、こだわりのサンドイッチなのだ。フットボールチーム、シェフィールド・ユナイテッドのサポーターが試合中に歌う「グリーシー（油っこい）・チップ・バティ」は、象徴的といえる。ひやりとしたバターと柔らかなパン、パリッとした揚げ立てのフライドポテト、このコンビネーションがこのサンドイッチの命だ。

材料（1人分） — Recipe

【パン】食パン2枚またはハンバーガーバン1個／【具材】バター：適宜／フライドポテト：好きなだけ【ソース】ケチャップまたはブラウンソース：適宜／イングリッシュ・マスタード（お好みで）

Memo

フライドポテトは国、店、人によって太さがまちまちだ。イギリスではだいたい1cmくらいと太めである。2度揚げすると外側がパリッと仕上がる。2度めは高温でさっと揚げる。

Ploughman's Lunch

イングランド

プラウマンズ・ランチ

イングランド England

昼どきといえども、サンドイッチ片手にビールを飲む？

　プラウマンとは農場で馬を引く人のことだが、彼らが食べていたのが、プラウマンズ・ランチなのかどうかはわからない。ランチというように、日本でいえば定食みたいなもので、チーズ、パン、ピクルスのほか、ハム、茹で卵、リンゴ、酢漬けの玉ネギなどで構成される。プラウマンズ・ランチのサンドイッチは、お皿に並んだものをすべてパンにはさんで作ったと思っていいだろう。ここで紹介するサンドイッチは、それを少しばかりおしゃれにしたバージョンである。パブで出されたのが始まりというわけではないだろうが、ランチといえども、このサンドイッチにはビール、とくにエールは欠かせない。

Recipe

材料（4人分）

【パン】バゲット：1/2個【具材】すりおろした熟成チェダーチーズ：250g／すりおろしたニンジン：1本分／すりおろした赤玉ネギ：1個分／サラダクリーム（マヨネーズに似たスプレッド）：大さじ2〜4／塩とコショー：適宜　●具材をすべてボールに入れて滑らかになるまでよく混ぜる

Memo

サンドイッチの材料に使わなかったソーセージ、茹で卵などは、サンドイッチに添えて出す。パンは少しトーストすると、外側がパリッとなって食べやすく、しかもおいしくなる。

Shooter's Sandwich

イングランド

|| シューターズ・サンドイッチ

早起きが嫌だった、ものぐさシェフが作り出したサンドイッチ

朝早く出かけるハンターのために、あるシェフが20世紀の初頭に考え出したのがシューターズ・サンドイッチである。丸いカントリーブレッドの上を切り取り、中身をかき出してステーキとソテーしたマッシュルームを詰め込む。切り取ったパンで蓋をして紙でくるみ、重石をして一晩おく。コンパクトになったサンドイッチは、持ち運びが楽で、ナイフで切っても崩れない。このサンドイッチはハンターのようなアウトドアズマンにとって、画期的なサンドイッチとなった。

材料（4〜6人分） Recipe

【パン】ラウンド・ラスティ・ブレッド（サワードウ・ブールなど）：1個【具材】厚くスライスした牛肉のステーキ（ミディアムレア）：2枚／マッシュルームのソテー：約500g*

*粗くみじん切りしたマッシュルーム：500g／粗くみじん切りしたエシャロット：200g／バター：70g／塩とコショー：適宜／ブランデー（フランベ用）：大さじ1

Memo

具をパンの中にぴったり収めるのが難しい。具の分量には調節が必要だ。マッシュルームの水分がなくなるまでソテーすることもポイント。

Salt Beef Bagel

|| ソルト・ビーフ・ベーグル

イギリスとユダヤの文化が融合したロンドン・イーストエンドの名作

　塩には保存の効果がある。魚の干物はその典型だが、肉も同じだ。牛肉を塩辛い水に漬けて長く保存できるようにする。それがソルト・ビーフである。ソルト・ビーフという言葉には馴染みがないかもしれないが、コンビーフならピンとくるだろう。両者は呼び方が違うだけで、同じものと思ってかまわない。でも、どうしてイギリスでベーグルなのか。ロンドンのイーストエンドにはユダヤ人が多い。ベーグルはユダヤを代表するパンである。ロンドンに移り住んだユダヤ人がこのふたつを組み合わせて作ったのが、ソルト・ビーフ・ベーグルなのだ。イギリス全土で食べられているが、元祖イーストエンドのソルト・ビーフ・ベーグルが、今でも人気筆頭である。

材料（1人分）　　Recipe

【パン】ベーグル:1個【具材】ソルト・ビーフ（コンビーフ）:4〜6枚*／キュウリのピクルス（縦にスライス）:4本【ソース】イングリッシュ・マスタード:大さじ1／マヨネーズ:大さじ1
*牛ブリスケット（肩バラ）:1kg／ニンジン:2本／玉ネギ:1個、セロリ:1本／ニンニク:2個　砂糖:300g／塩:700g／粒コショー、コリアンダー・シード:各小さじ1／ベイリーフ:2枚／水:1L　●作り方はp.146

Memo

ベーグルはポピーシード、全粒粉、オニオンなど、好みのものを選べばいい。イギリスではピクルスではなく、ガーキンという。缶詰のコンビーフは別物なので使わない。

イングランド England

Toast Sandwich

|| トースト・サンドイッチ

イングランド

イギリス人は「えっ」と思うようなサンドイッチを作る天才!!

　150年ほど前のことだ。イギリスのビートン婦人は、『ブック・オブ・ハウスホールド・マネージメント』を出版した。その中で、病人食としてトースト・サンドイッチが紹介されている。「冷めた薄いトーストを、バターを塗った2枚のパンではさむ。塩とコショーで味つけする」と書かれている。イギリス王立化学会は、この本の出版150周年を記念してトースト・サンドイッチを蘇らせた。もっとも経済的でしかも栄養価が高い、ランチとしても最適であるとし、このサンドイッチを再評価した。たかがトーストをはさんだだけのサンドイッチだと笑ってはいけない。100年以上も昔に発案され、世界トップの科学者がお墨付きを与えた誉れ高いサンドイッチなのである。

材料 (1人分)　　　**Recipe**

【パン】食パン：3枚【具材】バター：適宜／塩とコショー：適宜

Memo

シンプルさの極みともいえるサンドイッチなので、せめて素材にはこだわりたい。バターは脂肪分の多いものを、コショーは挽いてあるものではなく、その場で挽くのが基本。

Tea Sandwich ‖ ティー・サンドイッチ

イングランド

日本のサンドイッチの起源ともいえる上品なサンドイッチ

アフタヌーンティーは、午後3時から5時、つまり夕食の前に行われるちょっとしたスナックの時間である。この習慣は19世紀に貴族の間で確立された。そのティータイムに出されるのがティー・サンドイッチである。フィンガー・サンドイッチとも呼ばれる。もっともエレガントといわれるこのサンドイッチは、パンの耳を切り落とした白くてソフトな食パンに、薄くスライスしたキュウリやレッドラディッシュといった野菜やハム、チーズがはさまれるのが通例だ。そのバリエーションは無限にあり、今では全粒粉のパン、プンパニッケルなども使われる。ただ昔も今も変わらないのは素材だ。とくに良質のパン、バターはティー・サンドイッチには不可欠である。

Recipe

材料（各1人分）

A.クレソン＆エッグサラダ
【パン】食パン：2枚【具材】卵サラダ：1/4〜1/3カップ*／刻んだクレソン：1/2カップ
【ソース】マヨネーズ：大さじ1
*茹で卵：1個／ハーブ入りバター：大さじ1／刻んだチャイブ（ネギの仲間）：小さじ1／塩、コショー、パプリカ：適宜

B.トマト＆チェダー
【パン】食パン：2枚【具材】バター：大さじ1／トマトのスライス：4枚／熟成チェダーチーズ：1枚

Memo

四角や三角に切るのがトラディショナルな方法だが、丸くする、丸めるなど工夫してもいい。具材はキュウリが定番だが、カレーチキン、アボカド、スモークサーモンなどもポピュラー。

材料（各1人分）

Recipe

C.アップル＆キューカンバー（キュウリ）
【パン】食パン：2枚【アップルミックスの具材（すべて混ぜる）】細かく刻んだリンゴ：1/4個／レモンジュース：大さじ1／クリームチーズ：50g／ミントのみじん切り：小さじ2／イタリアンパセリ：小さじ2【その他の具材】キュウリのスライス：1/4本分

D.レッドラディッシュ
【パン】食パン：2枚【具材】バター：大さじ1／レッドラディッシュのスライス：8～10枚

Tuna & Sweetcorn ‖ ツナ&スイートコーン

日本と同じようにイギリスでもパック入りのサンドイッチがいたるところで売られている。ツナやチキンサラダ、卵などその内容もよく似ている。ここで紹介するのは、日本でも人気のツナとコーンのサンドイッチ。味も歯ごたえもミスマッチなところが魅力だ。ツナではなくチキンのものもある。

材料（2人分） 【パン】全粒粉またはマルチグレインの食パン：4枚【具材】サラダ：250g*【その他の具材】レタス：2枚【ソース】マヨネーズ：大さじ2
*缶詰のツナ：200g／缶詰のスイートコーン：1/4カップ／塩、コショー：適宜

Sausage Sarnie ‖ ソーセージ・サーニー

同じ英語圏でも、アメリカとイギリスとではずいぶん違う。まず言葉が違う。イギリスではサンドイッチではなく、バティとか、サーニーなどという。つまりこれはホットドッグと同じ、ソーセージがはさまったサンドイッチのことだ。ただ、ソーセージはイギリスのポークソーセージでなければならない。

材料（1人分） 【パン】サワードウ・ロール：1個【具材】ソテーしたイングリッシュ・ポークソーセージ：3本／玉ネギのスライス：1/2個分／目玉焼き：1個【ソース】全粒マスタード：大さじ2／トマトケチャップ：大さじ2

Bacon Butty ‖ ベーコン・バティ

バックベーコンは、豚のバラ肉を使うアメリカのベーコンと違い、ポークロイン（ロース）の部分が使われる。だから脂身が極端に少ない。それをパリパリになるまでフライパンで焼いてから、ブラウンソースをかけ、白い食パンにはさんで食べる。パンはトーストしないのがイギリス人の好みだ。

材料（1人分） 【パン】食パン：2枚【具材】無塩バター：大さじ3／ソテーしたバックベーコン：3枚【ソース】ブラウンソース：大さじ2

Picnic Sandwich

ピクニック・サンドイッチ

見た目はさておき、ときには空腹を満たすことのほうが大切である

　上品なティー・サンドイッチと対極をなすのがピクニック・サンドイッチだ。まずは空腹を満たすために、それなりのボリュームが必要だ。外で食べることが大前提なので、ティー・サンドイッチのようなやわなサンドイッチは向かない。水分が多い素材でパンがふやけてしまうことも許されない。だからパンには外側がパリッとしたクラスティ・ロールや、イギリス版のハンバーガーバン、ブリオッシュともいわれる丸いパンが使われる。パンの内側にはバターを塗る。トマトのような水っぽい素材は直接パンに触れないようにする。こういったことをしっかり守れば、ティー・サンドイッチ同様、無限のバリエーションが考えられる。といっても人気はハムである。

Recipe

材料（1人分）

【パン】クラスティ・ロール（フレンチロールなど）：1個【具材】バター：大さじ1／ハム：4枚／チェダーチーズのスライス：4枚／レタス：1枚／トマトのスライス：3、4枚／キュウリのスライス：4枚／赤玉ネギの輪切り：6枚／【ソース】マスタード：大さじ1

Memo

出来上がったサンドイッチは、ラップでできるだけきつく包む。そうするとラップを取っても形が崩れることがない。素材の味が全体に溶け込んでおいしさも増す。

Welsh Rarebit

|| ウェルシュ・ラビット

ウェールズを代表するチェダーチーズソースのサンドイッチ

　ラビットのスペルはもともとrabbitだった。つまりウサギのことである。でも材料の中にはウサギはおろか肉すらない。つまりウサギとはまったく関係ないわけで、どうしてこう呼ぶのか皆目見当もつかない。ただ1700年代にはもうこのサンドイッチは存在していたらしい。おもな材料はウェールズのチェダーチーズ、エール、そしてバター。これでこってりしたソースを作り、パンの上にかけてトーストする。シャープでクリーミーなチェダーの味を存分に楽しめる。ここで紹介するサンドイッチは、トマトのスライスとパセリがのった豪華版である。バック・ラビットという上に目玉焼きがのったものもある。

材料（1人分）

Recipe

【パン】食パン：1枚【具材】ラビット：25g*／トマトのスライス：8枚／イタリアンパセリまたはバジル：大さじ1
*バター：小さじ1／ウェルシュ・チェダーチーズ：20g／小麦粉：小さじ1／エールまたはミルク：大さじ4／ドライ・マスタード：小さじ1／塩とコショー：適宜

Memo

ウェールズ産のチェダーチーズにこだわる必要はないが、できたらイギリス産のものを使いたい。ソースに卵を加えるとさらにリッチなソースになる。ポーチドエッグをのせてもいい。

Scotch Woodcock

|| スコッチ・ウッドコック

イギリスの名門大学お墨付きのコンフォート・フード

　ウェルシュ・ラビット同様、なぜウッドコック（鳥の名前）なのかわからない得体の知れないサンドイッチである。けれどもこれは大変格式高いサンドイッチであることを忘れてはいけない。トースト・サンドイッチのところでも紹介した、ビートン夫人の本の中に登場する、歴史あるサンドイッチなのだ。さらにいえば、イギリス庶民院のリフレッシュルーム、オックスフォード大学、ケンブリッジ大学などで出されていた。鳥の代わりというわけでないが、パンの上にスクランブルエッグと塩辛いアンチョビがのっている。普通の白い食パンでもいいが、もう少し自然の甘みがある全粒粉のパンが、このサンドイッチにはよく合う。

材料（2人分）

【パン】全粒粉パン：2枚【具材】スクランブルエッグ：卵2個分＊／オイル漬けアンチョビフィレ：6枚／刻んだチャイブ：適宜／ケッパー：適宜

＊卵：2個／ヘビークリーム（生クリーム）：大さじ1／バター：大さじ1／塩とコショー：適宜

Memo

アンチョビはペースト状にしてパンに塗ってもいい。いずれにしても塩気が強いので、スクランブルエッグに入れる塩の量は少なめにしたい。

Crisp Sandwich

クリスプ・サンドイッチ

首を傾けたくなるような組み合わせだが、これが意外といける

　2015年の3月、テイト・クリスプ専門のポップアップショップがダブリンでオープンした。10日間だけのオープンだったが、初日から行列ができるほどの賑わいを見せた。そんな人気のあるサンドイッチとは何か。クリスプとはポテトチップスのことだ。早い話が、ポテトチップスが2枚のパンにはさまった信じがたいサンドイッチなのである。このポテトチップスのサンドイッチは昔から人気があり、今に始まったことではない。食パンにバターを塗って、ポテトチップスをはさむ。これが意外にもおいしいのである。ソフトなパン、パリッとしたポテトチップス、そして甘みのあるバター、この組み合わせが絶妙なのだ。

アイルランド Ireland

アイルランド

材料 (1人分) / Recipe

【パン】食パン：2枚【具材】バター：適宜／好みのポテトチップス：小1パック

Memo

どのメーカーのチップスでもいい。バターは良質なものを、できればアイリッシュバターを使う。食べる前に上から手で押して、少し砕くのがマナーだ。

Banana & Sugar Sandwich

アイルランド

|| バナナ&シュガー・サンドイッチ

ひと口食べると懐かしさを感じるかもしれない郷愁のサンドイッチ

　ほんの少し前、アイルランドの子どもたちの間で絶大な人気を誇っていたサンドイッチが、このバナナ&シュガー・サンドイッチである。今でも地方ではポピュラーなサンドイッチだ。今の20代、30代のアイルランド人が、おばあちゃんがよく作ってくれたと懐かしむサンドイッチでもある。アメリカでは子どももおとなもピーナッツバター&ジェリーのサンドイッチが大好きである。このサンドイッチも同じ感覚なのかもしれない。日本でいえばクリームサンドといったところか。その場で食べるなら、軽くトーストしてみるのもいいだろう。全粒粉のパンだからか少しばかり香ばしくなるし、バナナの甘さも増すようだ。

Recipe

材料（1人分）

【パン】全粒粉パン：2枚【具材】バター：大さじ1／バナナのスライス：1本分／粉砂糖：小さじ2

Memo

普通の食パンでもいいが、甘い材料には全粒粉のパンのほうが合うというのが個人的な意見だ。チョコレートやピーナッツバターをパンに塗ってもいい。

Corned Beef Sandwich ‖ コンビーフ・サンドイッチ

アイルランド

アイルランドはちょっと違うが、アメリカではパレードとコンビーフ、これが聖パトリック・デイの定番だ。コンビーフはできるだけ薄くスライスする。缶詰のコンビーフは使わないようにしたい。

材料（2人分） 【パン】サワードウ・ロール：2個【具材】薄くスライスしたコンビーフ(p.16、p.146)：200g／シャープ・チェダーチーズ：4枚／野菜ソテー：約2カップ*【ソース】マヨネーズ：大さじ2／粗挽きマスタード：大さじ1 *バター：大さじ2／玉ネギのスライス：1/2個分／キャベツの千切り：1カップ／ニンジンの千切り：1/2カップ／タイム：ひと摘み／塩とコショー：適宜

Breakfast Roll ‖ ブレックファスト・ロール

アイルランド

細長いパンの間に、何種類ものソーセージやベーコン、卵焼きをぎゅうぎゅう詰めにしたこのサンドイッチは、1990〜2000年初頭にかけてのアイルランド経済発展と相まって、ナショナルフードとなった。

材料（1人分） 【パン】フレンチロールまたはバゲット(20cm)：1個【具材】アイリッシュ・バンガー・ソーセージ：1本／アイリッシュ・バックベーコン：2枚／ホワイトまたはブラック・プディング：1本／チェダーチーズ：2枚／目玉焼き、またはスクランブルエッグ：卵1個分【ソース】ブラウンソース：大さじ2

Bramley & Bacon Butty ‖ ブラムリー&ベーコン・バティ

アイルランド

ブラムリーはリンゴの品種で、酸味が強く、生で食べられることは少ない。パイやタルトの材料に使われるこのリンゴとバックベーコンを組み合わせたのが、このサンドイッチである。ブラムリーは焼くことで甘みが出て、濃厚で塩分の強いブルーチーズ、ベーコンと絶妙なハーモニーをかもし出す。

材料（4人分） 【パン】サワードウ・ロール：4個【具材】バター：大さじ2／ソテーしたアイリッシュ・バックベーコン：8枚／バターでソテーしたブラムリー・アップルまたは酸味のあるリンゴ：1個／もみ砕いたブルーチーズ：大さじ4

Hangikjöt ‖ ハンギキョート

材料（6人分） 【パン】フラットカカ（アイスランドのフラットブレッド）：6枚*【具材】バター：大さじ6／ラム肉の燻製またはロースト：150g／チェダーチーズ：8〜10枚／スモークサーモン：8〜10枚
*小麦粉：2と1/2カップ／ベーキングパウダー：小さじ2／塩：小さじ1／砂糖：大さじ1／茹でジャガイモ：2個／ヨーグルト：100g／ミルク：1カップ

ハンギキョートとはハング・ミート、ぶらさがっている肉のことだ。アイスランド伝統の肉の燻製で、ラム、マトン、馬の肉などが使われる。伝統的お祝い時の食べ物で、アイスランドのクリスマスには欠かせない。ライ麦などを使ったフラットブレッドに、薄くスライスしたハンギキョートをのせて食べることが多い。ブレッドといっても、ベーキングパウダーを使ったパンケーキのようなもので、ヨーグルトが入っているので、少し酸味がある。

Pylsur ‖ ピルシュル

材料（6人分） 【パン】ホットドッグ用バン：6個【具材】ビールで茹でたピルシュル・ソーセージあるいはポーク＆ビーフのフランクフルト・ソーセージ：6本／エシャロットのみじん切り：大さじ6／玉ネギのスライスのフライ：適宜【ソース】スイート・ホットドッグ・マスタード（p.296）：大さじ4／レムラード（p.297）：大さじ4／ケチャップ：大さじ4

アイスランド人は、うちのラム肉はほかのどの国のラム肉よりもうまいと自慢する。ソーセージにもラム肉が入っている。ビーフだけでなく、ポークやラムを混ぜるとソーセージの味に深みが出てくる。おいしさという点では、ほかの肉とミックスしたほうがはるかにうまい。アイスランドでホットドッグといえば、ラム肉が入ったピルシュルを使ったものだ。観光客もこれを食べるのがツアーの一部であるかのように、ホットドッグショップにやってくる。

Bratwurst im Laugenstangen

ドイツ

|| ブラットヴァルスト・イム・ラウゲンスタンゲン

かぶりつくと肉汁がじゅっと出てくるジューシーなソーセージ

　ブラットヴァルストはバイエルンのフランコニア地方が起源のソーセージで、ニュルンベルグは今でも世界的なソーセージの生産地として知られている。現在ドイツでもっとも食べられているソーセージのひとつというだけでなく、アメリカでもブラットと呼ばれ、バーベキューに人気のソーセージだ。ブラットヴァルストはドイツ国内でも地方色が豊かで、太さも味もかなり違う。荒挽きの仔牛肉と豚肉を使った太いブラットヴァルストが、このサンドイッチには合う。いろいろなパンが使われるが、ラウゲンスタンゲン（細長くてソフトなプレッツェル）との組み合わせが最高だ。ザワークラウト（酸っぱいキャベツの漬物）とソテーした玉ネギ、荒挽きのマスタードが欠かせない。

材料（1人分）　　　　　　　　　　　Recipe

【パン】ラウゲンスタンゲン（プレッツェル・スティック）：1個【具材】バター：大さじ1／ブラットヴァルスト：1本／ザワークラウト：150g／ソテーした玉ネギのスライス：1/3個分／塩とコショー：適宜【ソース】マスタード：大さじ1

Memo

太いソーセージはまず茹でてからグリルで焼くと、焼きすぎること、生焼けになることもなく、おいしく食べられる。水の代わりにビールで茹でることもある。

Butterbrot

|| ブッターブロート

パンにバターを分厚く塗る。これがドイツ版サンドイッチの原型

　「アメリカにはパンに具をはさんだサンドイッチがたくさんあるんでびっくりしたよ」というのはドイツ人の知り合いの言葉である。ドイツでサンドイッチというとこのブッターブロートを指すらしい。ブッターはバター、ブロートはパン、つまりバターを塗りたくったパンという意味である。ヨーロッパ、とくに北や東では、オープン・フェイスド・サンドイッチと呼ばれる、1枚のパンの上に具をのせたサンドイッチが伝統的に食べられてきた。そのもっともシンプルなスタイルで基礎となるのが、ブッターブロートなのだ。小麦粉とライ麦粉の割合が1対1くらいのライ麦パンがおもに使われてきたが、今ではそのようなこだわりは少なく、さまざまなパンが使われる。

Recipe

材料（1人分）

【パン】グラウブロート（p.285）：1枚【具材】良質のバター：たっぷり

Memo

パンは何でもいいとはいうものの、やはりドイツのライ麦パンにこだわりたい。できたらイーストではなく、味に深みがあるサワー種のスターター（発酵種）を使用したパンにしたい。

Bauern Omelette Sandwich

ドイツ

|| バウエン・オームレット・サンドイッチ

朝食だけでなく、いつでもどこでも気楽に作って食べられる

バウエン・オームレットとはファーマーのオムレツという意味だが、農家の人だけの食べ物ではもちろんない。ドイツでは朝食やブランチにオムレツを食べることが多いが、軽い夕食や夜食としても人気がある。世界各地にオムレツはある。日本の卵焼きもいってみればオムレツである。ここで紹介するオムレツはスカリオン（小さな長ねぎ）とマッシュルーム、刻んだハムだけの比較的シンプルなオムレツだが、ドイツ国内だけでもそのバリエーションは数え切れない。よく使われるのはベーコン、茹でジャガイモ、チーズ、玉ネギなどである。これをバターを塗った全粒粉のパンにはさんで食べる。出来立てはもちろん、冷めてもおいしい。

材料（2人分）

【パン】全粒粉パン：4枚【具材】バター：大さじ1／オムレツ：1個＊／レタス：2枚
＊卵：2個／茹でジャガイモの角切り：大さじ2／マッシュルームのスライス：4〜5個分／スカリオンのスライス：1本／刻んだハム：40g／ミルク：大さじ1／塩とコショー：適宜

Recipe

Memo

できたオムレツは半分に切る。バターとサラダ油を半々にして焼くと焦げにくい。具をオムレツにはさんでもいいし、溶き卵に混ぜて焼いてもいい。細かく刻んだブロッコリーやホウレン草を入れてもおいしい。

Leberwurst sandwich

‖ リーバルヴァルスト・サンドイッチ

レバーで作ったソーセージは意外とマイルドで食べやすい

　リーバルヴァルストも、ソーセージ大国ドイツの定番ソーセージである。名前からもわかるようにレバーが主原料で、豚や牛のレバーがおもに使われる。これにナツメグ、マジョラム、タイムといったスパイスやハーブが加えられるわけだが、地方によってかなりの違いがあり、各地の食文化の違いを、このリーバルヴァルストがよく表しているといえる。リーバルヴァルストは、バターを塗った1枚のライ麦パンの上に、ピクルスのスライスといっしょにのせてオープン・サンドイッチにすることが多い。しかしここでは、トマト、レタスなどをプラスしたオーソドックスなサンドイッチを紹介する。しかもパンはブロートヒェンと呼ばれるフランスパンのようなクラスティロールである。

材料（1人分）

Recipe

【パン】ブロートヒェン（ジャーマンロール）：1個【具材】バター：大さじ1／リーバルヴァルストのスライス：4枚／ラガード・オニオン：大さじ2／トマトのスライス：2枚／キュウリのスライス：4枚／エメンタールチーズ：1枚／レタス：1枚／ガーキン（小さいキュウリのピクルス）のスライス：3枚【ソース】マヨネーズ：小さじ1／イエローマスタード：小さじ1

Memo

リーバルヴァルストの上にのせるラガード・オニオンは、炒めるときにビール（ラガー）やエールを加えてゆっくりキャラメライズさせたものだ。

Toast:Hawaii ‖ トースト・ハワイ

ハワイといえばパイナップルというイメージがドイツにはあるのだろうか。ドイツのサンドイッチにハワイとはおもしろい。1950年代、ドイツの料理番組で紹介された、正真正銘のドイツ産サンドイッチというのも驚きである。パイナップルの穴に、缶詰のチェリーをのせることもよくある。

材料（1人分） 【パン】食パン：1枚【具材（すべてパンの上に乗せて焼く）】バター：大さじ1／パイナップルのスライス：1〜2枚／ブラックフォレストハム（スモーク生ハム）：1枚／エメンタール、グリュイエールまたはゴーダチーズ：30g／ロックフォール、ゴルゴンゾーラといったブルーチーズ：小さじ2

Kottenbutter ‖ コッテンブッター

メトヴァルスト（豚の挽き肉ソーセージ）は、普通のソーセージとは違ってかなり柔らかく、生肉の感触がまだ残っている。フレーバーがほかのソーセージと比較して強い。癖のあるソーセージにはそれに負けないヘビーなパンがよく合う。薄くスライスしたダーク・ライ麦パンが最適なコンビネーションだ。プンパニッケルでもかなりいける。

材料（1人分） 【パン】シュワッツ・ブロート・シェイブン（ダーク・ライ麦パン）：2枚【具材】バター：大さじ2／メトヴァルストの輪切り：4枚／玉ネギのスライス：1/4個分／ホットマスタード：大さじ1

Kassler:Melt ‖ カスラー・メルト

アメリカで人気のチーズメルトをドイツ人が作るとこうなる。チーズはデンマーク産だが、ビールを加えて炒めたラガード・オニオンが入るあたりはいかにもドイツらしい。ハムの代わりに豚肉がはさまっているのもめずらしい。ライ麦パンなのでトーストすると黒くなるが、焦げているわけではない。

材料（2人分） 【パン】ジャーマン・ライ麦パン：4枚【具材】薄い豚ロースカツ：4枚／ラガード・オニオン：大さじ2／ハバティチーズ：2〜4枚／バター：大さじ2 【ソース】ホットマスタード：小さじ4 ●バター以外の具材をパンにはさみ、パンにバターを塗ってフライパンで焼く

Heißes Wurstbrot

|| ハイセス・ヴァルストブロート

ミートソースに似た具がパンの上にのったホットサンドイッチ

　ドイツ人だからといってライ麦パンばかり食べていると思ってはいけない。このサンドイッチは水平に切ったチャバタの上に具をのせた、オープン・サンドイッチである。カイザーロールに肉やソーセージをはさんだヴァルストブロートと呼ばれるサンドイッチがある。このサンドイッチはそのバリエーションともいえるが、見た目も味もまったく別物だ。トマトソースやチャバタが使われていることから考えると、イタリアの影響を強く受けている感じだ。野菜が入ったミートソースがパンの上にのっかっていると思えば、どんなサンドイッチなのか想像がつくだろう。軽くトーストすることでチャバタがパリッとなって香ばしい。

材料（2人分）

Recipe

【パン】チャバタロール：1個【具材】野菜と肉のトマト煮：250〜300g*／エキストラ・ヴァージン・オリーブオイル：大さじ1/2
●具をのせてトースト後、オイルをかける
*サラダ油：小さじ1／豚挽き肉：150g／赤ピーマンとピーマンのスライス：各1/2個分／チリペッパー：小さじ1／塩とコショー：適宜／ピザ用トマトソース：30g　●肉と野菜をソテーした後にトマトを加えて煮る

Memo

挽き肉の代わりにソーセージが使われることもよくある。カイザーロールの間にたっぷりと具をはさんでもいい。残りもののミートソースをのせただけで、けっこう近いものができる。

Döner Kebap Sandwich

ドゥナル・キバップ・サンドイッチ

ベルリンでは毎日のように食べる人がいるほど超人気

　ドイツ人はソーセージばかり食べているというのは偏見というものだ。ドイツに限らず、ヨーロッパの国々には、アメリカと同じように各国からの移民が暮らしている。1970年代、ベルリンに移民してきたトルコ人が、肉をピタでくるっと巻いたサンドイッチを売り出した。ここ20年ほどの間にこのドゥナル・キバップは完全に市民権を得た。今ではドイツ国内でもっとも人気のあるサンドイッチのひとつにまでのし上がった。ドゥナル・キバップを売るスタンドは、ドイツ国内どこにでもある。ベルリンにいたっては、本家のイスタンブールよりも多いとさえいわれる。本家のドネル・ケバブ同様、はさまれる具はさまざまだ。でも野菜、ヨーグルトソースは欠かせない。

Recipe

材料（2人分）

【パン】ピタブレッド：2枚【具材】ドゥナル・キバップのソテー：350g*／トマトのスライス：1個分／赤キャベツの千切り：1/2カップ／キュウリのスライス：10枚／玉ネギのスライス：1/2個分【ソース】ガーリック・ヨーグルト (p.295)：適宜

*仔牛肉の薄切りスライス：300g／塩とコショー：適宜／クミン：小さじ1/4／すりおろした玉ネギ：1個／オリーブオイル：大さじ2

Memo

牛肉、ラム肉、鶏肉なども人気がある。肉なしのベジタリアン向けのものまである。ピタはサンドイッチを作る前に油なしで軽く焼くのが、おいしいサンドイッチを作るコツだ。

Entenbrust Sandwich ‖ エンテンブルスト・サンドイッチ

エンテンブルストとはカモ肉のことだ。高級感のあるカモ肉となると、サンドイッチもちょっと凝ってみたくなる。カモ肉は甘みのあるソースや果物とよく合う。甘い酢漬けのビーツがのっかっているあたりに、ドイツっぽさがあるといえなくもない。カモ肉自体にはあまり味付けをせずに、脇役の素材に工夫をする。クリームチーズの代わりにリコッタチーズ、クランベリーの代わりにほかのベリーやイチジク、リンゴ、洋ナシなどを使ってもおいしい。

材料（2人分）【パン】ジャーマン・ライ麦パン：2枚【具材】カモ肉のソテー：300g*／ビーツのピクルスのスライス：3〜4枚／レタス：2枚【ソース】クリームチーズ：40g／クランベリー（生、缶詰、冷凍など）：大さじ1
*カモの皮つきムネ肉またはモモ肉：300g／塩とコショー：適宜

Fischbrötchen ‖ フィッシュブロートヒェン

第二次世界大戦後の1947年、ドイツ経済の活性化を行うため、軍政を敷くイギリス軍がラッツェンでフェアを開催した。ハノーファー・メッセと呼ばれ、今でも毎年世界最大の産業見本市として盛況を博している。その最初のフェアで配給されたのが、このサンドイッチである。バルト海や北海に面したドイツの北部では魚をよく食べる。とくに、このサンドイッチに使われているビスマルク・ヘリング（ニシンの酢漬け）は伝統の食品で、今でも欠かせない。

材料（1人分）【パン】カイザーロールまたはハンバーガーバン：1個【具材】ビスマルク・ヘリング：1枚／ガーキンのスライス：1本分／赤玉ネギの輪切り：4〜6枚／レタス：1〜2枚【ソース】レムラード（p.297）：大さじ1

Bierwurst ‖ ビエルヴァルスト

ビエルヴァルストはニンニクの味は強いがソフトで癖のないソーセージだ。だからマイルドなゴーダやハバティチーズなどとの相性がいい。シュパッツルと呼ばれるフライにしたエッグヌードルやジャーマン・ポテトサラダといっしょに食べたい。

材料（1人分） 【パン】ジャーマン・ライ麦パン：2枚【具材】バター：大さじ2／ビエルヴァルストのスライス：4枚／ゴーダまたはハバティチーズのスライス：20〜30g／トマトのスライス：2枚／キュウリのスライス：4枚／レタス：1枚／塩とコショー：適宜

Leberkässemmel ‖ リーバルキセメル

ドイツのサンドイッチはこれだといいたくなるようなサンドイッチである。リーバルキーザはレバー・チーズという意味だ。食べたときの感触も味もボローニャソーセージによく似ている。パンはプレッツェル・ロールで決まりである。

材料（1人分） 【パン】ラウゲンプレッヒェン（プレッツェル・ロール）：1個【具材】キュウリのスライス：5枚／厚く切ったリーバルキーザ：1枚／コールスロー：1/4カップ／トマトのスライス：1枚／レッドラディッシュのスライス：5枚／クレソン：1/4カップ【ソース】ホットマスタード：小さじ2／ハニーマスタード：小さじ2

Schweinebraten Sandwich ‖ シュヴァインブラテン・サンドイッチ

シュヴァインブラテンはローストポークのことで、ひと口大の肉がカボチャといっしょにはさまっている。レシピの中には北海道のカボチャを指定しているものもある。ディジョン・マスタードを混ぜたサワークリームのソースが、カボチャとまたよく合う。

材料（2人分） 【パン】バゲット：1個またはチャバタロール：2個【具材】ローストポークとカボチャのソテー：500g*／レタスの千切りまたはルッコラ：1カップ【ソース】マスタード・サワークリーム：大さじ2〜4

*ローストポーク：200g／カボチャの角切り：200g／マッシュルームのスライス：4〜6個分／チリパウダー、タイム：各ひと摘み／オリーブオイル：大さじ1

Wiener Schnitzel ‖ ウィンナ・シュニッツェル

オーストリア

オーストリアの国民的な料理のひとつはカツだった

　シュニッツェルは日本でいえばカツである。日本でもカツを揚げる際に、肉をたたいて柔らかくするが、オーストリアでも同じだ。違いはどの程度たたくかだ。オーストリアではとにかくたたいて、たたいて、ものすごく薄くなるまでたたきまくる。たたく前の二倍以上の大きさに伸びる。ときには端のほうが破けたりする。小麦粉、卵、パン粉を使うところは日本のカツと同じだが、たっぷりの油で揚げるのでなく、バターで焼く。肉は豚ではなくヴィール（仔牛）が使われる。そのまま一品料理として食卓にのぼることも多い。ウィンナ・シュニッツェルはドイツなどでも食べられるが、オーストリアのナショナルディッシュであることを忘れてはいけない。

Recipe

材料 (2人分)

【パン】ブロートヒェン（ジャーマンロール）：2個【具材】ウィンナ・シュニッツェル:2枚*／ベーコン：2枚／レタス：2枚／トマトのスライス：4枚【ソース】マスタード：大さじ2／マヨネーズ：大さじ2

*仔牛肉のスライス：2枚／塩とコショー：適宜／小麦粉：75g／溶き卵：1個／パン粉：150g／バター：適宜

Memo

クリーミーなソースをかけることもあるが、レモンをぎゅっと絞って食べるのが一般的だ。このレシピにはパリパリのベーコンがプラスされているが、これはなくてもいい。

Bosna ‖ ボスナ

オーストリア

材料（1人分） 【パン】バゲットロールまたはバゲット（20cm）:1個【具材】ボスナ:1〜2本（茹でてからグリルする）／玉ネギのスライス:大さじ2／刻んだイタリアンパセリ:大さじ2／カレーパウダー:小さじ2以上【ソース】マスタード:大さじ1／ケチャップ、マヨネーズ:お好みで

オーストリアでもっとも人気あるストリートフードのひとつが、これだ。オーストリア版ホットドッグだが、サイズは倍近い。使われているソーセージはブラットヴァルストに似ているが、オーストリアではボスナ、ボスナヴァルストと呼ばれている。違うソーセージが選べることもある。変わっているのはカレーパウダーをかけるところだ。スパイシーなのが好きなら、たっぷりと振りかけよう。お腹が空いているときはソーセージを2本はさむ。

Sardinen Brot ‖ ザルディーネン・ブロート

オーストリア

材料（2人分） 【パン】ライ麦パン:2枚【具材】エキストラ・ヴァージン・オリーブオイル:小さじ2／生のオレガノ:小さじ2／カットした小トマト:2個／缶詰のサーディン、またはスモーク・サーディン:4尾／ブラックオリーブ:6〜8個／玉ネギのスライス:8〜10枚／塩とコショー:適宜

オーストリアには海がない。イワシがとれるはずもない。このサンドイッチに使われるサーディンは、ポルトガルから輸入したものだ。オーストリアで人気のあるのはヌリというブランドのもので、ヌリで生産される缶詰のサーディンの50％は、オーストリアに輸出されているというから驚きだ。もちろんこのブランドにこだわる必要はない。オイル、できればオリーブオイルに漬かったサーディンであれば何でもかまわない。自分で作ってもいいだろう。

Broodje kroket ‖ ブローチェ・クロケット

コロッケというと日本の十八番と思う人も多いと思うが、実は世界的な食べ物だ。オランダに関していえば、2008年の調査によると3億5千万個ものコロッケが年間に消費されている。でもオランダのコロッケは日本のものとずいぶん違う。牛肉の塊をブーケガルニが入ったお湯で煮てから、その肉を細かく切って具にする。煮汁は漉して、味つけし、ソースにする。形も小判型ではなく細長い俵型である。このサンドイッチは国内大手バーガーチェーン店でも売っている。

材料（4人分） 【パン】カイザーロールまたはハンバーガーバン：4個【具材】クロケット：8個*【ソース】ホットマスタード：大さじ1
*[A　水：400ml／牛肉：300g／ブーケガルニ：1束］[B　Aの煮汁：200ml／無塩バター：30g／小麦粉：30g／ナツメグ：小さじ1/2／刻んだイタリアンパセリ：1/2カップ][C　溶き卵：1個／ミルク：大さじ2(卵とミックス)／パン粉：150g／フライ用のサラダ油：適宜］　●Aを肉が柔らかくなるまで煮る。肉は細かく刻む。Bを炒め、Aの煮汁を加えソースを作り、パセリと肉を加え数分煮て、冷蔵庫で冷やす。冷えたら俵型にして、Cの材料（パン粉、卵ミックス、パン粉の順）で衣をつけ揚げる

Broodje Bal ‖ ブローチェ・バール

特大ミートボールのスライスが驚異的なサンドイッチ

　バールは単刀直入ボールのことである。日本でいえば肉団子、つまりミートボールである。ゴルフボールより少し小さめの肉団子を箸でつまんで口に運ぶ。トマトソースがかかったスパゲティのミートボールをナイフやフォークで切って食べる。アメリカに来て驚いたのはミートボールがでかいことだ。直径が3cm以上もある。そんなやつが3つも4つもスパゲティにのっかっていたり、サブロールの間にはさまっていたりする。オランダのミートボールはアメリカのミートボールよりさらに大きい。直径が4、5cmあると思っていい。これに肉汁で作ったジュ(オ・ジュ)をかけて食べる。大きいがスライスして出されるのでご心配なく。

材料（4人分）　　　　　　　　　　**Recipe**
【パン】ハンバーガーバン：4個【具材】ダッチ・ミートボール：4個*1【ソース】ジュ：大さじ1*2
*1[A　牛挽き肉：220g／豚挽き肉：220g／パン粉：1/2カップ／ミルク：大さじ2／玉ネギのみじん切り：1個分／卵：1個／塩、コショー、ナツメグ、マスタード粉：適宜］／小麦粉：大さじ2／無塩バター：大さじ2／水：1/2カップ　●Aをボールに入れよくこねる。全体に小麦粉をまぶし、バターでソテーし全体に焦げ目をつける。水を加え、蓋をして、途中転がしながら煮る　*2[B　ビーフブロス：1/2カップ／塩とコショー：適宜］／コーンスターチ：お好みで　●ミートボールを取り出したあとの煮汁にBを加える。コーンスターチを入れるととろみがでる

オランダ Netherlands

Memo
ジュはフランス語でジュースのこと。ミートボールを作った後に残った肉汁を使って作る。そのまま使ってもいいし、小麦粉やコーンスターチで少しとろみをつけてもいい。

Broodje Garnalen met Komkommer

ブローチェ・ハルナーレン・メット・コンコマー

スナックやティータイムにも最適なシーフードのサンドイッチ

　前ページのミートボールとは違って、さわやかさ さえ感じるハルナーレン・メット・コンコマー（エビとキュウリ）のオープン・サンドイッチである。ヨーロッパではシュリンプとキュウリを組み合わせて使うことがけっこう多い。甘みのあるピーマンも清涼感たっぷりだ。ヨゴネーズはマヨネーズ、マスタード、ヨーグルトを混ぜたソースで簡単にできる。ヨーグルトが加わることで味がマイルドになるが、ピリリとしたマスタードがアクセントを与え、シーフードとよく合うソースといえる。ディルはシーフードには欠かせないハーブなので、ぜひ用意したい。少し加えるだけで、シーフードのおいしさが増す。しかし新鮮な生のディルに限る。

材料（1人分）

Recipe

【パン】ライ麦パンまたはイタリアンブレッド：1枚【具材】キュウリのスライス：5枚／茹でエビ：50g／刻みピーマンと刻み黄色ピーマン：各小さじ1／ディル：適宜【ソース】ヨゴネーズ：大さじ1

Memo

ライ麦パン、バゲットなどを使ったオープン・サンドイッチだが、耳を切り落とした食パンや全粒粉のパンで、おしゃれにカナッペ風、ティー・サンドイッチ風アレンジもいい。

Broodje Pom

ブローチェ・ポム

オランダ / Netherlands

タロイモを擦って焼き固めたものを具に使うめずらしいサンドイッチ

　これはかなり変わったサンドイッチである。南米原産のタロイモ科の芋が主材料で、マランガがこれに近い。余談だが、マランガは少し甘い出し汁で煮るとねっとりしておいしい。普通のサトイモもこのサンドイッチに使える。日本でも、さつま揚げのように山芋を擦って料理に使うが、人によってはこのサンドイッチを食べて、なんとなく懐かしさを感じる人もいるかもしれない。このイモにほかの材料を加えてオーブンで焼くと、ふわふわした卵焼き状のものが出来上がる。これを適当な大きさに切ってバゲットなどにはさんで食べるのが、ブローチェ・ポムである。ご飯のおかずにしても意外といけるのは、大発見だった。

材料（4人分） Recipe

【パン】ミニバゲット：4個【具材】ポム：パンと同じサイズに切る*【その他の具材】赤玉ネギのスライス：5〜8枚【ソース】ホットソース：適宜

*[A　サラダ油：大さじ5／バター：100g／鶏ムネ肉（細切り）：200g／玉ネギの小口切り：1/2個／ニンニクのみじん切り：1個分] [B　ホットソース：少々／オレンジジュース、チキンブロス：各1/2カップ／トマトピューレ：200g／刻んだトマト：1/2個分／セロリの粗みじん切り：2本分／チリペッパーのフレーク、ナツメグ、オールスパイス、塩、コショー：適宜] [C　すりおろしたマランガ（里イモでも可）：500g／ブラウンシュガー：大さじ1／ピカリリ（刻んだ甘口ピクルス）：大さじ2]

●Aをソテーする。Bを加え、弱火で30分煮る。Cをボウルに入れて混ぜる。トレーに油を塗り、半量のC→A→B→残りのCの順に流し込む。アルミ箔でカバーして1時間、アルミ箔を取って30分200℃に熱したオーブンで焼く

Curry Bunnies ‖ カリー・バニーズ

オランダ

オリボレンは、ミルクと卵たっぷりの、イースト発酵のパン生地を油で揚げたオランダのドーナッツである。粉砂糖を振って食べることが多いが、ここに登場するのはカレーのサンドイッチである。

材料 (5人分) 【パン】オリボレン：5個*【具材】ラムまたはビーフカレー：大さじ10／刻んだパクチー：適宜
*小麦粉：1カップ／ドライイースト：小さじ1／温かいミルク：1/2カップ／塩：少々／卵：1/2個／フライ用のサラダ油：適宜　●サラダ油以外の材料を滑らかになるまで混ぜる。生地が倍になるまで発酵させ、油に落としてこんがり揚げる

Tosti ‖ トスティ

オランダ

トスティはフランスのサンドイッチであるクロックムッシュのオランダバージョンである。普通はチーズまたはチーズとハムで作るが、このサンドイッチにはイタリアンテイストが加わっている。トスティの語源はイタリア語のトスターレ（トースト）ともいわれるので、こんなバリエーションも許される。

材料 (1人分) 【パン】食パン：2枚【具材】ペスト（バジルのソース）：大さじ1／アボカドのスライス：4〜5枚／ハム：1枚／フレッシュ・モッツァレラチーズ：2枚／バター：適宜　●具材をパンにはさみ、パンの表面にバターを塗ってフライパンで焼く

Uitsmijter ‖ アウツマイター

オランダ

アウツマイターは放り投げるの意味だ。バーで飲んだくれ、放り出される前に最後に食べるサンドイッチということであるらしい。でも実際は朝食やランチに最適なサンドイッチで、ハムの代わりにローストビーフやベーコン、サーモンサラダなどを使ったバリエーションもある。

材料 (2人分) 【パン】ライ麦パン：2枚【具材】バター：小さじ4／ハム：2〜4枚／ゴーダチーズ：4枚／チェリートマトのスライス：2個分／キュウリのピクルスのスライス：小2本分／目玉焼き：2個／塩とコショー：適宜

Broodje kaas ‖ ブローチェ・カース

カースはチーズのこと。オランダのチーズといえばゴーダチーズである。肉も魚も卵もなし。このチーズ本来の味を楽しむなら、そのまま食べるか、パンにはさんで、またはのっけて食べるのがいちばんだ。チーズは熟成したものを、好みとしてはゴーダのゴートチーズが絶品である。

材料（1人分）　【パン】バゲット（18cm）またはミニバゲット：1個【具材】バター：大さじ1／熟成したゴーダチーズ：2〜3枚／トマトのスライス：1〜2枚（お好みで）／ルッコラ：1/2カップ（お好みで）【ソース】粒マスタード：大さじ1/2

Gerookte Paling ‖ フロークタ・パーリング

オランダ人はウナギが好きである。ウナギの皮は釣りのルアーにも使われる。日本人もウナギ好きだが、オランダのデリカシー、ウナギの燻製はなかなか味わえない。これがまたうまい。うなぎの油っこさを和らげてくれるアムステルダム・オニオン（酢漬けにした玉ネギ）との相性も抜群だ。

材料（1人分）　【パン】バゲット（20cm）またはミニバゲット：1個【具材】燻製ウナギのスライス：4〜5枚／刻んだアムステルダム・オニオン：大さじ1／カッテージチーズ：大さじ2／刻んだディル：小さじ2／塩とコショー：適宜／レタス：2枚

Broodje Frikandel ‖ ブローチェ・フリカンデル

フリカンデルは冷凍食品としても売られている、年齢層を超えた人気を誇る、皮なしのソーセージである。生の玉ネギ、カレー味のマヨネーズやケチャップが欠かせない。

材料（5人分）　【パン】ブリオッシュロールまたはホットドッグバン：5本【具材】フリカンデル：5本＊／刻み玉ネギ：1/4カップ【ソース】カレー・ケチャップ：大さじ2／マヨネーズ：大さじ2
＊牛挽き肉：250g／豚挽き肉：250g／塩、コショー、オールスパイス、オニオンパウダー：適宜／ヘビークリーム：80g　●具材を混ぜ、ラップに包んで10分茹でる。サンドイッチにする前に油で焼く

Beschuit met Muisjes

|| ベスハウト・メット・マウシェス

オランダ王室も食す、実はオランダでは大変重要な食べ物

オランダ Netherlands

　世の中には変わったサンドイッチがある。アメリカがその筆頭ではあるけれども、オランダも負けてはいない。マウシェスは小さなねずみのことだ。なぜそう呼ぶのかは知らないが、この小さな粒を見るとわからなくもない。これをベスハウトというラスクのようなものの上にのせて食べる。オランダでは子どもが生まれると、これを用意して祝う習慣がある。女の子が生まれたときはピンク、男の子の場合は青のマウシェスを使う。ただオランダ王室は別で、オレンジのマウシェスが使われる。ベスハウトは1400年代以来、円盤型と決まっている。粉にしたマウシェスをパンにのせたものは、子どもに人気の朝食メニューである。

オランダ

材料（1人分）

Recipe

【パン】ベスハウト（ダッチビスケット）またはラスク：1枚【具材】バター：大さじ1／マウシェス：大さじ2

Memo

ベスハウトにマウシェスをかけてもこぼれるだけなので、かならずバターを塗る。ベスハウトは崩れやすいので、バターを塗るときは十分な配慮が必要だ。

Broodje Hagelslag

|| ブローチェ・ハーゲルスラッハ

オランダ Netherlands

色とりどりのスプリンクルを振りかけたサンドイッチ

　ハーゲルスラッハは、いわゆるスプリンクル、砂糖でできた小さな粒で、おもにアイスクリーム、ケーキ、ドーナッツといったデザートの上に、デコレーションとして振りかけるのが一般的だ。オランダではこれをバターを塗ったパンの上にたくさんかけて食べる。マウシェスのような祝い時の食べ物でも、めずらしい食べ物でもない。ごく普通に食べられている。ヴロッケン（カールした薄いチョコレート）も同じようにして食べる。オランダでは当たり前、ベルギーでも食べられるが、ドイツではめったに見かけない。というものの、東南アジアやオーストラリアでも同じようにして食べるので、けっして奇妙な食べ物ではないのだ。

材料（1人分）　　　Recipe

【パン】食パン：1枚【具材】バター：小さじ2／ハーゲルスラッハ：大さじ2

Memo

好みのハーゲルスラッハやヴロッケンをパン全体に振りかけてもいいが、何種類かがセットになったものが購入できたら、色分けしてのせてみてもいいだろう。

ベルギー Belgium

Broodje Krabsalade

|| ブローチェ・クラブサラダ

日本が誇る特産品がこのサンドイッチの主役である

　このサンドイッチはベルギーだけでなく、オランダでも人気がある。カニの身でサラダを作ってパンの上にのせて食べる、サンドイッチの中でも贅沢な一品といえる。しかし実際に蓋を開けてみると、どうも考えているようなものではなさそうだ。もちろん本物のカニの身を使うこともあるが、実はヨーロッパでは一般にスリミと呼ばれるカニかまを使うことが多い。今やカニかまは世界的に消費されているのだ。ベルギーやオランダでは出来合いのカニサラダがスーパーなどで売られている。ベルギーではおもにサンドイッチの具として使われる。カニかまの発明国日本では考えられないことが外国では起こっている。日本も負けていられない。

Recipe

材料 (2人分)

【パン】ミニバゲット:2個【具材】カニサラダ:350g*／エキストラ・ヴァージン・オリーブオイル:大さじ2(トースト用) ／レタス:2枚
*カニまたはカニかまぼこ:300g／茹で卵:1個／マヨネーズ:大さじ3／カレーパウダー:小さじ1／ヘビークリーム:少々／塩とコショー:適宜

Memo

茹で卵とカレーパウダー、ヘビークリームがサラダのキーポイント。マヨネーズだけではこってりしすぎるのを、こうした材料でまろやかな味に仕立てている。

Broodje Martino

ブローチェ・マルティーノ

日本だけでなく、ヨーロッパにも生肉を食す習慣あり

ヨーロッパの人は生肉をよく食べる。このサンドイッチのメインは、生の牛肉である。日本でも牛のたたきを食べるので、うまさは想像がつく。ただ、生肉を食べる際は寄生虫に注意する。安全な方法は、固まり肉の表面をたたきのように焼いたあと、焼けた部分を切り落として包丁で挽き肉状にしたものを使う。市販されている挽き肉は数頭の牛肉が混ざっているので、寄生虫が混在している確率が高くなるので使わない。家庭用の冷蔵庫で冷凍しても殺虫にはあまり効果はないようだ。

材料（1人分） Recipe

【パン】バゲット（20cm）またはミニバゲット：1個【具材】マルティーノ：120〜140g*／トマトのスライス：3〜4枚／刻んだ赤玉ネギ：大さじ2／茹で卵のスライス：1個分／キュウリのピクルスのスライス：3〜4枚【ソース】マヨネーズ：大さじ1

*表面を焼いて挽いた牛肉：150g／フレンチマスタード：大さじ1／チリソース：小さじ1／ウスターソース：少々／塩とコショー：適宜 ●すべて混ぜる

Broodje Zalmsalade

ベルギー

|| ブローチェ・ゾームサラダ

旨みが豊かなサケの缶詰を使った美しいサンドイッチ

　ツナ缶のサラダをサンドイッチにするのは日本でも一般的だが、サケ缶を使うことは意外と少ない。日本のツナ缶はサラダ油に入っているのが普通だ。でもサケ缶は水煮である。サケ缶を使うときは、水分をしっかり搾り出さないと水っぽいサラダになってしまう。ベルギー版のサーモンサラダには茹でジャガイモや茹で卵が入っているので、ボリューム満点。味つけはマヨネーズではなく、オリーブオイルとビネガーにするとあっさりしたサラダになる。野菜はトマトやレタスが使われるが、レタスの代わりにルッコラをたっぷりはさむと、サンドイッチ全体のうまさが増す。チェダー、ゴーダ、フェタといったチーズもいい。

材料（4人分） Recipe

【パン】バゲットのスライス:4枚【具材】サーモンサラダ:150〜200g*／茹で卵のスライス:2枚／キュウリのピクルスのスライス:2枚／キュウリのスライス:2枚／刻みトマト:大さじ2／刻んだディル:適宜
*缶詰めのサケ:80〜100g／小口切りの茹でたジャガイモ:1/2個分／マヨネーズ:大さじ2／ウスターソース:小さじ1／玉ネギのみじん切り:1/4個分／キュウリのピクルスのみじん切り:大さじ1／マスタード:小さじ:1/2　●すべて混ぜる

La Mitraillette

|| ラ・ミトレイエット

ベルギーが作り出した必殺マシンガン・サンドイッチ

　これほどたいそうな名前がついたサンドイッチは、おそらくほかにない。その名はミトレイエット（マシンガン）。ベルギー、とくにブリュッセルでサンドイッチといえば、ラ・ミトレイエットのことだ。バゲットにステーキなどがたっぷりはさまれ、なおかつバゲットを引き裂かんばかりにフライドポテトが詰まっている。まさにフルロードのマシンガンである。ここで紹介しているレシピはほんの一例に過ぎない。肉は牛肉だけでなく仔牛、チキン、ターキー、ポークなどさまざま。ソースもアメリカン、バーベキュー、メキシカン、ハワイアン、ハリサ、カレー、サムライソース（本来はシュリンプ用）などなど、無限のバリエーションが存在する。

Recipe

材料（1人分）

【パン】ミニバゲット：1個【具材】ソテーしたステーキ用牛肉または仔牛肉のスライス：1枚／レタス：2枚、またはルッコラ：1カップ／トマトのスライス：3枚／フライドポテト：10本／塩とコショー：適宜【ソース】ベアルネーズソース (p.297)：大さじ1～2

Memo

野菜はトマトやレタスが使われるが、レタスの代わりにルッコラをたっぷりはさむと、サンドイッチ全体のうまさが増す。チェダー、ゴーダ、フェタといったチーズを加えてもいい。

Bagel Farciti

ベーグル・ファルチッティ

イタリア Italy

食にうるさいイタリア人も ベーグルのおいしさにうなずく

　ベーグルはポーランド出身のユダヤ人によって、ヨーロッパ、アメリカに持ち込まれた。アメリカではベーグルにクリームチーズを塗ったサンドイッチが、朝食の定番となって久しい。伝統と習慣を守る、食文化に関していえば保守的ともいえるイタリアでも、ベーグルは定着してきた。イタリアの中心ローマには、ベーグルを売るベーカリーがいくつもある。でもクリームチーズを塗って終わりというわけにいかないのが、イタリア人気質というものか。イタリアではクリームチーズの代わりにストラッキーノチーズ、リコッタチーズなどが使われる。どちらもクリーミーで、ベーグルに塗るのにちょうどいい。これにペスト（バジルソース）をかければ、イタリア人好みのベーグルとなる。

材料（1人分）　　　　　　　　　　　Recipe

【パン】ベーグル：1個【具材】リコッタチーズ：大さじ2／半分に切ったチェリートマト：5〜6個分／ローストした松の実：適宜【ソース】ペスト：大さじ1

Memo

アメリカ的な食べ方では、スモークサーモンをはさむこともある。でもイタリア的にこだわるならプロシュット（豚モモ肉のハム）、野菜はルッコラ。チーズは日本でも手に入りやすいリコッタチーズになっているが、本来はストラッキーノ、あるいはクレシェンツァと呼ばれる牛乳を使ったフレッシュチーズが使われる。クリーミーでマイルドなチーズで、ジャムやハチミツといっしょに出され、パンに塗って食べることが多い。フォッカチャのフィリングやチーズケーキの材料として使われることもある。

Bruschetta al Pomodoro

ブルスケッタ・アル・ポモドーロ

イタリア

香ばしいガーリックトーストとトマトの甘みが絶妙なサンドイッチ

　フランスやイタリアのパンのように外側がさくっと、またはパリッとしたパンのことをよくクラスティブレッドという。バゲットやトスカン・ブレッドはその典型だ。こうしたパンはトーストして、トーストの表面をおろし金代わりにしてニンニクをこすりつける。これがブルスケッタ（ガーリックトースト）のそもそもの意味である。このサンドイッチは完熟して甘みが増したトマトとバジルの葉をのせただけの手軽なサンドイッチだ。バターは塗らない。その代わりにエキストラ・ヴァージン・オイルをたっぷりたらす。味つけは塩とコショーだけで十分だ。素材を知り尽くしたイタリア人ならではの、シンプルで味に深みがあるサンドイッチだ。

材料（1人分）　　　　　　　　　　　Recipe

【パン】トスカン・ブレッドのようなクラスティブレッド（表面がパリッとしたパン）：1枚【具材】トマトの小口切り：1個分／ニンニクのみじん切り：1粒分／手で裂いたバジルの葉：2～4枚分／エキストラ・ヴァージン・オリーブオイル：大さじ2／塩とコショー：適宜

Memo

刻んだブラックオリーブやケッパーをトマトと混ぜてもいい。バジル以外にも、オレガノなどがこのサンドイッチには合う。バジルは包丁で切らず手でちぎるほうがいい。材料が少ないのでその質にはこだわりたい。とくにトマトは完熟した甘いものを使いたい。

Schiacciata

スキャッチャータ

トスカーナやシシリーで親しまれるイタリアのフラットブレッド

　スキャッチャータはフォッカチャに似た、フラットブレッドの一種である。トスカーナ地方ではそのまま食べるほか、ハムやツナサラダなどをはさんでサンドイッチにすることも多い。シシリーのスキャッチャータはトスカーナ地方のものと少し違う。パン生地自体は似ているが、調理した野菜や肉を生地ではさんでから焼くことが多い。具を包むパンはかなり薄く、パイのような感じだ。フィリングにはさまざまなものが使われるが、ここで紹介するブロッコリーが詰まったスキャッチャータは定番だ。このサンドイッチにはテュマ（トーマ）、プリモサレといった羊乳を使ったフレッシュチーズが欠かせない。

材料（4〜6人分） —— Recipe

【パン】スキャッチャータ：1個またはスキャッチャータの生地：1個分【フィリング】茹でた後ソテーした乱切りブロッコリー：300〜400g／テュマ（トーマ）、プリモサレまたはペコリーノ・トスカーノ・フレスコチーズ：200〜300g／ブラックオリーブのスライス：40〜50g／スカリオンのみじん切り：2本分／ニンニクのみじん切り：1粒分／エキストラ・ヴァージン・オリーブオイル：大さじ3／塩とコショー：適宜

Memo

調理した具を使うときは生地でくるんで焼くが、ツナサラダのように冷えた具を使うときは、パンを焼いたあとに水平にカットして普通のサンドイッチにするのがいい。

Muffoletta ‖ ムフォレッタ

イタリア

ムフォレッタはシシリーのパンで、クラストが薄く中が柔らかい。上にゴマを振ってあることが多い。このレシピはシンプルで、ムフォレッタ自体のおいしさが存分に味わえる食べ方である。

材料（2人分） 【パン】ムフォレッタ（p.286）：1個【具材】エキストラ・ヴァージン・オリーブオイル：大さじ2／塩とコショー：適宜／オレガノと白ゴマ：各1摘み／オイル漬けのアンチョビフィレ：3〜4枚／おろしたカチョカヴァッロチーズ：大さじ2

Panelle ‖ パネッレ

イタリア

ヒヨコ豆の粉（グラム粉）でできたフリッター、パネッレがムフォレッタにはさまれている。シシリーのパレルモで人気のストリートフードである。パネッレを食欲に応じて、2枚、3枚と積み重ねる。冷蔵庫で数日保存できるので、作り置きしてもいい。

材料（2〜3人分） 【パン】ムフォレッタ（p.286）：2〜3個【具材】パネッレ：4〜9枚*
*ヒヨコ豆粉：100g／水：150ml／塩：小さじ1/4／コショー：適宜／刻んだイタリアンパセリ：大さじ2／フライ用のサラダ油：適宜　●油以外の材料を混ぜ油で揚げる

Panino con la Frittata con la Rucola

イタリア

‖ パニノ・コン・ラ・フリッタータ・コン・ラ・ルッコラ

イタリアのオムレツは豪華だ。プロシュットのようなハムやフォンティーナ、パルミジャーノ・レッジャーノといったチーズのほか、ルッコラ、ホウレン草といった野菜が加わることも稀ではない。

材料（2人分） 【パン】クラスティブレッド（トスカン・ブレッドなど）のスライス：4枚【具材】オムレツ：1個*
*卵：3個／ルッコラ：2カップ／おろしたパルミジャーノ・レッジャーノまたはペコリーノチーズ：大さじ2／塩とコショー：適宜／無塩バター：大さじ2

Pani ca Meusa ‖ パニ・カ・メウサ

牛の脾臓を使ったシシリーの代表的なサンドイッチだ。肺や食道とミックスすることもある。脾臓はレバーに似ているが、レバーほど癖がなく、とてもうまい。だまされたと思って試してほしい。

材料（4人分） 【パン】ムフォレッタ（小）(p.286)：4個【具材】牛の内臓のソテー：500g*／リコッタチーズ：大さじ8／おろしたカチョカヴァッロ、もしくはパルミジャーノ・レッジャーノチーズ：大さじ4／レモンジュース：適宜
*茹でた牛スプリーン（脾臓）のスライスまたは肺、食道とのミックス：500g／ラードまたはバター：大さじ2／塩とコショー：適宜

Panino al Lampredotto ‖ パニノ・アル・ランプレドット

シシリアンは食べ物を無駄にしない。こちらは牛の胃袋を使ったサンドイッチ。日本でいえばモツ煮のようなものだ。4つある胃袋の中で4番めがいちばんうまいといわれる。イタリアンパセリでできたサルサ・ヴェルデをたっぷりかける。

材料（4人分） 【パン】ムフォレッタ（小）(p.286)：4個【具材】ランプレドット（牛の胃の煮物）：600〜800g*【ソース】サルサ・ヴェローチェ・ヴェルアル・プレツェモロ (p.295)：大さじ2〜3
*牛の胃：500g／ニンジンの小口切り：1本分／セロリの小口切り：2本分／トマトの小口切り：2個分／赤玉ネギの小口切り：1/2個分

Panino Salsiccia e Broccoletti

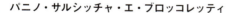

‖ パニノ・サルシッチャ・エ・ブロッコレッティ

ソーセージは皮を取ってから調理する。少し辛みのあるブロッコレッティとイタリアンソーセージとの相性が抜群。シンプルだが癖になる。実はブロッコレッティは日本で開発された野菜である。

材料（2人分） 【パン】チャバタロール：2個【具材】茹でたブロッコレッティ：1〜2束／フェンネルシード：小さじ1／ホットペッパー・フレーク：小さじ1／皮を取ったホット・イタリアンソーセージ：2本／エキストラ・ヴァージン・オリーブオイル：大さじ2／塩：適宜 ●ブロッコレッティとソーセージは、同じフライパンでソテーする

Pane Cunzato ‖ パネ・クンツァート

イタリア

野菜好き、サラダ好きが「これだ！」と叫びたくなるような野菜がたくさんのったサンドイッチ。アンチョビ、ケッパー、オリーブの塩辛さをミックスして絶妙なバランスを作り出している。

材料（4人分） 【パン】丸いパン（ラウンド・トスカン、エンナ、ブールなど）：1個【具材】エキストラ・ヴァージン・オリーブオイル：大さじ2〜3／オリーブ：5粒／ドライトマト：4個／半分に切ったチェリートマト：10〜15個分／バジルの葉：3〜4枚／ケッパー：小さじ2／赤玉ネギのスライス：1/4個分／オイル漬けアンチョビフィレ：4〜6枚／プリモサレまたはモッツァレラチーズ：4枚

Puccia Salentina ‖ プチャ・サレンティーナ

イタリア

プチャはイタリア南部のピュイヤ地方の典型的なサンドイッチ用パンだ。街にはプチャのサンドイッチを売る店が点在し、客は数え切れないオプションの中から好きなものを選んで、プチャにはさむ。

材料（1人分） 【パン】プチャ（p.287）：1個【具材】プロシュット・コット：1枚／グリュイエールまたはプロヴォローネチーズ：20g／ローストしたナスのスライス：2〜3枚／ローストしたズッキーニのスライス：4枚／ローストしたベビーアーティチョーク：1〜2個／トマトのスライス：2〜3枚／ルッコラ：1/2カップ／エキストラ・ヴァージン・オリーブオイル：適宜／塩とコショー：適宜

Panino Caprese ‖ パニノ・カプレーゼ

イタリア

世界的にもっとも知られたイタリアのサンドイッチのひとつだ。モッツァレラチーズ、トマトを厚めにスライスして、バジルは大きな葉を切らずにそのままのせる。具材をはさんでパニーニプレスで焼くことで、チャバタの香ばしさが増す。チーズもとろりと溶ける。クリームが中に入ったモッツァレラチーズを使うのもおすすめだ。

材料（4人分） 【パン】チャバタロール：1個【具材】トマトのスライス：3〜5枚／フレッシュ・モッツァレラチーズ：3〜4枚／塩とコショー：適宜／エキストラ・ヴァージン・オリーブオイル：大さじ1／ドライオレガノ：小さじ1/2 ●具材をすべてはさみ、パニーニプレスで焼く

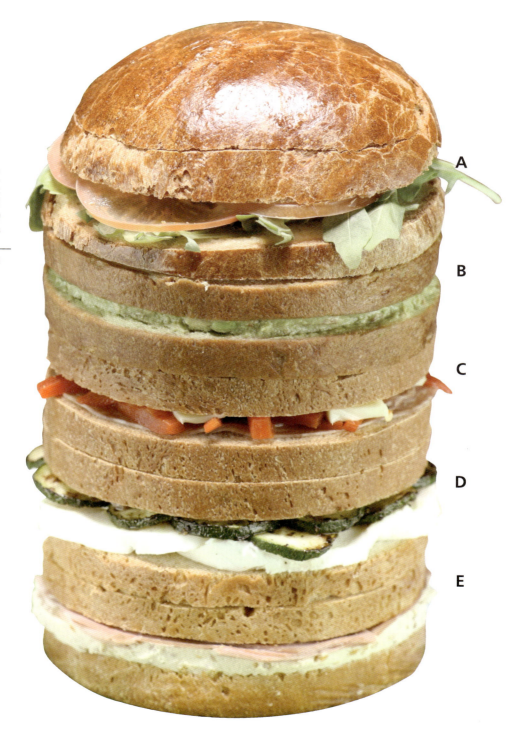

A
B
C
D
E

イタリア Italy

60

Panettone Gastronomico

イタリア

パネットーネ・ガストロノミコ

高さが30cm近くにもなる豪華絢爛なサンドイッチ

　パネットーネはミラノを発祥地とするケーキで、クリスマスには欠かせない。でもここで紹介するパネットーネは、ソルティ・パネットーネともいわれる背の高いパン・ブリオッシュである。ケーキのパネットーネと同様、紙でできたあるいは作った型に生地を入れ、型からはみ出すほど発酵させてからオーブンで焼く。焼いた直後に串を何本か底に刺し、逆さにして冷ますところがおもしろい。形が崩れないようにするためだ。パネットーネをスライスして、その間に好みの素材をはさむ。決まったレシピはなく、皆想像力を豊かにして独自のサンドイッチを作り出す。そんな楽しみがあるのも、このサンドイッチの魅力だろう。世界でもっとも豪華なサンドイッチのひとつである。

Recipe

材料（4〜6人分）

【パン】 ソルティ・パネットーネ：1個*
*(1個分) タイプ0の小麦粉：400g／ミルク：120g／無塩バター：80g／砂糖：40g／ドライイースト：小さじ2／塩：小さじ1／ハチミツ：小さじ1

【具材】

A.トマトとルッコラ
トマトのスライス：4〜6枚／ルッコラ：1カップ／バジルの葉：4枚／エキストラ・ヴァージン・オリーブオイル：大さじ1／塩とコショー：適宜

B.アボカドクリーム
アボカド：1個／エキストラ・ヴァージン・オリーブオイル：大さじ1／レモンまたはライムジュース：大さじ1／塩とコショー：適宜

C.サラミとピーマン、エメンタールチーズ
ジェノアサラミまたはほかのイタリアンサラミ：6〜8枚／瓶入りロースト・ペッパー：1個分／エメンタールチーズのスライス：40g

D.モッツァレラとズッキーニ、アンチョビ
ズッキーニのスライス：1本分／エキストラ・ヴァージン・オリーブオイル：大さじ1／フレッシュ・モッツァレラチーズ：1個／オイル漬けのアンチョビフィレ：2枚／塩：適宜

E.パナソースとモルタデッラ
マスカルポーネチーズ：100g／パナソース (p.297)：大さじ4／モルタデッラのスライス：100g／砕いたピスタチオ：大さじ1

Memo

具はパンのスライスの間すべてにはさむのではなく、2枚おきにはさむと、それぞれのサンドイッチが独立して取り出せるので、崩すことなくそれぞれの味が楽しめる。

イタリア Italy
62

Tramezzino

イタリア

|| トラメッツィーノ

昼食やスナックとして人気があるイタリアのティー・サンドイッチ

　トラメッツィーノはヴェネツィアン・ティー・サンドイッチともいわれる。このサンドイッチを考案したのは今でもトリノに店を構えるカフェ・ムラッサーノだ。1926年のことである。このカフェでは今でも30種に及ぶトラメッツィーノを提供している。トラメッツィーノはサンドイッチという言葉を避けるために作られた造語らしく、トラメツは「中にはさまった」という意味でイーノは小さいものを表現する言葉だ。もともとは耳を落とし三角あるいは四角に切ってサーブされていたが、パンを丸く切り取る、のり巻きのように巻く、小さなカナッペスタイルにするなど、今ではさまざまな形に工夫を凝らしたものを見かけるようになった。とはいっても、カフェなどで出されるトラメッツィーノは、伝統的な三角形、あるいは四角形で、主流は三角形である。イタリアはもとよりオーストリアなどでもポピュラーなサンドイッチだが、北部が発祥ということで、ベニスなどではもっとも人気のあるサンドイッチとなっている。パンは全粒粉のパンであることもあるが、ほとんど場合は日本の食パンに似た白い食パンで、とてもしっとりしていて柔らかい。はさまれるものはイギリスのものとは違い、イタリア独自のものが多い。

Recipe

材料（各1人分）

【パン】食パン：各2枚
【具材】

A. フォルマッジオ・ディ・カプラ・エ・マルメラータ・ディ・フィキ
フォルマッジオ・カプラ、ガローチャまたはほかの熟成したゴートチーズ：4枚／イチジクの砂糖煮（スライス）：1～2個分／松の実：適宜

B. メランザーネ・エ・ロビオラ
ナスのソテー：1/2～1/3カップ*／ロビオラチーズ：100g／バジルの葉：2～3枚／塩とコショー：適宜

*ナス（小）小口切り：1本分／玉ネギのみじん切り：1/2個分／ニンニクのみじん切り：1粒分／エキストラ・ヴァージン・オリーブオイル：大さじ1／水：大さじ2

C. トラメッツィーノ・クラシチ・ブレサオラ・エ・ルッコラ
ブレサオラ（ドライビーフ）：50g／フレッシュなゴートチーズまたはリコッタチーズ：40g／ルッコラ：適宜

D. モッツァレラ・スル・パテ・ディ・ポモドリ・セッキ
フレッシュ・モッツァレラチーズ：4枚／ドライトマト：4～6個／エキストラ・ヴァージン・オリーブオイル：大さじ2～4／塩：適宜

Memo

ここで登場するフォルマッジオ・カプラはイタリアの、ガローチャはスペインのゴート（山羊）チーズ。ブレサオラはプロシュットの牛肉版、ロビオラはブリーチーズに似ている。

Barchette di Pane Ripiene

バルケッテ・ディ・パネ・リピエーネ

池に浮かぶ小さなボートのようなおしゃれなサンドイッチ

　いろいろな穀物をちりばめた小さなパンをくりぬいて、そのポケットにソテーしたナスやズッキーニ、チーズなどで作ったフィリングを詰め込んで、180度に熱したオーブンで25分ほど焼く。チーズがとろけ、卵が固まって、おいしいサンドイッチが出来上がる。パンの中にチーズと野菜で作ったオムレツが詰まっているようなサンドイッチだ。バルケッテはボートの意味で、小さなボートのようなこのサンドイッチをよく表している。指でつまんでそのまま口に運んでもいいが、スライスすれば丸ごと口に入るサイズになる。午後のスナック、パーティーのサイドディッシュやアペタイザーとしてぴったりの、子どもも喜ぶかわいらしいサンドイッチである。

材料 (4人分)

Recipe

【パン】マルチグレイン・シリアル・ロール：4個【フィリング】ナス（小）とズッキーニの小口切りのソテー：各1本分／刻んだプロシュット・コット：50g／パンチェッタ（生ベーコン）：35g／おろしたパルミジャーノ・レッジャーノチーズ：大さじ1／リコッタチーズ：大さじ2／刻んだチャイブ：大さじ1／卵：3個／オリーブオイル：小さじ1／塩とコショー：適宜【コーティング】溶き卵：1個分

Memo

ソテーした具をパンに詰めるとき、それぞれの素材が均等に配分されるように注意を払う。水分は必要だが、水分が多すぎるとパンがびしょびしょになる。

Panino con il Polpo ‖ パニノ・コン・イル・ポルポ

イタリア

シーフード好きイタリア人はタコもサンドイッチにしてしまう。タコはニンニク、玉ネギなどの野菜といっしょにソテーし、レモンジュースで味付けしてある。「えっ」と思うかもしれないがこれがうまい。

材料（2人分）【パン】チャバタロール：2個【具材】タコのソテー：500g*／軽くマッシュした茹でジャガイモ：2個分／ルッコラ：1カップ／おろしたペコリーノ・ロマーノチーズ：大さじ2

*ひと口大に切った茹でタコ：500g／ニンニクのみじん切り：1粒分／イタリアンパセリ（ニンニクとソテー）：10g／塩とコショー：適宜／エキストラ・ヴァージン・オリーブオイル：大さじ2

Panino Parmigiana di Melanzana

イタリア

‖ パニノ・パルミジャーナ・ディ・メランザーナ

ナスをトマトソースとチーズで焼きチャバタにはさんで食べる。具材がパンからはみ出して大騒ぎになるが、それがまた食欲をそそるというものだ。

材料（4〜6人分）【パン】チャバタロール：4〜6個【具材】ナス、チーズ、トマトソースの重ね焼き：4〜6人分*

*揚げナスのスライス：4〜6本分／プロヴォローネチーズ：300g／パルミジャーノ・レッジャーノチーズ：200g／トマトソース：750g／ソテーした玉ネギのみじん切り：1個分（トマトソースを加えて煮る）／バジルの葉：4〜6枚／オリーブオイル：大さじ2／塩とコショー：適宜／フライ用のサラダ油：適宜

Panino al Tonno ‖ パニノ・アル・トンノ

イタリア

イタリアンスタイルのツナサンドには、マヨネーズを使わない。オリーブの塩辛さと上質のオリーブオイルが味つけの主役だ。ソフトな茹で豆、しゃりっとしたロメインレタスが、ほどよいアクセントになっているさっぱりとしたサンドイッチである。

材料（2人分）【パン】チャバタロール：2個【具材】ツナサラダ：500g*

*缶詰のツナ：180g／刻んだロメインレタスまたはほかの緑野菜：200g／缶詰のキドニービーンズ（赤インゲン豆）：120g／グリーンオリーブとブラックオリーブのスライス：各4個分／エキストラ・ヴァージン・オリーブオイル：大さじ2／塩とコショー：適宜　●すべて混ぜる

Panino Prosciutto e Fichi

イタリア

|| パニノ・プロシュット・エ・フィキ

プロシュットの塩辛さとイチジクの甘さが決め手のサンドイッチ

　このサンドイッチを食べたいと思いながら長い冬を過ごす。イチジクの季節は夏だ。プリザーブやドライフィグで我慢するという手もあるが、新鮮な生のイチジクとはやはり違う。春が訪れるとスーパーに毎日のように出向いて、イチジクがないかチェックする。5月中旬にやっと初物のイチジクを手に入れた。焼き立てのローズマリー・フォッカチャを買いにパン屋に駆け込む。ほかの材料はプロシュット・デ・パルマ、フレッシュ・モッツァレラチーズ、ルッコラ、ミントだけだ。ねっとりとしたプロシュットの塩味、イチジクの甘さ、クリーミーなチーズ、そしてナッツの風味があるピリッとしたルッコラ、それぞれの味、食感が混ざり合う絶品サンドイッチ。

Recipe

材料（6〜8人分）

【パン】ローズマリー・フォッカチャ：1個【具材】プロシュット・サン・ダニエルまたはデ・パルマ（生ハム）：6〜8枚／イチジクのスライス：4〜6個／フレッシュ・モッツァレラのスライス：2個分／ルッコラ：2〜3カップ／新鮮なミントの葉：20枚

Memo

素材にはぜひともこだわりたい。新鮮なイチジクを手に入れることはもちろん、ハムはプロシュット・デ・パルマかサン・ダニエルに限る。

Panino con la Porchetta ‖ パニノ・コン・ラ・ポルケッタ

イタリア

ポルケッタはリッチな味わいの豚の丸焼きである。豚は皮付きのまま、シャープなナイフで身を切らないように脂肪の部分まで、全体に切れ目を入れる。焼き上がると切った部分にクラッキングと呼ばれる琥珀色の焼き目ができる。このクラッキングも、肉とともに皿に盛られる。ポルケッタはラッツィオ周辺の名産だが、イタリア中央部では、これをはさんだパニーニがいたるところで売られている。

材料 (1人分)　【パン】チャバタロール:1個【具材】ポルケッタ:150〜200g／サルサ・ヴェローチェ・ヴェルアル・プレツェモロ (p.295):大さじ2

Piadina con Cotto e Carciofini

イタリア

‖ ピアディーナ・コン・コット・エ・カルチョフィーニ

ピアディーナはイタリア北部ロマーニャ地方のフラットブレッドである。イタリアでは異色のパンともいえる。地中海のピタとは違い、イーストは使わず、代わりにベーキングソーダ（重曹）を使用し、フライパンで焼く。少し歯ごたえがある厚めのロティのような感じだ。このフラットブレッドに肉、コールドカット（ハムなど）や野菜をのせてふたつ折りにしたサンドイッチは、ストリートフードとして非常に人気がある。

材料 (2人分)　【パン】ピアディーナ:2枚*【具材】プロシュット・コット:2枚／オイル漬けのアーティチョーク・ハートのスライス:2個分／プロヴォローネチーズ:4枚／ロメインレタス:4枚
*(4〜6枚の材料) 小麦粉:320g／ラード、バターまたはオリーブオイル:50g／ベーキングソーダ:小さじ2／塩:小さじ1／水:160ml

Brioche con Gelato

イタリア

ブリオッシュ・コン・ジェラート

パンにはさんだジェラートはシシリアンのお気に入りサンドイッチ

ジェラートは日本でも馴染みのあるイタリアのアイスクリームである。脂肪分はアイスクリームより少ないが、空気の含有量が少ないのでねっとりとしていてコクがある。アメリカではクッキーにアイスクリームをはさんで食べるが、シシリーではジェラートをパン・ブリオッシュにはさんで食べる。パンとアイスクリームというのは奇妙な組み合わせだが、甘みのあるパン・ブリオッシュとの相性は見事で、クッキーよりもはるかに食べやすい。シシリーでは朝食として食べる人もいるらしい。さまざまなフレーバーのジェラートがあるが、シシリーの特産であるアーティチョークのジェラートは、ほかではなかなか味わえない。ジェラートを食べる機会があったら、一度試してみるといいだろう。

Recipe

材料（1人分）

【パン】ブリオッシュバン:1個【具材】ジェラート：2スクープ（ここではピスタチオとチョコレートのジェラートを使用）／ワッフル：1枚（お好みで）

Memo

自分で楽しむなら、ジェラートである必要も、パン・ブリオッシュである必要もないと思う。バターロールにアイスクリームをはさむというのもいいアイデアだ。

Panino au Nutella

イタリア

パニノ・オ・ヌテラ

家庭にひと瓶、ヌテラは食卓に欠かせないイタリアの名作

ヌテラはココアとヘーゼルナッツを組み合わせた、クリーミーなスイート・スプレッドだ。ヌテラが市場に紹介されたのは1946年のことである。当時はココアが市場に少なく、豊富にあったヘーゼルナッツを混ぜて現在のヌテラの基本レシピが登場した。今ではイタリアだけでなく、アメリカはいうに及ばず、アジアにも広く普及しているヒット商品である。しかしイタリアで生産されているヌテラと、ほかの国で生産されているものとは、少し違うような気がする。アメリカで売られているものはカナダ産、日本で売られているものはおそらくオーストラリア産である。日本のヌテラは知らないが、イタリアのヌテラのほうがアメリカのものよりマイルドで、クリーミーだ。

Recipe

材料（1人分）

【パン】全粒粉またはマルチグレインのパン：2枚【具材】バター：大さじ1／ヌテラ：大さじ2／粉砂糖：小さじ1

Memo

アメリカではバナナにヌテラを塗って食べる習慣がある。子どももおとなもそうして食べる。ピーナッツバターの横に置かれる、食卓の必須アイテムである。

Ftira with Tomato and Olive

マルタ

‖ フティーラ・ウィズ・トマト&オリーブ

地中海に浮かぶ小さな国で受け継がれたパンとサンドイッチ

　地中海に浮かぶ島国マルタは、その地理的な理由でイタリアだけでなく、アラブ文化、アフリカ文化の影響も受けている。1964年に独立するまで英国に支配されていたため、おのずとその影響も強い。食文化もこうした文化が複雑に絡み合って、独特のスタイルを築いている。もっとも大きな影響を受けているのはシシリーだろうか。そんな文化と伝統の中で受け継がれたマルチーズ・ブレッドのひとつ、フティーラはフラットブレッドとして分類される。真ん中に穴が開いたこのパンを水平に切り、オリーブオイルをかけて、トマトやオリーブをはさんでサンドイッチを作る。マルタの空や海をイメージさせるクリーンな味わいのサンドイッチである。

材料（2〜4人分） Recipe

【パン】20cmの丸いフティーラ：1/2個【具材】ひと口大に切ったトマト：2個分／ケッパー：大さじ1／ブラックオリーブのスライス：6個分／バジルの葉：6枚／ミントの葉：6枚／エキストラ・ヴァージン・オリーブオイル：大さじ4／塩とコショー：適宜

Memo

マルタには同じくフティラと呼ばれるピザがあるので、それと勘違いされることが多い。マルタのピザとこのパンはまったく違うものである。一度は試してみたい一品といえる。

Hobz Biz-Zejt ‖ ホブス・ビゼイト

忘れられない味となる、おいしいパンが主役のサンドイッチ

　ホブス・ビゼイトはマルタを代表するパンのひとつだ。前述のフティーラはホブス・ビゼイトのバリエーションといえる。今でもイーストを使わないサワー種を使ったパンも世界各地にあるが、生地を発酵させるためにイーストを使うことのほうがはるかに多い。マルタのベイカーは今でもイーストを使うことを拒み、伝統的な方法でパンを焼く。クラストが薄くさくさくとしているが、中はとても柔らかい。空洞がたくさんあるのも特徴だ。このパンを厚くスライスして、クンセルヴァと呼ばれるマルタ特産の甘みが強いトマトペーストを塗る。さらにその上にツナまたはアンチョビやトマトをのせ、オリーブオイルをかけて食べる。このおいしさは世界でもトップクラスである。

Recipe

材料（1人分）

【パン】ホブス・ビゼイトのスライス：1枚
【具材】ケッパー：小さじ1／缶詰のツナ：大さじ4～6／塩とコショー：適宜／エキストラ・ヴァージン・オリーブオイル：大さじ1／イタリアンパセリ：適宜【ソース】クンセルヴァ（マルタ・トマトペースト）または普通のトマトペースト：大さじ1

Memo

ホブス・ビゼイトでサンドイッチを作るときはできるだけ簡素にする。そうするとホブス・ビゼイトのうまさがより引き立つ。クンセルヴァは入手が難しいので、普通のトマトペーストを代わりに使う。

Pan Bagnat

パン・バーニャ

フランスのサンドイッチの中でもっとも知られたもののひとつ

　パン・バーニャはプロヴァンス地方のサンドイッチで、ニース周辺ではパン屋やマーケットなど、いたるところで売られている。ストリートフードとしても人気のサンドイッチだ。使用されるパンは全粒粉のパン・ドゥ・カンパーニュやブールなどで、水平に切ったパンの間には、サラッド・ニソワーズと呼ぶニース周辺特産の野菜などで作ったサラダが詰まっている。おもな材料はトマト、オリーブ、ツナ、アンチョビ、ニンニクなどで、ほかにアーティチョーク、ルッコラ、バジル、ゴートチーズなどを加えることが多い。パン・バーニャとはびしょびしょのパンという意味だ。実際に食べてみると、その意味が十分理解できるだろう。

Recipe

材料（2〜4人分）

【パン】直径約20cmのパン・ドゥ・カンパーニュまたはブール：1個（半分に切って中身を少し取り除く）【具材】エキストラ・ヴァージン・オリーブオイル：大さじ4／白ワイン・ヴィネガー：大さじ2／塩とコショー：適宜／トマトのスライス：3個分／レッドラディッシュのスライス：4〜6個分／茹でソラ豆：8〜10個／ピーマンのスライス：1個分／マリネしたベビーアーティチョークのスライス：4個分／刻んだスカリオン：1本分／茹で卵のスライス：2〜3個分／オイル漬けアンチョビフィレ：6〜8枚／缶詰のツナ：120g／ブラックオリーブのスライス：4〜6個分／バジルの葉：4〜6枚

Memo

サンドイッチを作ってもすぐには食べない。できれば一晩冷蔵庫に入れておく。そうするとそれぞれの素材のおいしさがうまい具合にミックスされていっそうおいしくなる。

Jambon Beurre

|| ジャンボン・ブール

フランス

素材にこだわってこそ味わえるサンドイッチ

　日本人がご飯にこだわるように、フランス人はバゲットにこだわる。「バゲットを耳に近づけて、親指と人差し指でそっとつぶしてみる。おいしいバゲットはさくっとした軽い音がするんだ」という。このサンドイッチはそんなフランス人自慢のバゲットにバターをたっぷり塗って、パリっ子自慢のハム、ジャンボン・ドゥ・パリ（ジャンボン・ブラン）をはさんで食べる。自慢だからといってハムを何枚もはさむことはない。フランスで、とくにパリでもっとも人気のあるサンドイッチである。素材がよければ余計なものは必要ない。味をスポイルするだけという場合が多々ある。これも最高の素材を組み合わせてはじめて実現する、こだわりのサンドイッチなのだ。

材料（1人分）

Recipe

【パン】ミニバゲットまたはバゲット（20cm）：1個【具材】バター：適宜／ジャンボン・ドゥ・パリ（ジャンボン・ブラン）：2枚

Memo

イタリアのプロシュット・サン・ダニエル、デ・パルマ、スペインのハモン・セラーノやイベリコでもおいしいサンドイッチができるが、ジャンボン・ブールとはもういえない。

Croque Monsieur

|| クロック・ムッシュ

ボリュームたっぷりの、日本でも人気のサンドイッチ

　クロック・ムッシュは日本でもよく知られたハム＆チーズのサンドイッチである。でも本家のクロック-ムッシュは日本で馴染みのものとは少し違う。パンは食パンに似ているが、伝統的にはパン・ドゥ・ミーと呼ばれる、バターとミルクの量が多めで、少し甘みがあるパンが使われる。チーズはほとんどの場合、グリュイエールチーズかエメンタールチーズ、コンテチーズである。大きな違いは、チーズをパンの間だけでなく、上にものせる。ベシャメルソースを使ったクリーミーなバリエーションも人気だ。ポーチドエッグや目玉焼きがのったものはクロック・マダムと呼ばれる。ほかにも別のチーズやソーセージ、ソースなどを使ったものなど意外と種類が多い。

材料（1人分）

【パン】パン・ドゥ・ミーまたは普通の食パン：2枚【具材】バター：大さじ2／刻んだエメンタールまたはグリュイエールチーズ：40g／ハム：2枚／ドライバジル：ひと摘み

Recipe

Memo

上にもチーズがのっかっているので、フライパンで作るのは少し難しい。オーブンを使うのが妥当だろう。フランスにはクロック-ムッシュ専用のグリルもある。

Sandwich À l'Omelette

‖ サンドウィッチ・ア・ロムレット

オムレツのサンドイッチは世界の定番サンドイッチである

　フランスのオムレツは、イタリアやスペインのものよりシンプルだ。このオムレツもラルドンと呼ばれるベーコンのようなものが使われているだけで、野菜もチーズも入っていない。もちろん卵だけのオムレツの場合も多い。どちらかというと日本のオムレツに近い。けれどもサンドイッチにするときは、日本のオムレツのように中が半熟状態ということはなく、オムレツ自体薄く、けっこうしっかり火を通す。といっても焼きすぎは禁物だ。このほかの材料にトマトがあるが、オムレツには混ぜず、生のスライスをバゲットにはさみ、その上に焼きたてのオムレツをのせる。バゲットだと食べにくいので、もう少し柔らかいパンを選んでもいい。

材料（1人分） **Recipe**

【パン】バゲット(20cm)：1個【具材】オムレツ：1個*／トマトのスライス：3〜4枚
*卵：2個／刻んだラルドン（フレンチベーコン）またはパンチェッタ：大さじ2／バター：大さじ2／塩とコショー：適宜

Memo

ラルドンが手に入らない場合は、パンチェッタ（生ベーコン）を使う。どちらもベーコンに似た食べ物だが、パンチェッタはそのまま食べることもあるが、ラルドンは加熱調理する必要がある。

Tartine

フランス

|| タルティーヌ

今でも新しい発想で発展し続けるフランスのオープン・サンドイッチ

　オープン・サンドイッチはヨーロッパ各地に存在する。中でもデンマークに代表される北欧のオープン・サンドイッチは有名だ。東ヨーロッパにも多く、イタリアにはブルスケッタやアペタイザーとして知られるクロスティーニがある。オープン・サンドイッチは中世から食されていたともいわれる。タルティーヌ用のパンとして現在もっともよく使われるのはバゲットである。これをスライスしてチーズやハム、野菜をのせる。タルティーヌとは何かが上にのった1枚のパンという意味らしい。ドイツと同じようにバターを塗っただけのパンもタルティーヌと呼ぶことがあるようだ。フランス人がタルティーヌをよく食べるのは朝食時だ。バゲットを縦にではなく、水平にスライスしてそこにバターを塗り、ジャムをさらに塗りつけてかぶりつくということもあれば、それをカフェオレやホットココアなどにどっぷりつけて食べることすらある。タルティーヌはいってみればスタイルで、トッピングには無限の可能性がある。

材料（各1人分） Recipe

【パン】バゲットのスライス：各1枚
【具材】
A.ソモン・フュメ・エ・コンコムブル
シェーブルチーズ：大さじ2／スモークサーモン：1枚／キュウリのスライス：1枚
B.コムテ・エ・ラ・クレーム
ハム：1枚／コンテ・ラペチーズ：大さじ2／クレム・フレッシュ（サワークリームのようなもの）：大さじ1／ルッコラとグリーンペッパー：適宜
●ハムとチーズをのせてトーストし、他の具材をのせる
C.ポワール・オ・ロックフォール
バター：大さじ1／洋ナシの小口切り：1/2個分／セロリのみじん切り：3cm分／ロックフォールまたはほかのブルーチーズ：30g／砕いたグリーン・ペッパーコーン：適宜
D.リコッタ・トマットゥ・セリーゼ・オリーブ
リコッタチーズ：大さじ2／チェリートマトのスライス：1個分／ブラックオリーブのスライス：1個分／エキストラ・ヴァージン・オリーブオイル：小さじ1　●リコッタチーズを塗り、トマト、オリーブをのせてトースト。最後にオイルを振る

Memo

ここで紹介するタルティーヌは、チーズ以外は日本でもけっこう簡単に手に入る材料が使われている。コンテ・ラペはグリュイエールに似ている。ラペは粉にしたという意味。

Sandwich au Saucisson ∥ サンドウィッチ・オ・ソシソン

フランス

ソシソンは豚肉で作ったソーセージで、サラミの一種である。中にはサラミがソシソンの一種だという人もいるが、サラミと同じようにして食べることは確かだ。つまりそのままスライスして食べる。豚肉に各種スパイスを加えて作るが、ワインなどを使うこともあるので、独特の風味を持っている。コルニッションという小さなキュウリを使ったピクルスは、シャープな酸味があり、チーズやパテ、ハム、サラミなどと非常に相性がいい。

材料（1人分）【パン】ミニバゲットまたはバゲット（18cm）：1個**【具材】**バター：大さじ1／コルニッション：3本／ソシソンのスライス：4～6枚／レタス：1枚／砕いたヘーゼルナッツ：大さじ1

Tacos à la Lyonnaise ∥ タコ・ア・ラ・リヨネーズ

フランス

フランスのトルティーヤ、メキシカンのタコスである。でもメキシコ料理とはほとんど関係がないらしく、実際はトルコやレバノンのフラットブレッドの代わりにトルティーヤを使っているらしい。でもピタやラヴァーシュを使うのが正統派というものだろう。名前からもわかるようにリヨンで誕生したサンドイッチで、10年ほど前に紹介された新しいサンドイッチである。カレーペーストを使ったエスニックな味つけだが、グリュイエールのソースというのがフランスらしい。

材料（2人分）【パン】フラットブレッド（ラヴァーシュまたはピタブレッド）：2枚**【具材】**マリネ液に漬けた鶏のソテー：250g*／小口切りの茹でジャガイモ：2個分／ベルジャン・エンダイブのスライス：1/4個分／ひと口大に切ったトマト：1/2個分／刻み玉ネギ：大さじ1（お好みで）**【ソース】**グリュイエールソース（p.295）：大さじ4
*（マリネ液の材料）ヘビークリーム：20ml／インディアン・カレー・ペースト：小さじ1

Pâté à Pain ‖ パテ・ア・パン

パテというとフォアグラを思い浮かべるが、ここで使われているのは、パテ・ドゥ・カンパーニュという豚肉がメインのパテだ。家庭でも簡単に作れる。買ってもそれほど高くないので、たっぷりのせる。

材料（1人分） 【パン】バゲット（20cm）：1個【具材】バター：大さじ2／パテ・ドゥ・カンパーニュのスライス（厚め）：4枚／レッドラディッシュのスライス：4〜6枚／半分に切ったコルニッション：2本分／塩とコショー：適宜【ソース】ディジョンマスタード：大さじ2

Sandwiches de Poulet ‖ サンドウィッチ・ドゥ・プーレ

フランスではみんなそうするというわけではないが、このサンドイッチにはローストチキンにタルタルソースがかけられている。カレー粉を混ぜて、少しスパイシーにしてもおいしい。

材料（1人分） 【パン】バゲット：1/3個【具材】鳥ムネ肉のロースト：50〜80g／レタス：1枚／赤玉ネギの輪切り：4〜6枚／トマトのスライス：3〜4枚／キュウリのスライス：3〜5枚／茹で卵のスライス：1個分【ソース】ディジョンマスタード：大さじ1／タルタルソース：大さじ1

Sandwiches de Canard ‖ サンドウィッチ・ドゥ・カナール

カモのコンフィを使った贅沢なサンドイッチ。鶏肉とは違い、少しばかり野趣にとんだ味が楽しめる。カモはフルーツや甘みのあるブリオッシュとよく合う。シェーブルのまろやかな酸味がアクセント。

材料（6人分） 【パン】ハンバーガーバンまたはブリオッシュバン：6個【具材】カモのコンフィ：6本＊／フレッシュ・ゴートチーズ：150g／薄くスライスしたリンゴ：適宜／レタス：6枚／赤玉ネギの輪切り：適宜

＊カモ肉（レッグ）：6本／塩とコショー：適宜／カモの脂肪：1kg／ガーリック：4粒／タイム：2枝　●カモ肉に塩、コショーをし、鍋にカモ肉とその他の材料を入れてオーブンで1時間焼く。カモ肉を裏返し、さらに1時間焼く。さらに肉だけオーブンで焦げ目がつくまで焼く

Schnitzel Cordon Bleu Burger

スイス

|| シュニッツェル・コルドン・ブルー・バーガー

カツの間にチーズが潜んでいるとろけるサンドイッチ

　コルドン・ブルーはフランス語で、アンリ三世の時代、最高位のナイトが身につけた幅広いリボンのことだ。それが高水準の料理やシェフに与えられる言葉となった。シュニッツェル・コルドン・ブルーはたたいて薄くした肉でチーズをくるみ、パン粉をつけて揚げたカツである。オリジナルはスイスで、1940年代ころに発案されたといわれている。鶏のモモ肉を使うのがオリジナルだが、柔らかいヴィール（仔牛）を使うことも多い。チーズにはスイス産のエメンタールやグリュイエールのほか、ゴーダチーズなども使われる。マヨネーズやケチャップをつけることもあるが、ケチャップは個人的におすすめしない。レモンとマスタードだけでも十分いける。

材料（4人分）

Recipe

【パン】カイザーロール：4個【具材】シュニッツェル・コルドン・ブルー：4枚＊/トマトのスライス：8枚/レタスの千切り：8枚分【ソース】ディジョンマスタード：大さじ4 /ケチャップ：大さじ4(オプション)/マヨネーズ：大さじ4(お好みで)/レモン：1/4個

＊カツ用鶏肉または仔牛肉：4枚/ハム：8枚/エメンタールまたゴーダチーズのスライス：4枚/卵：1個/ミルク：大さじ2 /パン粉：1カップ/塩とコショー：適宜/フライ用のサラダ油：適宜

Memo

このカツはチーズのほかにハムをくるんでいる。付け合せにはポテトサラダ、パセリポテトが合う。

Rohschinken Birne Honig Senf Sandwich

| ローシンケン・ビルネ・ホーニグ・センフ・サンドウィッチ

調理してもおいしい洋ナシの分厚いスライスがのったサンドイッチ

　舌をかみそうなややこしい名前のサンドイッチだが、簡単にいえばハニーマスタードをかけたハムと洋ナシのサンドイッチだ。このレシピではハニーマスタードの代わりに、洋ナシで作ったソースを使った。洋ナシはスイスでもっとも親しまれているフルーツのひとつだ。ビンブロットというドライフルーツにした洋ナシやリンゴが詰まったペーストリーは、スイスの代表的なデザートだ。ハムはブンドゥナーというプロシュットに似た牛肉のハムである。チーズはアルプス地方で保護、飼育されている牛のミルクで作ったパスチャーチーズが本来使われるが、グリュイエールチーズがこのチーズに近い。

材料（4人分） **Recipe**

【パン】ダーク・ライ麦パン：8枚【具材】洋ナシ煮：8枚*1／ブンドゥナー：8枚【ソース】チーズソース：400〜500g*2／洋ナシジャム：大さじ1

*1洋ナシの厚切りスライス：2個分／水：200ml／洋ナシの濃縮ジュース：大さじ2／レモンジュース：大さじ1　*2粉にしたグリュイエールチーズ：250g／卵：2個／白ワイン：大さじ4〜6／塩、コショー、ナツメグ、パプリカ：適宜／ニンニクみじん切り：1粒分

Memo

ここではダーク・ライ麦パンを使っているが、可能ならツオプフというスイスのパンを使ってみたい。

スペイン Spain

Montadito

モンタディート

スペイン

スペインの居酒屋で欠かせない、庶民的なオープン・サンドイッチ

スペインのバーなどで出されるタパスは、今や各国に広まりつつある。ビールなり、ワインなりを注文するとただで出てくる。日本でいえばお通しのようなものだ。一度きりのことが多い日本とは違い、スペインでは酒を注文すれば何度も、しかも違うタパスが出てくる。でも最近ではお金を払わなければならないことが多くなってきた。ひと口にタパスといっても、プラト（皿）、ピンチョス（串に刺さった食べ物）、タパ（スナック）などいくつかの種類がある。モンタディートもそのひとつ。スライスしたバゲットの上にチーズやハム、野菜などをのせたオープン・サンドイッチで、スペインには100種ものモンタディートを揃える専門店もある。

15世紀から食べられていたともいわれるモンタディートは、モンタルという「登る」とか「乗せる」などといった意味のスペイン語が語源だといわれている。バゲット以外のパンが使われることもあるし、オードブルサイズから昼食のサンドイッチサイズまで、その大きさもさまざまだ。そのときによって大きさや上に乗せる具を変える。フランスのタルティーヌと同様、アイデア次第で無限のバリエーションが考えられる、作るのも楽しいサンドイッチだ。

Recipe

材料（各2人分）

【パン】バゲットのスライス：各2枚
【具材】
A. **カラバシン・コン・サルサ・デ・アルバアカ**
ソテーしたズッキーニのスライス：4枚／トマトのスライス：2枚／熟成したゴートチーズ：20g【バジルソースの材料（すり鉢でペーストにする）】湯がいたバジルの葉：4～6枚／サラダ油：大さじ1／塩：適宜

B. **ロモ・イ・ボケリョン**
ソテーした豚ヒレ肉のスライス：2枚／トマトのスライス：2枚／オイル漬けのアンチョビフィレ：2枚／エキストラ・ヴァージン・オリーブオイル：小さじ4

C. **ハモン・イ・ケソ**
ゴートチーズ：2枚／ハモン・セラーノまたはイベリコ：1枚／バジルの葉：2枚／エキストラ・ヴァージン・オリーブオイル：小さじ1

D. **アルカチョファス**
マリネしたアーティチョークのスライス：1個分／粉にしたパルミジャーノ・レッジャーノ：大さじ2／ハーブソルト：ひと摘み【ソース】マヨネーズ：大さじ2

Memo

紹介しているレシピからもわかるように、上にのせるものは、スペイン産のものは確かに多いが、もちろん他国の食材も使用する。100種を揃える店があるというのもうなずける。

Setas en Tostada

スペイン

|| セタス・エン・トスターダ

キノコをバターで炒めてのせるだけのシンプルなサンドイッチ

　どうやらスペインの人もキノコが好きらしい。スーパーで買って食べるというだけでなく、キノコ狩りに行く人も少なくないようだ。日本でいう農水省から「野生キノコの危険」というパンフレットが出版されている。そこには約50種類の毒キノコが紹介されていて、その危険性を訴えている。スペインでは少なくとも10種以上の野生キノコが食べられている。野生のキノコに限らず、どんなキノコでもかまわない。バターでソテーして、厚くスライスしたカントリーブレッドの上にのせて食べる。いわゆる白いマッシュルームだけでは寂しい。外国のキノコである必要もない。マイタケ、シイタケ、エノキ、シメジなど好みのキノコをミックスして試したい。

材料（4人分） | Recipe

【パン】カントリーブレッドのスライス：4枚【具材】マッシュルームのソテー：800～1000g*
＊マッシュルームのスライス：800g／オリーブオイル：大さじ1／玉ネギのスライス：1個分／ニンニクのみじん切り：2粒分／無塩バター：80g／塩、コショー、ガーリックパウダー：適宜

Memo

難しいところは何もない。材料を見るだけでどんなものか想像がつくだろう。醤油を少したらして、日本風にアレンジしてもいいかもしれない。ベジタリアンにもおすすめの一品だ。

Bocata de Tortilla de Patatasy Tomate

スペイン

ボカタ・デ・トルティーヤ・デ・パタタスィ・トマテ

材料（2〜3人分） 【パン】バゲット：1個【具材】トルティーヤ：1個＊／エキストラ・ヴァージン・オリーブオイル：大さじ2／トマトのスライス：1個＊オリーブオイル：大さじ1／卵：2個／マッシュポテト：1個分／飴色になるまで炒めた玉ネギ：1個分／ニンニクのみじん切り：1粒分／塩とコショー：適宜　●すべて混ぜて焼く

同じスペイン語圏であるメキシコでtortilla（トルティーヤ）といえば、タコスやブリトーに使うフラットブレッドのことだが、スペインではオムレツのことを指す。玉ネギを焦げつかないようにじっくりキャラメライズさせ、茹でジャガイモと卵で分厚いオムレツを作る。トマトやハムを入れることもあるが、基本はこの3つの材料だ。これを、内側にトマトをすりつけたバゲットにはさめば、スペイン風オムレツ・サンドイッチになる。

スペイン Spain

Sándwich de Chocolate, Crema de Cacahuete y Plátano

スペイン

サンドウィッチ・デ・チョコラーテ、クレマ・デ・カカウエテ・イ・プラタノ

材料（2人分） 【パン】バゲットのスライス：4枚【具材】ノシーヤまたはヌテラ：大さじ4／ピーナッツバター：大さじ4／バナナのスライス：1本分

スイートスプレッド、ピーナッツバター、そしてバナナのサンドイッチと聞くと、いかにもアメリカ的だ。でもこれはスペインのサンドイッチである。ヘーゼルナッツ・スプレッドとしては、イタリアのヌテラが有名だが、スペインにも似たものがある。名前はノシーヤ。原料はヌテラと同じだが、スペインではノシーヤが売り上げにおいてヌテラを圧倒している。つまりこのサンドイッチにはノシーヤを使うのが正しいといえる。

Bocadillo de Calamares

|| ボカディーヨ・デ・カラマーレス

イカリングのフライがサンドイッチになった

　イタリアがパニーニなら、スペインはボカディーヨである。スペインが誇る代表的なサンドイッチだ。ボカディーヨはカフェやタパスバーでよく見かける。コーヒーと一緒にというだけでなく、ビールやワインを飲みながら食べることも多い。ボカディーヨにはバゲットによく似たパン・ルスティコなどが使われる。見分けがつかないほど似ているので、バゲットを使っても一向にかまわないと思う。これはイカリングのフライのボカディーヨだ。

材料（2～3人分） Recipe

【パン】バゲット：1個【具材】イカフライ：500g*／エキストラ・ヴァージン・オリーブオイル：大さじ2
*イカリング：500g／塩とコショー：適宜／レモン果汁：1個分／卵：1個／ミルク：50ml／小麦粉：100g／フライ用のサラダ油：適宜
●イカリングはレモンと塩、コショーで味付けし、ミルク入りの溶き卵にくぐらせ、小麦粉をまぶしてから揚げる

Bocadillo de Jamón

ボカディーヨ・デ・ハモン

スペインが誇るハムの逸品をはさんだサンドイッチ

　フランスのジャンボン-ブールに似ているが、このサンドイッチにはスペインならではの見逃せない特徴がある。スペインでは、完熟した信じられないほどおいしいトマトが手に入る。これをつかみ、半分に切ったパンの内側にこすりつける。トマトのエキスがパンに浸み込んでいく。その上にオリーブオイルをかける。さらにプロシュットに勝るともいえるハモン・セラーノや超高級ハムのイベリコをはさめば、一級のサンドイッチになる。

材料（1人分） **Recipe**

バゲット（約20cm）：1個／トマト：1個（パンの内側にこすりつける）／エキストラ・ヴァージン・オリーブオイル：大さじ2／ドライオレガノ：ひと摘み／ハモン・セラーノまたはイベリコ：2、3枚

Coca de San Juan de Chocolate y Naranja

スペイン

|| コカ・デ・サン・フアン・デ・チョコラーテ・イ・ナランハ

6月23日、聖ヨハネの前夜祭として知られるフィエスタ・デ・サン・フアンが、スペインで大々的に催される。バルセロナを中心としたカタロニア地方では、この夜にコカ・デ・サン・フアンが食卓にのぼる。イースト発酵したパンのデザートで、砂糖漬けのフルーツなどでカラフルに飾られる。カスタードクリームがプラスされることもある。これは、チョコレートガナッシュを間にはさんだサンドイッチだ。

材料（10〜12人分）　【パン】コカ・デ・サンフアン（p.288）：1個【具材】チョコレート・ガナッシュ：800〜900g*
*ヘビークリーム（生クリーム）：500g／ブラックチョコレート：350g／無塩バター：大さじ2／オレンジワインまたはオレンジ・ブロッサム・ウォーター：30ml／ダークラムまたはブランデー：大さじ2

Coca de Sardinas con Salmorreta

スペイン

|| コカ・デ・サルディナス・コン・サルモレッタ

コカはカタロニア語でペーストリー、ケーキといった意味だ。甘いものから普通のパンのようなものまで、いろいろなコカがあるが、ここで紹介するのはフラットブレッドタイプのコカで、オープン・サンドイッチにして食べる。このサンドイッチで、ベースになるパン以上に重要なのはサルモレッタである。このソースの主材料に使われるニョラは、乾燥したピーマンのことだ。粉にする前のパプリカのようなもので、パエリアなどにも欠かせない素材だ。

材料（4人分）　【パン】コカ：4個*【具材】ソテーしたイワシ：16尾／エンダイブ、ロメインレタス：各8枚／ブラックオリーブのスライス：12個分／エキストラ・ヴァージン・オリーブオイル：大さじ8【ソース】サルモレッタ（p.296）：1/2カップ　●ソースをパンに塗ってから具材をのせる
*強力粉：220g／ドライイースト：小さじ2／ウィートブラン：30g／水：100ml／オリーブオイル：75ml／塩：小さじ1／砂糖：小さじ1／白ゴマ：30g

Sandes de Panado ∥ サーンジス・ドゥ・パナド

サーンジス・ドゥ・パナドはパン粉をまぶして揚げたフライがはさまったサンドイッチだ。肉が使われることが多いが、ポルトガルはスペイン、イタリアと同様、魚介類もよく食べる。ここで使っているのはヨーロッパでもっとも消費されている魚のひとつ、メルルーサだ。今回はポルトガル人が経営する魚屋で買った新鮮で分厚い切り身を使った。メルルーサはタラに似た白身の魚だが、新鮮なものはタラよりもはるかにうまい。

材料（2人分） 【パン】パポ・セコまたはフレンチロール：2個【具材】魚のフライ：2個＊／ロメインレタス：2枚／【ソース】タルタルソース：大さじ4
＊メルルーサ（タラ目の魚）の厚切り：2枚／塩とコショー：適宜／レモンジュース：大さじ4／小麦粉：1/4カップ／卵：1個／パン粉：1/2カップ／フライ用のサラダ油：適宜

Sandes de Presunto e Queijo da Serra

∥ サーンジス・ドゥ・プレズント・エ・ケイジョ・ダ・セラ

ケイジョ・ダ・セラ（ケイジョ・セラ・ダ・エストレーラ）は、ポルトガル産チーズの王様ともいわれる。エストレラ山脈の山岳地帯でのみ生産されるチーズで、とてもソフトで、そのままでもパンに塗りつけられるほどだ。チーズのかたまりからディップのようにクラッカーで直接すっくって食べてもうまい。リッチな香りと甘みがケイジョ・ダ・セラの特徴だ。この羊のミルクでできたチーズをぜいたくに使ったのがこのサンドイッチである。

材料（2人分） 【パン】大きなクラスティブレッド（カントリーブレッドなど）のスライス：2枚【具材】プロシュット：2枚／トマトのスライス：1個分／オリーブオイル：大さじ2／バルサミコ・ヴィネガー：大さじ2／塩、コショー、ドライオレガノ：適宜／ケイジョ・ダ・セラ：大さじ4　●具材の順にパンにのせ、オーブンで焼く

Francesinha ‖ フランセズィーニャ

ポルトガル

ビールでできたソースをたっぷりとサンドイッチの上にかけて食べる

フランスから移民してきたシェフのダニエル・ダ・シルヴァは、どうにかポルトガル風のクロック-ムッシュができないものかと考えた。思案の末に完成したのが、フランセズィーニャ、小さなフランスというサンドイッチである。今ではポルトガルの名物料理となっている。このサンドイッチの良し悪しを左右するのが、ビールベースのフランセズィーニャソースだ。基本的な材料は同じだが、さまざまな工夫を凝らしてその店独自のソースを作り出す。ソースの材料や作り方は門外不出の場合がほとんどだ。でも出来合いのソースがスーパーなどで購入できるので、一般家庭でも気軽に楽しめる。

Memo
ソースに使われるハリサやピリピリソースは、ポルトガルや北アフリカでよく使われるホットペースト、ホットソースのこと。ピリピリは日本語のようだが、意味は似ていても関係性はまったくない。

材料（1人分） **Recipe**

【パン】食パン：2枚／ハム：1枚【具材】薄いステーキ：1枚／リングィーサ（ポルトガル風ソーセージ）のスライス：4〜6枚／エメンタールまたはプロヴォローネチーズ：2枚【ソース】フランセズィーニャソース：たっぷり*

*オリーブオイル：大さじ1／玉ネギのみじん切り：1/2個分／仔牛肉または牛肉：50g／ローリエ：1枚／ポートワイン：大さじ1／トマト：15g／ラガービール：250ml／塩とコショー：適宜／ハリサまたはピリピリソース：小さじ1／コーンスターチまたは片栗粉：大さじ2 ●野菜、肉、ローリエを炒め、コーンスターチ以外の材料を加えて1時間煮る。ブレンダーでソース状にする。とろみが必要な場合はコーンスターチを加える

Sandes de Carne Assada ‖ サーンジス・ドゥ・カルニ・アサード

カルニ・アサードはローストビーフのことだ。分厚いスライス、ぶつ切りのものがパンの間にはさまっている。バーベキューソースがオプションになっているが、リスボンなどではローストビーフを使ったときにできる肉汁をパンに浸み込ませて食べる。変に甘いバーベキューソースなどより、はるかに理にかなったおいしい食べ方だ。パンはポーチュギーズロールとも呼ばれるパポ・セコに限る。

材料（2人分）【パン】パポ・セコ：2個【具材】ローストビーフ：250g／トマトのスライス：4枚／ロメインレタス：1枚／ソテーした玉ネギのスライス：大さじ2【ソース】バーベキューソース：大さじ2（お好みで）

Bifana ‖ ビファナ

ポルトガルの南西、アレンテージョのヴェンダス・ノーヴァスが、ビファナ誕生の地である。ヴェンダス・ノーヴァスでは、毎年ビファナのフェスティバルが行われる。豚ヒレ肉のサンドイッチで、厚切りのスライスが数枚、誇らしげにパンの間に収まっている。当地ではポン・ビジュと呼ばれるクラスティロールが使われるが、パポ・セコが使われることも多い。ポルトガルのほかのサンドイッチ同様に、ピリピリソースは欠かせない。

材料（1人分） 【パン】パポ・セコ：1個【具材】マリネ液に漬けた豚ロースのスライスのソテー（厚さ3mm、オリーブオイルでソテー）：100g*／ソテーした赤玉ネギのスライス：1/2個分【ソース】マスタード：大さじ1 *（マリネ液の材料）ニンニクのみじん切り：1粒／塩：適宜／フレーク状の赤トウガラシ：小さじ1/2／ピリピリソース：大さじ1／ローリエ：1枚／白ワイン・ヴィネガー：大さじ2／白ワイン：1/2カップ

Sandes de Couratos ‖ サーンジス・ドゥ・コーラトス

豚の皮はポルトガルのほか、南米でもよく食べる。カリッと揚げた豚の皮はポテトチップスに似たスナックとして売られている。このサンドイッチでは、ニンニク、ローリエ、塩、コショーといっしょに、オリーブオイルで豚の皮を炒めた後、白ワインでじっくり煮込んで柔らかくする。時間がかかるので、普通は圧力鍋を使う。煮込んだ豚の皮は、サンドイッチにする前にグリルで軽く焼く。日本の鶏皮に少し似ている。プリッとしていて、甘みがある。

材料（4～6人分） 【パン】パポ・セコまたはフレンチロール：4～6個【具材】マリネした豚の皮の煮物：500g*【ソース】マスタード：大さじ4～6 *豚の皮：500g／ニンニク：1粒／オリーブオイル：大さじ2／塩とコショー：適宜／白ワイン：大さじ2／ローリエ：1枚／水：適宜

The World's Sandwiches

Chapter 2

北ヨーロッパ

フィンランド／スウェーデン／ノルウェー／デンマーク

材料（1人分）

Recipe

スィエニヴォイレイパ

【パン】ライ麦パン：1枚【具材】バター：大さじ1／バターでソテーしたキノコ：200g／刻んだエダム・チーズ：大さじ1／パセリの葉：数枚【ソース】マヨネーズ：大さじ1／レモンジュース：大さじ1 ●バターを塗り、パセリ以外の具材をのせオーブンで焼く。最後にパセリを散らす

フィンランド Finland

Voileipä

フィンランド

‖ ヴォイレイパ

魚を多く使う
フィンランドの
オープン・サンドイッチ

　フィンランド語でサンドイッチのことをヴォイレイパという。ヴォイはバター、レイパはパンという意味だ。つまりドイツと同じようにバターを塗ったパンのことである。オープン・サンドイッチでも普通のサンドイッチでもヴォイレイパなのだが、フィンランドではオープン・サンドイッチであることが多い。種類は無限にあるが、スタンダードなヴォイレイパといえば、こんな感じになる。パンはライ麦パン。非常に密で重いのが特徴だ。代表的なパンはルイスレイパ。上にのせるものは、ヘリング(ニシン)、スモークサーモンといった魚であることが多い。

材料（1人分） **Recipe**

ランピマット・スィリムナレイヴァット
【パン】プンパニッケル：1枚【具材】バター：大さじ2／ヘリングと茹で卵のミックス：1/2カップ*／チェリートマトのスライス：4枚／刻んだ生のディル：大さじ2　●バターを塗り、ヘリングと茹で卵のミックスをのせてオーブンで焼く。残りの具材をのせる
*刻んだヘリング・フィレのマスタードソース漬け：3枚分／ヘリングが漬かっているソース：大さじ1／刻んだ茹で卵：1個分／刻んだリーキ（長ネギ）のソテー／粉チーズ：大さじ2

Memo
どちらもホットサンドだが、ヴォイレイパのすべてがそうだというわけではない。キノコはフィンランドの人にとって重要な食料だ。キノコ狩りにもよく出かける。

Porilainen

ポリライネン

ポリの学生に人気のある、フィンランドを代表するストリートフード

　サタデイソーセージとも呼ばれるラウアンタイマッカラは歴史が比較的浅く、1920年代の後半に登場したソーセージだ。原料、見た目がボローニャ・ソーセージによく似ている。とくに食べたときの感触、色はそっくりである。味も近いが、ラウアンタイマッカラのほうがマイルドだ。ポリライネンのポリとは、フィンランドの西海岸にある街ポリの人を指す。とくにポリに住む学生に人気があり、ストリートフードの象徴となっている。パンにはさまれているソーセージは分厚く、普通1センチはある。そのほかの材料を見ると、ソーセージを使ったハンバーガーともいえる。食パンが使われるのが普通だが、ここではおしゃれにグラムロールを使った。

Recipe

材料（1人分）

【パン】丸いライ麦パン、もしくはグラムロール：1個【具材】サラダ油でソテーした厚切りのラウアンタイマッカラ（ボローニャ・ソーセージで代用可）：1枚／赤玉ネギの輪切り：4〜6枚／キュウリのスライス：4〜5枚／刻んだチャイブ：大さじ1【ソース】マスタード：大さじ1／ケチャップ：大さじ1

Memo

ラウアンタイマッカラは日本ではおそらく手に入らないソーセージなので、近いものを作るなら、ボローニャ・ソーセージを使えばいいだろう。買うときに分厚く切ってもらうと、よりそれらしくなる。

Silakkaleipä ‖ スィラッカレイパ

フィンランド

酢漬けのヘリングを初めて食べたとき、寿司種に使われるコハダを思い出した。ヘリングのほうが酢がきついが、実際わさび醤油をつけてご飯のおかずにしたこともある。調べてみるとコハダは英語でギザードシャッドという。シャッドはヘリングの仲間なのだ。コハダで作ったサンドイッチだと考えてもらえれば、なんとなく想像がつくだろう。このサンドイッチは少しオーブンで焼いたヘリングを使っている。

材料（1人分）　【パン】ライ麦パン：1枚【具材】オーブンで焼いた酢漬けのヘリング・フィレ：2枚／茹で卵のスライス：1個分／トマトのスライス：1〜2枚／ピーマンのスライス：4枚【ソース】サワークリーム：25ml／レモンジュース：小さじ1／ニンニク（小）のみじん切り：1粒分／塩とコショー：適宜　●すべて混ぜる

Kalaisat Kolmioleivät ‖ カライサット・コロミオレイヴァット

フィンランド

スィラッカレイパが酢漬けなら、こちらは燻製のヘリングである。フィンランドだけでなく、ヨーロッパではヘリングというと酢漬けか燻製である。そしてどちらもうまい。ただ燻製はより保存食としての役割が大きいようで、かなり塩辛い場合がある。サンドイッチを作る前に一口食べてみて、その後の計画を立てるのがいいだろう。場合によっては塩抜きが必要なこともある。ヘリングの代わりにスモークサーモンを使った贅沢バージョンもある。

材料（1人分）　【パン】食パン：2枚【具材】魚のサラダ：100g＊／レタス：1枚
＊刻んだスモーク・ヘリングまたはサーモン：30〜40g／刻んだ赤ピーマン：大さじ1／サワークリーム：60ml／レモンペッパー：小さじ1/2／ホースラディッシュ：小さじ1

スウェーデン Sweden

Smörgås ∥ スモルゴス

スウェーデン

特産品はオープン・サンドイッチのもっとも大切な素材

スウェーデンに限ったことではないが、サンドイッチにはその国の食文化が凝縮されている。その国でよく食べられている素材を使ったサンドイッチが必ずある。このふたつのオープン・サンドイッチも、スウェーデンの人たちに親しまれている素材を使っている。マクリルはサバのことだ。サバ釣りはレクリエーションとして、スウェーデンで大変人気がある。サバの燻製はヘリングとともによく食卓にのぼる。洋ナシはリンゴと並び、スウェーデンでもっとも食べられている果物のひとつだ。ジュース、お菓子、ケーキにいたるまで、あらゆるものに洋ナシが使われている。

Recipe

材料（各1人分）

A.マクリル・ポア・ブラード・メッド・アグローラ
【パン】ライ麦パン：1枚【具材】バター：大さじ1／卵サラダ：1/3〜1/2カップ*／レタス：1枚／赤玉ネギの輪切り：4〜6枚／チェリートマトのスライス：2個分／サバの燻製ペッパー風味：1枚／ディル：適宜

*茹で卵：1個／刻んだイタリアンパセリ：1/4カップ／塩とコショー：適宜／ヨーグルト：大さじ1

B.ブンデンス・スモルゴス・メッド・スキンカ
【パン】ライ麦パン：1枚【具材】バター：大さじ1／サラダ：100〜120g*／刻んだチャイブ：大さじ1／スモークハム：1枚／洋ナシ：1/4個／ディル：適宜

*刻んだ洋ナシ：1/4個／刻んだフェンネルバルブ：1/8個／カッテージチーズ：60g／ディジョンマスタード：小さじ1／塩とコショー：適宜

Mjukkaka med Äpple Och Morot

スウェーデン

∥ ミュカカ・メッド・エップレ・オック・モロット

ミュカカもスウェーデンで非常に人気のあるフラットブレッドである。ここで紹介するのは野菜がたくさんのったさわやかなサンドイッチで、朝食などに最適だ。フヌカカの倍以上の厚さがあり、柔らかいので、フヌカカ以上に使い道がある。ミュカカを使って、サンドイッチケーキともいわれるスモルゴストルタを作ることも多い。生地に使う粉の半分はライ麦粉で、シロップが入っているので甘みがあり、ケーキのように切ってそのまま食べるのもいいだろう。ジャムやクリームともよく合う。

材料（1人分）　【パン】ミュカカ (p.289)：1個【具材】ハム：3枚／リコッタチーズ：大さじ1／ニンジンの千切り：1/4個分／リンゴのスライス：1/4個分／クレソン：適宜／松の実：大さじ1／エキストラ・ヴァージン・オリーブオイル：大さじ1／塩とコショー：適宜

Smörgåstårta ‖ スモルゴストルタ

スウェーデン

芸術性すら要求される、パーティーなどに最適な豪華なサンドイッチ

ケーキの上にスモークサーモンやエビがのっているなんて、何かの間違いだと思う人もいるかもしれない。ご心配なく、このケーキは甘くない。カバーしているクリームはホイップクリームでも甘いバタークリームでもない。ここで紹介しているサンドイッチのコーティングにはサワークリームに似ているクレム・フレッシュが使われている。甘いわけではない。サンドイッチケーキとも呼ばれるスモルゴストルタは、耳を取った食パンと具が複数の層になっている。形は四角でも丸くてもいい。これといったルールはなく、アイデアが勝負の変わり種サンドイッチといえるだろう。

材料（8〜12人分） Recipe

【パン】食パン:12枚【フィリング（上）（すべて混ぜ合わせる）】／缶詰のツナまたはサケ:350g／サワークリーム:1カップ／クリームチーズ:1カップ／赤玉ネギのみじん切り:1個分／セロリのみじん切り:1/2カップ／マヨネーズ:1/2カップ【フィリング（下）（すべて混ぜ合わせる）】茹でたエビ（刻む）:400g／刻んだ茹で卵:3個分／マヨネーズ:1カップ／クレム・フレッシュ:1カップ／刻んだディル:大さじ3／レモンジュース:大さじ2【コーティング】クレム・フレッシュ:1カップ【トッピング】キュウリのスライス:1本分／チェリートマトのスライス:6〜8個分／レッドラディッシュのスライス:4〜6個分／レモンのスライス:4枚／茹でたエビ（小）:6尾／茹で卵のスライス:3個分／スモークサーモン:4枚／ディル:適宜

Memo

クリーム類、チーズ、スモークサーモン、エビ、ヘリング、茹で卵、キュウリなどがこのサンドイッチの基本アイテムである。食パンを使うが、これ用に大きなパンを焼いてスライスして使ってもおもしろい。クレム・フレッシュはサワークリームに似ているが、酸味がほとんどない。

Varm Smörgåstårta med Hönökaka

 スウェーデン

ヴァルム・スモルゴストルタ・メッド・フヌカカ

スウェーデンの南にある小さな島が起源のフラットブレッド

スウェーデンの南にあるヨーテンボリに程近い島ホナがフヌカカが生まれ育った場所である。スウェーデンではこのようなフラットブレッドをよく食べる。ベーキングパウダーとイーストの両方を使うめずらしいパンで、本来はベーキングパウダーではなく、鹿の角を粉にしたものが使われていた。もとは漁師の家庭や農家で作られていたパンだが、今では全国的に人気があり、このパンを専門に生産するメーカーも存在する。スーパーなどで売っているものは半円形をしていることが多く、家庭で作られるものよりソフトだ。このパンはオープン・サンドイッチにうってつけだが、ここでは何枚かを重ねて普通のサンドイッチのようにしてある。

材料（2〜3人分） Recipe

【パン】半分に切ったフヌカカ（p.289）：3枚【フィリング】刻んだベーコン：140g／刻んだリーキ：1/4本分／刻んだ赤ピーマン：1/2個分／刻んだスモークハム：60g／サワークリーム：1カップ／粉チーズ：1カップ　●野菜とベーコンを炒め、粉チーズ以外の具材を混ぜ合わせる。パン、フィリング、チーズ、パン、フィリング、チーズ、パンの順に重ね、オーブンで焼く

Memo

ピタやトルティーヤほどは薄くはないので、丸めることはできない。ほんのり甘みがあるので、ジャムやクリームチーズをのせて食べるのが、とくに子どもたちには人気がある。

Smørbrød

スモーブロー

トナカイもあれば、伝統的な素材以外のものも登場する

　オープン・サンドイッチには普通、国によって名前は違うが、ライ麦パンが使われる。しかも密でむっちりしていることが多い。しかしノルウェーではライ麦パンではなく、全粒粉パンのグラフトブローを使うことが多い。ノルウェーではトナカイ、ムースといった野生の動物が重要なタンパク源になっている。猟で捕獲されたものが食卓にのぼることもよくあるが、トナカイは国内で半家畜化もされている。右のサンドイッチはそんなトナカイを使ったオープン・サンドイッチだ。上のサンドイッチは定番のエビに、比較的新しい素材であるアボカドがペアになっている。

材料（1人分）

Recipe

レケスモーブロー・メッド・マヨネス・エッグ・オ・アボカド

【パン】グラフトブロー：1枚【具材】バター：大さじ1／茹でたエビ：6〜8尾／アボカドのスライス：4枚／レタスまたはルッコラ：1/2カップ／レモンジュース：小さじ1／生のディル（飾り）
【ソース】マヨネーズ：大さじ1

Memo

トナカイは手に入らなかったので、右のサンドイッチでは肉質、味がよく似ているヴェニソン（鹿肉）を使った。

ノルウェー Norway

材料（1人分） Recipe

サンドウィッチ・メッド・レインスカッフ
【パン】グラフトブロー：1枚【具材】バター：大さじ1／トナカイ肉のソテー：60g*／ハーブ入りクリームチーズ：大さじ1／ルッコラ：1/4カップ／赤玉ネギの輪切り：1枚／茹でジャガイモのスライス：1枚／ガーキン：1本
*トナカイ肉：60g／サラダ油：少々／ドライローズマリー：小さじ1/2／塩とコショー：適宜

Lefse

ノルウェー

|| レフセ

ノルウェーの食文化でもっとも大切な食べ物のひとつ

ノルウェーでジャガイモが紹介されたのは250年ほど前のことだ。以来、ジャガイモはノルウェーの食文化の中心的な存在となり、さまざまな料理に使われている。1800年代半ばにはアイルランドと同じようにジャガイモ飢饉に見舞われ、多くの人が新天地を求めて祖国を去っていった。レフセにも多くのノルウェー料理と同様、ジャガイモが使われている。前日の食べ残しの茹でジャガイモを使って作ったのが始まりだ。ベーキングパウダーもイーストも使わないシンプルなフラットブレッドだが、ジャガイモが含まれているのでとても柔らかい。パンというよりもパンケーキやクレープのような使い方をするのが合っている。野菜などをくるんで食べてもおいしい。

材料（3〜4人分） Recipe

【パン】レフセ：3〜4枚＊【具材】クレム・フレッシュ：大さじ2／好みのジャム：大さじ2

＊漉した茹でジャガイモ：1カップ／溶かしたバター：大さじ1／塩：ひと摘み／砂糖：小さじ1／卵：1個／小麦粉：1/4カップ

●小麦粉以外をボウルに入れてよく混ぜ、ふるいにかけた小麦粉を加えてもう一度よく混ぜる。生地を卵大に分け、薄く、丸く延ばして油なしでフライパンで焼く

Memo

滑らかなレフサを作るためには、ジャガイモを丁寧に漉す必要がある。ライシングという作業で、専用の道具もある。フォークなどでマッシュしただけでは足りないのは確かだ。

Flæskestegs Sandwich

フレスクステグス・サンドウィッチ

コペンハーゲンのいたるところで見かけるサンドイッチ

　ソーセージ、ルールポルサ（デンマークのハムのようなもの）、ベーコン、パテなど、デンマークの人は豚肉をよく食べる。世界でもっとも豚肉を消費する国だといわれている。それだけではない。実は豚の数が人口よりも上回っている世界で唯一の国でもある。そんな豚肉好きのデンマーク人は、夏になると外でバーベキューを始める。いちばん人気はなんといってもローストポークだ。デンマークでは皮付きのまま豚を焼く。カリカリになった皮は、デンマークの人にとって絶対に見逃せないごちそうである。このローストポークを手で裂いて、付け合せの紫キャベツといっしょにはさんだ、コペンハーゲンで大人気のサンドイッチである。

材料（4〜6人分） Recipe

【パン】フレンチロールまたはハンバーガーバン：4〜6個【具材】ローストポーク：700g*1／ロドコール（紫キャベツの煮物）：1/5〜2カップ*2／リンゴのスライス：1個分／ピクルスのスライス：20枚【ソース】ギリシャヨーグルト：大さじ5／マヨネーズ：大さじ5／粗挽きマスタード：大さじ5／白ワイン・ヴィネガー：大さじ3／ハチミツ：大さじ1／塩とコショー：適宜
*1 皮つき豚肩肉：700g／塩：大さじ1／粒コショー：小さじ1/2／ローリエ：5枚
*2（2〜3カップ分）紫キャベツの千切り：1個分／玉ネギのスライス：1個分／バター：大さじ3／砂糖：大さじ3／白ワイン・ヴィネガー：大さじ3／ライム：少々／ローリエ：1枚／水：1/4カップ／スライスしたリンゴ：2個分／塩とコショー：適宜

Smørrebrød

スモーブロー（デンマーク版）

具の配置にすら気を使った究極のオープン・サンドイッチ

オープン・サンドイッチはヨーロッパ各地にあるが、デンマークのものは別世界である。普通はカジュアルな食べ物だが、デンマークはちがう。必ずナイフとフォークを使って食べる。上にのった具には食べる順番がある。パンは薄くスライスしたルグブロー。デニッシュ・ライブレッドとも呼ばれるダーク・ライ麦パンで、必ずサワー生地が使われる。中にはヒマワリの種、カボチャの種、ライ麦の粒などが入っている。デンマークでは、子どものころからこのサンドイッチの食べ方を教育される。これが世界にとどろくデンマークのオープン・サンドイッチである。

材料（1人分） Recipe

スティエルネスクッド（デイニッシュ・シューティングスター）

【パン】ルグブロー（p.284）のスライス：1枚【具材】バター：大さじ1／魚のフライ：1個*／酢漬けのヘリング：1枚／スモークサーモン：1枚／茹でたエビ（小）：4〜5尾／キャビアなどの魚卵：小さじ1／チェリートマトのスライス：2個分／レタス：1枚／茹でたグリーンアスパラガス：3、4本／ディル：適宜／レモン：1/8個【ソース】レムラード（p.297）：大さじ2
*ハドック（タラのような白身の魚）：1枚／小麦粉：適宜／卵：1/2個／パン粉：適宜／フライ用のサラダ油：適宜

材料（1人分） Recipe

レイヴェルポスタイ
【パン】ルグブロー（p.284）のスライス：1枚
【具材】バター：大さじ1／刻んだパンチェッタ：50g／ハバティチーズのスライス4枚／ソテーしたマッシュルームのスライス：1個分／ガーキンのスライス：2〜4枚／シナモンスティック：1本／レイヴェルポスタイ（デンマーク風レバーパテ）：50g／紫キャベツの千切り：1/4カップ／刻んだチャイブ：適宜　●パンチェッタはシナモンと一緒にソテーする

Lamb Cheese Burger

デンマーク

|| ラム・チーズ・バーガー

普通のハンバーガーでは味わえない複雑なテイストを持つ

　豚肉と比べたら、デンマークにおけるラム肉の消費は微々たるものだが、ロースト、シチュー、カツなど、デンマークでもさまざまなラム肉料理がある。ここで紹介するのはラム肉のハンバーガーである。ハンバーガーといっても、ラム肉が使われているというだけでなく、ほかの材料も変わっている。ターニップはカブの仲間で、イギリスや北ヨーロッパではポピュラーな野菜だ。セロリルートはその名の通りセロリの球根である。ただ普段食べているセロリとは別物で、セロリルートには専用の品種があるようだ。どちらも生で食べることもあるが、ここではソテーしている。ケールはアメリカでも非常に人気のあるおいしい野菜である。

材料（1人分）　　　　　　　　　Recipe

【パン】ブリオッシュロールまたは全粒粉のハンバーガーバン：1個【具材】バター：大さじ1／ラム肉のハンバーグ：1個（180g）＊／ターニップ（カブ）のスライス（ソテー）：1枚／セロリルートのスライス（ソテー）：1枚／ケールの乱切り（ソテー）：1枚／ゴートチーズ（シェーブルなど）：20g
【ソース】マスタード：大さじ1／クランベリーまたはレッドカラント（赤スグリ）のジャム：大さじ1
＊ラムの挽き肉：180g／オレガノ、タイム、塩、コショー：少々

Memo

独特の風味があるラム肉、ソテーしてもさわやかさを失わない野菜、ジャム、クリーミーなゴートチーズと、さまざまな味が混ざり合う楽しい味わい。

The World's Sandwiches

Chapter 3

東ヨーロッパ

ハンガリー／ポーランド／チェコ／エストニア／クロアチア
セルビア／ロシア／ギリシャ／アルメニア

Hortobágyi Palacsinta

|| ホルトバジ・パラチンタ

ハンガリー

クリーミーなソースがかかった
意外にも簡単にできる料理

　パラチンタは単刀直入にパンケーキのこと。写真を見てもそれに疑いない。ホルトバジはハンガリー初の国立公園で、ヨーロッパ一の規模を誇る。1900年には世界遺産にも指定された。しかし、このようにホルトバジの説明をしても、実際のところあまり意味がない。この料理とホルトバジとは何の因果関係もないらしい。1958年ベルギーのブリュッセルで行われた万国博覧会で発表されたのが最初のようだ。しかし以前から同じような料理がハンガリーにあったことは確かだ。炒めた肉や野菜、マッシュルームを薄いパンケーキで丁寧にくるみ、サワークリームベースのソースをかける。見た目もおいしそうなチャーミングな料理である。

材料（4人分） Recipe

【パン】パラチンタ（薄いパンケーキ）：4枚＊
【フィリング】サラダ油：大さじ2／玉ネギのみじん切り：1個分／ひと口大に切った仔牛肉：400g／パプリカ：大さじ1／小麦粉：大さじ2／チキンブロス：280ml／ドライシェリーまたは白ワイン：大さじ4／サワークリーム：60ml　●玉ネギを炒め、肉、パプリカ、チキンブロス（240ml）、ドライシェリーを加えて20分煮る。肉を取り出して細かく刻む。残りのスープにサワークリーム、40mlのブロスで溶いた小麦粉を加えてひと煮立ちさせる。肉をパラチンタで包み、このソースをかける
＊卵：3個／小麦粉：1と1/4カップ／塩：1摘み／炭酸水：1カップ／バター：適宜　●卵、小麦粉、塩を滑らかになるまで混ぜ、1〜2時間おく。焼く直前に炭酸水を加え、バターを熱したフライパンで、薄焼き卵を焼く要領で焼く

Szilveszteri ∥ スィルヴェスタリ

ハンガリー

材料（1人分） 【パン】食パンまたはクラスティブレッド：2枚【具材】バター：大さじ2／ランゴルト・コルバース（ハンガリアン・ホットソーセージ）の小口切り：30〜50g／茹で卵の小口切り：1、2個分／ガーキンの小口切り：2本分／粉チーズ：20g／ホットペッパー・ペースト：大さじ2

スィルヴェスタリはニューイヤーイヴ、つまり大晦日のことだ。ハンガリーの大晦日の夜は忙しい。お母さんはニューイヤーに食べるローストポークやブラックアイピー（黒目豆）の料理を作る。こうしたニューイヤーに食べる料理を、ハンガリーではラッキーフードと呼ぶように、とても大切なものだ。そんな忙しい最中にお母さんが子どもたちに食べさせるのが、このサンドイッチである。材料のランゴルト・コルバースは少しばかりスパイシーなソーセージだ。

Túróval Töltött Zsemle ∥ トゥロボル・トゥールトット・ジェムレ

ハンガリー

材料（3人分） 【パン】ジェムレまたはほかのロール：3個【フィリング】ミルク：150ml／砂糖：50g／カッテージチーズ：250g／バニラエッセンス：大さじ1／卵：2個／サワークリーム：大さじ4／レーズン：大さじ2【トッピング】バター：大さじ2／粉砂糖：小さじ1　●パンの上部を切り取り、中身をかき出す。ミルクに10gの砂糖を加えて一度沸騰させる。砂糖40gとほかの具材をミックスする。パンの内側を砂糖を加えたミルクで湿らせ、チーズミックスを詰める。切り取ったパンで蓋をしてバターをのせ、180度のオーブンで20分焼く。最後に粉砂糖を振る

ヨーロッパではパンは当日に買う、あるいは焼いてその日のうちに食べてしまうものだ。朝になったらまた、いつものお気に入りのパン屋に行って買ってくる。その日のうちに全部食べきれないこともあるが、1日たてばもう古いと考える。そんな食べ残しのパンを使って作るのが、このデザートである。フレンチロールのようなパンをくりぬき、甘いカッテージチーズを詰めて、オーブンで焼く。子どもたちが喜ぶおいしいデザートの出来上がりだ。

Reform Szendvics Borsos Szalámival

‖ レフォルム・サンドヴィッチ・ボルショシュ・サラミヴォル

　ハンガリアン・サラミといえば、おいしいサラミの代表である。このサラミをジェムレというハンガリアンロールにはさんで食べる。ハンガリーのサラミは種類が多い。色々と試してみたい。

材料（1人分）　【パン】ジェムレまたはほかのロール：1個【具材】バター：大さじ1／レタス：1枚／ボルショシュケルギュのようなハンガリアン・サラミ：8〜10枚／赤ピーマンのスライス：10枚／キュウリのスライス：2〜4枚

Langos ‖ ランゴシュ

　ランゴシュはハンガリー名物のフラットブレッドで、今では東ヨーロッパだけでなく、オーストリアでも人気がある。イースト発酵の生地を油で揚げたもので、スナック、軽い昼食などに最適である。

材料（4人分）　【パン】ランゴシュ：4枚*【具材】ニンニク（ランゴシュに擦り付ける）：2粒／サワークリーム：大さじ4／エメンタール、グリュイエールなどの粉チーズ：大さじ4／塩とコショー：適宜
*マッシュポテト：1個分／ドライイースト：小さじ2／砂糖：小さじ1／小麦粉：1と3/4カップ／サラダ油：大さじ1／塩：小さじ1／ミルク：1/2カップ／フライ用サラダ油：適宜

Nyers Gombás Szendvics

‖ ニェールシュ・ゴンバッシュ・サンドヴィッチ

　アメリカでもマッシュルームを生で食べる。サラダに入れるとけっこううまい。日本でも最近はよく生のマッシュルームがサラダなどに使われている。これは生のマッシュルームが主役のカナッペスタイル・オープン・サンドイッチだ。

材料（4人分）　【パン】カナッペ用ライ麦パン：4枚【具材】ツナミックス：380g*／レタス：4枚／生マッシュルームのスライス：3個分／チェリートマトのスライス：2個分／塩とコショー：適宜／刻んだチャイブ：適宜
*缶詰のツナ：125g／クリームチーズ：250g／ハーブミックス（ディル、バジル、チャイブなど）：少々／レモンジュース：大さじ1

Kanapka z Kaszanką ‖ カナプカ・ズ・カシャンカウ

ポーランド

栄養満点！ ブラッドソーセージのオープン・サンドイッチ

　カシャンカウはポーランドのブラッドソーセージで、名前は国によってさまざまだが、東ヨーロッパや中央ヨーロッパでは頻繁に食されるソーセージである。イギリスやアイルランドのブラックプディングも、基本的には同じだ。豚の血を原料に使っていることからこう呼ばれるわけだが、カシャンカウにはほかに豚の内臓、ソバ粉などが入っている。ポーランドではそのまま生で食べることもあるが、ほかのソーセージと同じようにグリルするか、玉ネギなどといっしょに炒めて食べるのが一般的だ。このサンドイッチでは皮をとって中身を玉ネギなどと混ぜて炒めている。ブラッドソーセージは味が濃厚なので、好き嫌いがはっきり分かれるが、好きな人にとってはたまらない。

Recipe
材料 (1人分)

【パン】ライ麦パン：1枚 【具材】ブラッドソーセージのソテー：60〜80g*／バター：大さじ1／ソテーした玉ネギのスライス：1/4個分／刻んだチャイブ：適宜　●パンにバターを塗り、ブラッドソーセージのソテー、玉ネギ、チャイブをのせる

*カシャンカウの中身：1本分／砕いたクルミ：大さじ2／タイム：小さじ1/2／オリーブのみじん切り：大さじ1／塩とコショー：適宜／チーズのスライス：1枚　●ソーセージはソテーしながらばらばらにしていく。ほかの具材を加えてチーズが溶けるまでソテーする

Memo
ブラッドソーセージだけでなく、バター、チーズも入るので、味がさらに濃厚である。しつこすぎると感じる場合は、パンにバターは塗らず、フレッシュなチーズに変える。

Twarożek na Kanapki

トゥファロジェック・ナ・カナプキ

フレッシュチーズがさわやかなポーランドのサンドイッチ

　トゥファロジェックはホワイトチーズとも呼ばれるフレッシュチーズで、カードチーズ、カッテージチーズに分類されることが多いが、味に少し癖があるような気がする。ポーランドでもっともよく食べられるチーズで、ジャムや蜂蜜といっしょに食べるほか、甘みを加えず、ディルやチャイブと混ぜて食べることも多い。非常に値段が安いことも、多くの人に親しまれる理由かもしれない。いずれにしてもポーランドでは、とくに朝食のアイテムとして欠かせない。ここではワサと呼ばれるポーランドのクラッカーにキュウリ、アルファルファといったさわやかな野菜がのっている、朝食やスナックにぴったりの一品である。

材料（3人分） Recipe

【パン】ワサ（クラッカー）：3枚【具材】チーズミックス：220g*／アルファルファ：大さじ3／半分に切ったチェリートマト：3個分

*トゥファロジェックまたはカッテージチーズ：200g／キュウリの小口切り：大さじ1／リーキまたは長ネギのみじん切り：大さじ1／ニンニクのみじん切り：1粒分／ローストしたフラックスシード（亜麻仁）：大さじ2／塩と白コショー：適宜

Schabowa Kanapka

|| スシャボヴァ・カナプカ

ポーランドの伝統料理をのせたオープンサンド

　コトレット・スシャボヴァはポーランドの伝統的な料理で、19世紀にはもうクッキングブックに登場している。いってみればポーランドのトンカツで、もっともよく使われるのは豚ヒレ肉だ。作る過程は日本のトンカツとほとんど同じである。少し違うのはオーストリアのところで紹介しているシュニッツェルのようにたたいて薄くするところだ。薄くするといってもシュニッツェルほどではなく、厚さは大体5ミリくらいである。コトレット・スシャボヴァはマッシュポテトやコールスローといっしょに皿に盛りつけられる。ここで紹介するのは、コトレット・スシャボヴァのオープン・サンドイッチである。もちろんトンカツソースは使わない。ソースはマヨネーズが一般的だ。

Recipe

材料（1人分）

【パン】ライ麦パンまたは全粒粉パン：2枚【具材】コトレット・スシャボヴァ（トンカツ）：2個＊／ピクルスのスライス：4枚／刻んだチャイブ：適宜【ソース】マヨネーズ：大さじ1）

＊豚ヒレ肉：2枚／塩とコショー：適宜／卵：1個／小麦粉：大さじ1／パン粉：大さじ5／フライ用のサラダ油：適宜　●作り方は日本のトンカツとほぼ同じ

Memo

ロース肉などを使う場合は叩いて肉を柔らかくしたほうがいいが、ヒレ肉ならば叩く必要はないだろう。付け合わせのマッシュポテトやコールスローをいっしょにのせて食べてもいい。その場合はマヨネーズを省くのがいいだろう。

Kanapka ze śledziem

‖ カナプカ・ズィ・シュレジエム

材料 (4人分)　【パン】トーストしたバゲットのスライス：4枚【具材】バター：小さじ4／オイル漬けヘリング：4枚／ソテーした玉ネギのスライス：1/4個分／イタリアンパセリ：1本／クレソン：適宜

バルト海に面した国の例に漏れず、ポーランドでもヘリングはなくてはならない食材である。カルト的人気ともいえる。このサンドイッチはアペタイザーとして、軽いスナックとして最適だ。缶や瓶詰めのヘリングには、オイル漬けのほかに、燻製、酢漬け、甘酢漬けなどがある。どれもこのサンドイッチにはよく合うので、いろいろと試してみたい。

Kanapki z Kiszona Kapusta

‖ カナプキ・ズ・キショナ・カプスタ

材料 (2人分)　【パン】ライ麦パン：2枚【具材】バター：大さじ2／スモークハム：2枚／ザワークラウト：1/2〜1カップ／すりおろしたニンジン：1本分／トマトのスライス：2枚／エキストラ・ヴァージン・オリーブオイル：小さじ2／クミンとカイエンペッパー：適宜／ルッコラかパセリまたは両方：適宜

カプスタ・キショナ、ここではキショナ・カプスタと反対になっているが、千切りキャベツの漬け物、ザワークラウトのことである。ドイツが有名だが、ポーランドでも大変重要な料理である。キャベツは塩漬けにするだけで、簡単に発酵させることができ、酸味のある漬物になる。それがザワークラウトだ。そのまま食べるだけでなく、ビゴスというシチューや、ピエロギと呼ばれるポーランド版の餃子の具としても使われる。

Kanapka z Twarogiem i Dżemem

|| カナプカ・ズ・トゥファロギエム・イ・ジェメム

材料 (1人分) 【パン】食パンまたはライ麦パン：1〜2枚【具材】トゥファロジェック：50g／砂糖：小さじ1か2／ミルク：小さじ1か2／ジャム、クランベリーソース、ハチミツ、チョコレートリキュールなど：大さじ2

トゥファロジェックはカテージチーズのように、ジャムやハチミツを上にのせて食べることも多い。このサンドイッチの場合、ライ麦パンだけでなく、普通の食パンで作ってもおいしい。チーズにのせるものでもっとも人気があるのはジャムだ。ポーランドでは朝食にジャムや、プリザーブ、マーマレードを食べる。スグリ、チェリー、プラム、イチジクなど種類も豊富に揃っている。

Kanapka z Kotletem Mielonym

|| カナプカ・ズ・コトゥレテム・ミエロヌィム

材料 (3〜4人分) 【パン】クラスティブレッドまたは食パン：6〜8枚【具材】コトレッタ：3〜4個*／トマトのスライス：6〜8枚／キュウリのピクルスのスライス：2本分【ソース】ホースラディッシュ：大さじ4
*豚挽き肉：250g／牛挽き肉：250g／食パン：60g／ミルク：大さじ1／玉ネギのみじん切り：50g／卵：1個／ディル：大さじ1／塩とコショー：適宜／ニンニクのみじん切り：1粒分／パン粉：1/2カップ／フライ用のサラダ油：適宜

トンカツに似た食べ物はヨーロッパ各地にあるが、このように挽き肉にパン粉をまぶして揚げることは少ないようだ。日本にはメンチカツがあるので、何の違和感もない。肉には豚と牛の合挽きあるいは牛挽き肉のみを使うのが一般的だが、他の肉でもかまわない。実際ポーランドでも鶏やターキーなども使われるようだ。好みでサラダ、マヨネーズ、マスタードなどをいっしょにのせてもおいしい。

Zapiekanka

ザピエカンカ

材料(4人分) 【パン】バゲット:1本【具材】ハムのソテー:80～100g*／すりおろしたオスツィーペックチーズ:大さじ4【ソース】ケチャップ:大さじ4／マヨネーズ:大さじ4(お好みで)
*オリーブオイル:大さじ1／刻んだハム:4枚分／マッシュルーム・スライス:大さじ4／黄色ピーマンの小口切り:大さじ4

ザピエカンカはバゲットベースのオープン・サンドイッチで、ポーランドを代表するストリートフードである。ここで紹介するのは典型的な例で、実はバリエーションがごまんとある。チーズにはエダムチーズ、エメンタールチーズ、ゴーダチーズなどが最適だ。ポーランドではオスツィーペックという山羊のミルクで作ったチーズの燻製もしばしば使われる。いずれにしても固形チーズを自分でおろすのがいちばんだ。

Zapiekanki z Białą Kiełbasą

ザピエカンキ・ズ・ビアワ・キオバッサ

材料(4人分) 【パン】バゲットのスライス:4枚【具材】バター:小さじ4／キオバスキ・ビアワ・スロヴェの中身:2本分／トマトのスライス:2～4枚／粉チーズ:小さじ4／刻んだチャイブまたはアサツキ:大さじ1 ●具材をパンにのせて180℃のオーブンで焼き、刻んだチャイブを散らす

これがザピエカンカの中でも人気のあるバリエーションだ。キオバスキ・ビアワ・スロヴェはポーランドのホワイトソーセージ。生なので、普通茹でたり、グリルで焼いたりして食べる。このサンドイッチでは、皮を取って中身だけを使う。中身を手のひらでハンバーグ状に成形し、それをフライパン、あるいはグリルで焼く。

Obložené Chlebíčky s Hlívami

|| オブロジェネ・フラビーチキ・ス・リヴァミ

材料(4人分) 【パン】バゲットのスライス：4枚【具材】バター：小さじ4／アンチョビペースト：小さじ4／半分に切ったオリーブ：4個分／キュウリのピクルスのスライス：4枚／ロースト・レッドペッパーのスライス：4枚／瓶詰めの酢漬けオイスターマッシュルーム(ヒラタケ)：8個／刻んだチャイブと粉チーズ：適宜

チェコの人はキノコ好きである。年間に収穫されるキノコの量は2万tにもなる。それゆえに食されているキノコの種類は多く、スーパーでもいろいろなキノコが手に入る。数あるキノコの中でももっともよく食べられるキノコのひとつが、このレシピに出てくるオイスターマッシュルームだ。日本のヒラタケがこれに近い。癖がないのでさまざまな料理に利用される。レシピでもわかるように瓶詰めでも売られている。

Smazený Syr || スマジェニィ・シール

材料(1人分) 【パン】フレンチロールまたはハンバーガーバン：1個【具材】チーズのフライ：1個*【ソース】タルタルソースまたはマヨネーズ：大さじ2 *分厚く切ったエダムチーズ：250g／小麦粉：大さじ1／卵：1個／パン粉：1/4カップ／フライ用のサラダ油：適宜

見た目は某バーガーチェーン店の魚のフライバーガーのようだが、中身はなんとかたまりのチーズである。チェコで人気のストリートフードだ。アメリカでもモッツァレラチーズのフライが人気で、バーやレストランでよく見かける。でも、そのアメリカのものとはボリュームがまったく違う。厚さがなんと15mmもある。肉と違って、パン粉で全体をカバーするのが意外と難しい。パン粉がはげると、そこからチーズが流れ出てしまう。

Kiluvõileib

|| キルヴイレイブ

エストニアの名物サンドイッチは小魚のオープン・サンドイッチ

　このサンドイッチに使われているスプラットは、見た目はかなり違うが、日本のキビナゴに近い。体長は大きくても12cm足らずの小魚である。バルト海でもっとも多く漁獲される魚のひとつだ。バルト海周辺でアンチョビとして売られているものの多くは、このスプラットであるらしい。エストニアの人はスプラットをこよなく愛する。キルヴイレイブは年間を通して食べられるが、とくにクリスマスには欠かせないサンドイッチである。2014年、タリン・タウンホール・スクエアで世界最長のキルヴイレイブが作られた。全長は20m。このサンドイッチは集まった人々によって、瞬く間に平らげられてしまった。

材料（1人分） Recipe

【パン】カナッペ用ライ麦パン：4枚／バター：小さじ4【具材】オイル漬けのスプラット・フィレ：8枚／赤玉ネギのみじん切り：小さじ4／茹で卵のスライス：1個分／パルメザンの粉チーズ：大さじ1／ディル、バジル、ルッコラ：少々／エキストラ・ヴァージン・オリーブオイル：大さじ1

Memo

パンを小さく切らないで作るなら、耳は落とさないほうがいいだろう。このほかに、キュウリやトマトのスライス、オリーブ、ケッパーなどが加えられることも多い。

Seljački Sendvič ‖ セリアチキ・センドウィッチ

クロアチア

材料（1人分） 【パン】ソバ粉パン：2枚*【具材】リコッタチーズ：50g／塩とコショー：適宜／チャイブオイルまたはエキストラ・ヴァージン・オリーブオイル：大さじ1／リンゴまたは洋ナシのスライス：3〜4枚／ハチミツ：小さじ1／砕いたクルミ：大さじ1／生の各種ハーブと季節の野菜：適宜
*（約2斤分）そば粉：400g／熱湯：400ml／全粒粉：400g／水：400ml／ドライイースト：小さじ2／クルミ：200g／塩：小さじ1／オリーブオイル：大さじ4

クロアチアの典型的な朝食は、パン、ミルク、蜂蜜、そしてリンゴである。ここで紹介するのは、クロアチアの朝食をそのままサンドイッチにしたものだ。パンにはソバ粉が使われている。ソバ粉がヨーロッパに入ってきたのはかなり昔のことだが、定着したのはクロアチアだけだった。パンが買えない人々が、ソバ粉を混ぜてパンを作った。健康志向が高まる中でソバ粉のパンが注目され、今ではその価値観が逆転し、高価なパンとなっている。

Topli Sendviči ‖ トプリ・センドウィッチー

クロアチア

材料（4人分） 【パン】イタリアン・ヴィエナ：8枚【具材】チーズミックス：380g*
*刻んだプロヴォローネチーズ：150g／刻んだハムまたはプロシュット：150g／パルメザンの粉チーズ：20g／ヴェゲタ（野菜ブイヨンのような調味料）：適宜／ザワークラウト：大さじ1／ミルク：50ml／塩とコショー：適宜

トプリ・センドウィッチーは温かいサンドイッチという意味だ。ホットサンドはよく聞くが、ウォーム（温かい）というのはおもしろい。このサンドイッチは地元の人たちはもちろんのこと、気楽に食べられるファストフードということで旅行者にも人気がある。クロアチア南部ダルメシア地方にあるクロアチア最大の都市スプリットには、このサンドイッチを提供するレストランがいたるところにある。材料のヴェゲタは東ヨーロッパ版シーズニングソルトだ。

Kobasica Sendvič ‖ コバシツァ・センドウィッチ

東ヨーロッパの食文化は互い影響し合い、特定の国を限定するのが難しい。コバシツァは東ヨーロッパを代表するソーセージで、セルビアだけでなく、クロアチアでもよく食べる。キフリは、もともとはハンガリーのパンのようだが、同じようなパンは東ヨーロッパ各国にある。クロワッサンのようだが、キフリはイーストを使ったパンである。イスラム文化の影響も受けている。そんな複雑に文化が絡み合ったのが、このサンドイッチなのである。

材料（2人分）【パン】キフリ、ミニバゲットまたはプレッツェル・スティック：2個【具材】野菜のソテー：1カップ*／バター：大さじ1／コバシツァまたは好みのソーセージ：2本／チェダーチーズ：2枚／刻んだパセリ：大さじ1【ソース】ディジョンマスタード：大さじ1
*オリーブオイル：大さじ1／玉ネギのスライス：1/2個／赤ピーマンの小口切り：1/4個／リンゴの小口切り：1/4個／タイム：小さじ1

Komplet Lepinja ‖ コンプレット・レピーニャ

セルビア西部のウズィツェの名物料理が、このコンプレット・レピーニャだ。コンプリートパン、つまり完璧なパンとでもいえばいいだろうか。「高カロリーでコレステロールのかたまりのようなパンだから、ベジタリアンには向かないよ」と、地元の人は冗談めかしくいう。食べ方にルールがあるらしい。まずは手で食べなければいけない。パンの蓋を取り、ちぎって中の具につけて食べる。それから本体に入る。飲み物はヨーグルトドリンクだ。

材料（1人分）【パン】大きめのハンバーガーバンまたはピタブレッド：1個【卵ミックスの具材】カイマック（クロテッドクリームに似たもの）または代替品（サワークリーム2：フェタチーズ1：クリームチーズ2の割合）：大さじ1／溶き卵：1個／刻んだハム：2枚分　●パンを切り、卵ミックスをパンの内側に塗りつけるようにしてのせる。パンは切り取った上部で蓋をせず、どちらも内側を上にしてオーブンで焼く

Cevapcici Sendvič ‖ セヴァプチチ・センドウィッチ

セルビア

セヴァプとかセヴァピとも呼ばれるこの肉料理はボスニアが起源だが、セルビアやクロアチアでとても人気があるストリートフードである。世界でもトップクラスのおいしいストリートフードだともいわれる。

材料 (4～6人分) 【パン】ピタブレッド：4～6枚【具材】セヴァプチチ：8～12個*／赤玉ネギのスライス：1個分【ソース】サワークリーム：大さじ8～12／アイヴァール（ナス入りのホットソース）：大さじ8～12
*ラム挽き肉：450g／牛挽き肉：450g／卵：1個／ニンニクみじん切り：4粒分／ベーキングソーダ：小さじ1／カイエンペッパーとパプリカパウダー：各小さじ1／玉ネギのみじん切り：1個分／塩とコショー：適宜

Pljeskavica ‖ ピェスカビツァ

セルビア

セルビアのベオグラード・スタイルのハンバーガーで、牛豚の合い挽き肉でできた平べったいハンバーグが、レピーニャ（ピタ）にはさまっている。ほかの具として玉ネギやキャベツのサラダが入っていることが多い。

材料 (2人分) 【パン】ピタブレッド：2枚【具材】ピェスカビツァ：2個*／玉ネギのみじん切り：適宜【ソース】カイマック (p.122)：大さじ4／アイヴァール：大さじ2
*牛挽き肉：300g／豚挽き肉：300g／玉ネギ：100g／ヴェゲタ (p.121)：小さじ2／チリペッパー：小さじ1/2／塩とコショー：適宜／ベーキングソーダ：小さじ1／サラダ油：大さじ1

Shopska Salata ‖ ショプスカ・サラタ

セルビア

ショプスカ・サラタはキュウリ、トマト、玉ネギ、ピーマン、フェタに似たチーズで構成される。ブルガリアサラダと呼ばれ、東ヨーロッパ全域で食べられる。セルビアサラダも材料はほとんど同じだ。

材料 (3人分) 【パン】ピタブレッド：3枚【具材】サラダ：3カップ*／シレーンチーズまたはフェタチーズ：100g
*ロースト・レッドペッパーの小口切り：2個分／トマトの小口切り：3個分／キュウリの小口切り：1本分／スカリオンまたはアサツキのみじん切り：3本分／刻んだパセリ：1/4カップ／塩：適宜／エキストラ・ヴァージン・オリーブオイル：大さじ2／赤ワイン・ヴィネガー：大さじ2か3／エキストラ・ヴァージン・オリーブオイル：適宜（仕上げ用）

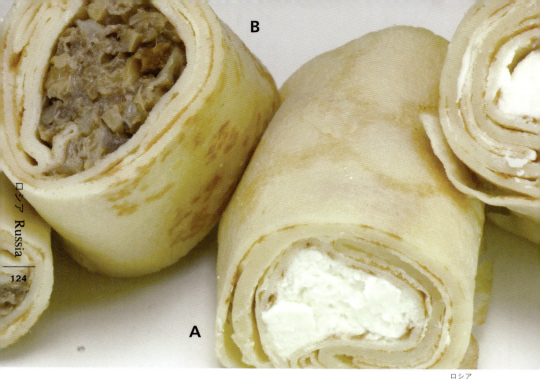

Blini ‖ ブリヌイ

伝統的な料理というだけなく、文化的、宗教的にも重要なパンケーキ

　紀元前、スラブの人たちは丸いブリヌイを太陽のシンボルだと考えていた。伝統的に、冬の終わりに催されるマスレニッツァ（バターウィーク、パンケーキウィークともいわれる）の間に用意される。ブリヌイはパンケーキの総称で、クレープのように薄いものはブリンツと呼ばれる。ロシアでは非常にポピュラーな食べ物で、上にのせたいろいろな具をブリンツでくるみ、食べやすい大きさに切ってから食卓にのぼる。アメリカでもロシア人が経営するスーパーにいくと、マッシュルームや細かく刻んだ鶏肉、チーズなどをくるんだブリンツが大皿に山積みされて売られている。焼いたブリンツは互いにくっつかないように、バターなどを塗って皿に重ねていく。

ロシア

材料（各5人分）

Recipe

【パン】ブリヌイ・パンケーキ:10枚 *【A. チーズフィリング（混ぜ合わせる）】カッテージチーズ:350g／卵:1個／砂糖:大さじ1【B. マッシュルーム・フィリング（ソテー）】バター:大さじ2／刻んだマッシュルーム:800g／玉ネギのみじん切りとニンニクのみじん切り:各1個分／卵:1個／塩とコショー:適宜
*（15〜20枚分）小麦粉:1カップ／砂糖:大さじ1／卵:2個／ミルク:1と1/2カップ／サラダ油:適宜　●ボウルで小麦粉と砂糖を混ぜ合わせる。卵とミルクをミックスして、少しずつボウルの具材に加えて、ゆるい生地を作る。フライパンに少量の油をしき、クレープのような薄いパンケーキを焼く

Memo

以前はイースト発酵させた生地が使われていたが、今ではベーキングパウダーを使う。ベーキングパウダーすら使わないこともある。作り方は、日本の薄焼き卵に似ている。

Souvlaki ‖ スブラキ

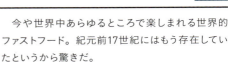

今や世界中あらゆるところで楽しまれる世界的ファストフード。紀元前17世紀にはもう存在していたというから驚きだ。

材料（2～4人分） 【パン】ピタブレッド：2～4枚【具材】スブラキ：400g*／トマトの小口切り：2個分／キュウリの小口切り：1本分／赤玉ネギのみじん切り：1/2個分／刻んだイタリアンパセリ：大さじ2／レタス：1枚／塩とコショー：適宜【ソース】ザーズィキ（p.295）：大さじ2
*ひと口大に切ったラム、牛、または鶏肉：400g／エキストラ・ヴァージン・オリーブオイル：50ml／レモンジュース：大さじ1／ドライオレガノ：小さじ1／塩とコショー：適宜／串：4本　●肉以外の具材で作ったマリネ液に肉を漬け、串に刺して焼く

Gyro ‖ イロ

イロはジャイロ、つまりくるくる回るという意味だ。ロティセリと呼ばれる、ゆっくり回りながら肉を焼いていく特別なグリルが、イロには使われる。

材料（3～4人分） 【パン】ピタブレッド：3～4枚【具材】イロ：500g*／トマトの小口切り：2個分／キュウリの小口切り：1本分／刻んだ赤玉ネギ：1/2個分／刻んだイタリアンパセリ：大さじ2／レタス：2～3枚／塩とコショー：適宜【ソース】ザーズィキ（p.295）：大さじ2
*スライスした鶏肉：500g／ニンニクのみじん切り：2粒分／白ワイン・ヴィネガー：小さじ1／レモンジュース：大さじ2／エキストラ・ヴァージン・オリーブオイル：大さじ1／ギリシャヨーグルト：1/4カップ／ドライオレガノ：小さじ1　●肉をマリネし高温のオーブンで焼く

Horiatiki ‖ ホリアティキ

ホリアティキは俗に、アメリカなどではグリークサラダとして親しまれている。スタンダードな材料のほか、このサンドイッチに欠かせないものとしてフェタチーズとカラマタオリーブが使われる。

材料（2人分） 【パン】ピタブレッド：2枚【具材】サラダ：1～1と1/2カップ*／フェタチーズ：大さじ2【ソース】ザーズィキ（p.295）：大さじ2
*玉ネギのスライス：1/4個分（水：250ml／白ワイン・ヴィネガー：大さじ3にさらす）／トマトの小口切り：1個分／キュウリの小口切り：1/2本／ピーマンの小口切り：1/4個分／砂糖：小さじ1／エキストラ・ヴァージン・オリーブオイル：大さじ3／オリーブのスライス：6個分／ドライオレガノ：小さじ1/2／塩とコショー：適宜

Lavash Roll ‖ ラヴァーシュ・ロール

ラヴァーシュはアルメニアの生活に欠かせないパンというだけでなく、文化的に、宗教的に重要な役割を担う。ラヴァーシュは発酵させないフラットブレッドと紹介されることが多いが、実際は残しておいた生地をスターター（発酵種）として使う、あるいは生地を寝かせて発酵させるパンである。これでさまざまな具を巻いたのがラヴァーシュ・ロールだ。ここではホワイトフィッシュの燻製を使っている。

材料（1人分） 【パン】ラヴァーシュ（p.131）：1枚【フィリング】刻んだホワイトフィッシュの燻製：150g／刻んだハム：100g／ピクルスのみじん切り：2本分／刻んだパクチー、ディル、イタリアンパセリ：各大さじ1　●具材をすべて混ぜ合わせる

Losh Kebab with Pida Bread

‖ ロシュ・ケバブ・ウィズ・ピダ・ブレッド

ケバブとかカバブとか呼ばれる肉料理は中近東やカスピ海に沿った国々でよく見かける。普通は肉を串に刺して焼く料理である。しかしアルメニアのロシュ・ケバブは、ラム肉を使ったハンバーグのようなものだ。ラヴァーシュといっしょに食べるのが一般的だが、ここではピダあるいはペダというアルメニアのパンを使った。

材料（2〜3人分）　【パン】ピダ：1/4〜1/3個【具材】ロシュ・ケバブ：4〜6個*／トマトのスライス：4〜6枚／キュウリのスライス：8〜12枚／赤玉ネギの輪切り：4〜6枚【ソース】ギリシャヨーグルト：大さじ4〜6
*豚またはラムと半々の挽き肉：450g／刻んだ玉ネギ：1/4個分／刻んだイタリアンパセリ：1/4カップ／卵：1個／トマトペースト：大さじ1／ホットペッパー・フレーク：小さじ1／コリアンダーパウダー、オールスパイス、コショー：各小さじ1/2／塩：小さじ1　●すべてをよく混ぜ、4〜6個のハンバーグを作る

The World's Sandwiches

Chapter

4

中近東

レバノン／トルコ／イラン／イスラエル
イラク／アフガニスタン／パキスタン／中近東全般

Atayef Bil Ashta ‖ アタイエフ・ビル・アシュタ

レバノン

レバノンを代表するパンケーキを使ったデザート

　柔らかいスポンジケーキのようなパンケーキで、レバニアン・スタイルのアシュタと呼ばれるカスタードクリームをくるみ、甘いシロップをかける、あるいはつけて食べる。ピスタチオの香ばしさと歯ごたえがほどよいアクセントになっている。シロップとクリームには花などのエキスから作ったローズ・ウォーターや、オレンジ・ブロッサム・ウォーターが使われている。これがこのデザートに心地よい香りを与える。幸運にもこうしたものは中近東やインドの食材を売る店で、アメリカでは簡単に手に入る。中には自分で作る人もいるので、一度挑戦してみるのもいいだろう。エキゾチックでとてもおいしいデザートである。

材料（4～6人分）

Recipe

【パン】全粒粉の薄いパンケーキ：4～6枚*／【フィリング】アシュタ・カスタード (p.295)：2カップ／砕いたピスタチオ：1/4カップ／【ソース】オレンジ・ローズ・シロップ (p.295)：1カップ *(12枚分) 小麦粉：1カップ／全粒粉：1/2カップ／ミルク：1カップ／水：1/2カップ／ベーキングパウダー：小さじ1／塩：小さじ1/2／砂糖：大さじ2　●具材をミックスして30分おく。ノンスティックのフライパンを熱し、大さじ3の生地をフライパンに流し広げ、弱火で焼く。表面全体に気泡ができたら焼き上がり。裏返さない

Memo

カスタードクリームがたくさん入るので、パンケーキは10～12cmくらいの大きさにする。シロップはほかのデザートに使ってもいいし、アイスティーなどに入れるのもいい。

Kufta Kabab Roll ‖ コフテ・カバブ・ロール

レバノン

ヨーグルトソースがかかった
ミートボールとサラダのサンドイッチ

　コフテ、コフタ、カフタなどと呼ばれる挽き肉を使った肉料理は、レバノンのものがよく知られている。しかし中近東だけでなく、北アフリカ、地中海、バルト海の諸国、中央アジアなどかなり広い地域で食べられている。コフテはミートボールのようなもので、ラムの挽き肉をスパイス、ハーブなどと混ぜ合わせたあと、ミートボールのように丸めてから串に刺し、手のひらなどでつぶして小判型にする。これをグリルで焼く。串から外したらピタの上にのせ、タブーリ（レバノンのサラダ）と一緒に食べる。ラム肉独特の風味が、さわやかなサラダで柔らぐ。ソースはハリサというピリピリペッパーを使ったホットペースト、ミント、パセリなどでできたヨーグルベースのソースである。

材料（1人分） **Recipe**

【パン】ピタブレッド：1枚【具材】コフテ・カバブ：2個*¹／トマトのスライス：2枚／赤玉ネギのスライス：4枚／タブーリ：大さじ2*²【ソース】ハリサまたはほかのホットソース：小さじ1／ヨーグルトソース（p.297）：大さじ1

*¹ラム挽き肉：120g／ニンニクのみじん切り：1粒分／刻んだイタリアンパセリ：小さじ1／コリアンダー：大さじ1／塩、クミン、シナモンパウダー、オールスパイス、チリペッパー、コショー：各少々／おろしショウガ：小さじ1●すべてをよく混ぜて串に刺す。オーブンあるいはグリルで焼く　*²（4カップ分）ブルグラ小麦（荒挽きの小麦粉）：1/4カップ／水：適宜／レモンジュース：大さじ4／刻んだイタリアンパセリ：3カップ／刻んだミント：1/2カップ／刻んだトマト：2個分／玉ネギのみじん切り：1/2個分／オールスパイス、シナモンパウダー、クローブ、ナツメグ、フェヌグリーク、ジンジャーパウダー：各ひと摘み／エキストラ・ヴァージン・オリーブオイル：大さじ3／塩とコショー：適宜

Lahmacun with Gavurdağ Salatası

‖ ラフマジュン・ウィズ・ギャヴルター・サラタス

ターキッシュピザとも呼ばれる
人気急上昇中のフラットブレッド

　ラフマジュンは薄く伸ばした生地の上に挽き肉、野菜、ハーブをのせてオーブンで焼いたもので、国外ではターキッシュピザとか、アルメニアンピザとか呼ばれる。けれどもピザとはまったくの別物だ。生地は薄く、チーズものっていない。サイズも大きくても20センチ以下だ。ラフマジュンは単独の料理としてもおいしいが、サラダや揚げナスなどをのせ、丸めて食べてもおいしい。ここではギャヴルター・サラタス（刻みトマトがたくさん入ったトルコのサラダ）をのせてある。ラフマジュンはトルコだけでなく、アルメニア、レバノン、シリアでも人気のファストフードだ。今は世界的に知名度が急上昇している注目の料理である。

材料（4人分）　　　　　　　　　**Recipe**

【パン】ラフマジュン：4枚【具材】サラダ：1と1/2〜2カップ*／ベヤズ・ペイニールまたはフェタチーズ：大さじ2

*トマトの小口切り：2個分／ピーマンの小口切り：1個分／赤玉ネギの粗みじん切り：1/2個分／イタリアンパセリ：50g／クルミ：大さじ2／エキストラ・ヴァージン・オリーブオイル：大さじ2／タイム：小さじ1／スマック (p.136)：小さじ1／ザクロ：大さじ1（お好みで）／塩：適宜

Lavas Tost

トルコ

|| ラヴァーシュ・トースト

ラヴァーシュはオーブンなどでトーストしてもおいしい

　そのまま食べる、スープなどをかけて食べる、肉や野菜を包んで食べる、スプーンの代わりにして料理をすくって食べる、などなど。ラヴァーシュの使い方、食べ方はいろいろある。ピタやトルティーヤもそうだが、他のパンにはない薄いという特権を活かして、さまざまな形で利用される。2枚のラヴァーシュの間にチーズや野菜をはさんでフライパンでラヴァーシュの表面を少し焼く。あるいはラヴァーシュの上にオイルを塗ってオーブンで焼く。焼き立てをナイフで切ると、溶けたチーズがとろりと流れ出し、ラヴァーシュ・トーストの出来上がりである。熱々のうちに食べてしまうのが、得策というものだ。

材料（2人分） **Recipe**

【パン】ラヴァーシュ：2枚＊【フィリング】刻んだチーズ：1/2カップ／トマトの小口切り：1個分／粗く刻んだスイバまたはルッコラ：1/2カップ／塩とコショー：適宜／オリーブオイル：大さじ2
＊(4〜6枚分) 小麦粉：4カップ／ドライイースト：小さじ2と1/4／ぬるま湯（40℃くらい）：1/4カップ／水：1と1/2カップ／塩：小さじ1/2

Balık Ekmek ‖ バルック・エキメッキ

トルコ

イスタンブールのゴールデンホーンにかかるガラタ橋の両サイドには日本でいう屋台が並んでいる。このあたりでよく売られているのがサバのサンドイッチ、バルック・エキメッキである。グリルでサバを焼き、それをパンにはさんだだけのシンプルなサンドイッチだが、地元の人だけでなく、観光客にも人気がある。キュウリやトマト、レタスといった野菜を加えて、レモンをぎゅっと絞る。仕上げは、ほのかな酸味を感じる赤い実のスパイス、スマックだ。

材料 (1人分) 【パン】チャバタロールまたはバゲット (20cm):1個【具材】野菜酢漬け:1/2カップ*／焼きサバの切り身:1枚／ロメインレタス:1枚／トマトのスライス:3枚／スマック、タイム:各小さじ1／塩:適宜／オリーブオイル、レモンジュース:各大さじ1
*ニンジンの千切り:1/3本分／キュウリの千切り:1/3本分／白ワイン・ヴィネガー:大さじ1／砂糖:20g／水:1/4カップ

Sucuk Burger ‖ スジューク・バーガー

トルコ

スジュークは中央アジアや中近東でよく食べられているソーセージで、普通2本のソーセージの両端が結ばれた状態で売られている。牛肉のソーセージで、クミン、スマック、ガーリック、レッドペッパーといったスパイスが入っている。かなりスパイスが効いたソーセージで、少し酸味がある。スライスしたスジュークを炒め、その上にチーズをのせて溶けるのを待つ。これを野菜と一緒にパンにはさむ。どろっとしたトルココーヒーがほしくなる。

材料 (1人分) 【パン】ハンバーガーバン:1個【具材】チェリートマトのスライス:4個分／プロヴォローネチーズまたはモッツァレラチーズのスライス:1枚／ソテーしたスジューク・ソーセージのスライス:8枚／タイム:ひと摘み／レタス:1枚

Döner Kebab With Günlük Ekmek

トルコ

ドネル・ケバブ・ウィズ・ユンリュク・エキメッキ

材料 (2人分) 【パン】ユンリュク・エキメッキ:2個【具材】マリネ液漬けラム肉のオーブン焼き:250g*／トマトのスライス:6枚／グリーンホットペッパーのスライス:6枚／玉ネギのスライス:1/4カップ／レタス:2枚／スマック:適宜【ソース】ヨーグルトソース (p.297):大さじ2〜4
*ラム肉のスライス:250g／玉ネギのみじん切り:1個分／レモンジュース:大さじ2／ニンニク:1粒／ドライオレガノ:小さじ1/2／カレーパウダー:小さじ1/2／塩とコショー:小さじ1/2／オリーブオイル:1/4カップ

ギリシャにイロがあるように、トルコにはドネル・ケバブがある。イロと同じく、縦に回るロティセリで1日マリネ液に漬けた肉が焼かれる。イロとの違いは材料だ。ギリシャのスペシャルティー、ザーズィキは使わない。スマックという実を乾燥させたマイルドなスパイスをふんだんに使う。トルコでもピタがよく使われるが、ユンリュク・エキメッキというチャバタのようなパンにはさんでサーブされることも多い。

Beyaz Peynirli Sandviç

トルコ

ベヤズ・ペイニーリ・サンドヴィッチ

材料 (1人分) 【パン】シミット:1個【具材】ベヤズ・ペイニールまたはフェタチーズ:40g／キュウリのスライス:10〜12枚／チェリートマトのスライス:5個分／オリーブのスライス:2個分／エキストラ・ヴァージン・オリーブオイル:大さじ1／タイム:ひと摘み

ラフマジュンのところにも出てくるチーズ、ベヤズ・ペイニールと、トルコのゴマを振ったパン、シミットで作る朝食にぴったりのサンドイッチだ。シミットは生地を細い棒状に伸ばし、少しひねってから輪の形に整形してある。アルメニアにも同じようなドーナッツ状のパンがあるが、こちらはひねっていない。ベヤズ・ペイニールはソフトなチーズなので、ナイフでパンに塗ることができる。

Isfahani Biryani with Taftoon

イスファハニ・ビリヤニ・ウィズ・タフトゥーン

ラムでも意外と癖がない。おいしいフラットブレッドが欠かせない

材料（6人分） Recipe

【パン】タフトゥーン（p.290）：1枚【具材】イスファハニ・ビリヤニ：4〜6個*／ミントの葉：少々／砕いたアーモンドとクルミ：適宜
*ラム：400g／ラムのレバー：400g／サラダ油：大さじ1／玉ネギ：1個／シナモンパウダー：大さじ1／水：4〜6カップ／ローリエ：2枚／塩：適宜 ●具材をすべて鍋に入れ、肉が柔らかくなるまで煮る。肉とレバーをブレンダーで挽き肉状にして型に詰め、火にかけて焼く

Memo

レバーと呼ぶが実際には肺のこと。手に入らない場合はラム肉だけでもかまわない。ハンバーグの形をしているがかたまりではない。型に入れて作るというだけで、お玉で盛り付けたチャーハンのようなものだ。

ビリヤニとはイランなどで食べられるピラフのことだが、ここで紹介するイスファハニ・ビリヤニはラム肉の料理でピラフではない。ピラフは米を野菜や肉、スパイスといっしょに調理するが、イスファハニ・ビリヤニの場合は、どうもピラフの上にのせて食べるらしい。フラットブレッドにのせて食べることも多い。よく使われるパンはサンガックという全粒粉のフラットブレッドだ。ここで紹介するのはタフトゥーン、同じくイランのフラットブレッドである。タフトゥーンにはヨーグルトが入っているため、少し酸味があり、ターメリックで黄色みがかっている。ニジェラシード（ブラッククミン）、白ゴマがまぶしてあり、味はトップクラスのフラットブレッドである。

Sabich

サビーフ

イスラエル

イスラエルの人気ファストフードは、揚げナスのピタポケット

　1940～50年代、イスラエルに移住してきたイラクのユダヤ人がもたらしたサンドイッチである。料理をすることができない安息日のために、彼らはフライにしたナス、茹で卵、そして茹でジャガイモをその前日用意しておき食べていた。イスラエルでは1950年ころから、この材料をピタのポケットに詰めたサビーフが、ファストフードとして売り始められた。今ではイスラエルでもっとも人気のあるストリートフードである。ピタのポケットには、ほかに野菜を細かく刻んだイスラエルサラダ、フムス（ヒヨコ豆のペースト）、タヒニソース、アンバと呼ばれるマンゴーのピクルスが入っている。肉は入っていないが、揚げたナスが入っているので、けっこうボリュームがある。

Recipe

材料（4人分）

【パン】ピタブレッド:4枚【具材】揚げナス（厚さ15mmほど）:450g／茹で卵のスライス:4個分／玉ネギの粗みじん切り:1/2個分／刻んだイタリアンパセリ:1/4カップ／トマトの小口切り:1カップ／キュウリの小口切り:1カップ／塩:適宜【ソース】タヒニソース（p.296）:1/2カップ／ホットペッパーソースとアンバ（マンゴーのピクルス）:適宜／フムス（p.297）:適宜

Memo

アンバはインドのマンゴーチャツネに似ている。ユダヤの人には邪道だと思われるだろうが、マンゴーチャツネでも十分いける。

Musakhan on Laffa ‖ ムサクァハン・オン・ラファ

イラク

骨付きの鶏肉を大胆にフラットブレッドの上に並べる

　ムサクァハンはイラクでよく食べられるほか、パレスチナやヨルダンの伝統的な料理としても知られる。実はヨルダンがこの料理の発祥の地で、パレスチナではこのムサクァハンがナショナルディッシュになっている。メインとなる材料は玉ネギ、骨付きの鶏肉、そしてスマックである。出来上がりが紫色がかっているのは、スマックをたくさん使っているからだ。スマックは酸味があるがマイルドで、たくさん使っても味に悪影響を与えることはない。肉料理はもちろん、魚料理、サラダなどいろいろな料理に使える。使い始めると癖になる、ほかのスパイスとは違うフレーバーを持っている。ラファはピタのようだが、サイズが倍以上もある。

材料（4〜6人分） Recipe

【パン】ラファ：1、2枚またはピタブレッド：2、3枚【具材】鶏モモ肉のロースト：4〜6個*／スマック：適宜／松の実または砕いたアーモンド：大さじ2　●ラファに玉ネギを炒めたときに残しておいたオリーブオイルを塗り、肉と玉ネギのミックスをのせて、全体にスマックを振る

*玉ネギの小口切り：2〜3個分／オリーブオイル：大さじ2／スマック：大さじ2／骨付き鶏モモ肉：4〜6個／カルダモン：小さじ1/4／塩とコショー：適宜　●オリーブオイルで玉ネギが透き通るまで炒め、ザルにあけて余分なオリーブオイルをきる。玉ネギをボウルにあけ、スマックを加え、塩、コショーで味つけしてよく混ぜる。肉にカルダモン、塩、コショーを擦り付け、フライパンで全体に焦げ目をつける。180℃のオーブンで20〜30分、完全に火が通るまで焼く。玉ネギと肉をミックスする

Betinjan Maqli on Laffa

イラク

ベトゥリニアン・マイクリ・オン・ラファ

揚げナスをラファの上にのせただけのシンプルなサンドイッチ

　イスラエルのサンドイッチとして登場したサビーフでは、ただスライスしたナスを揚げて使っているが、このサンドイッチではしっかりとパン粉の衣をつけて揚げてある。イタリア、ラテンアメリカなどさまざまな国に、ナスを揚げた料理がある。その理由はナスは油との相性がよく、油が浸み込むとナスのおいしさが増すからだ。しかし、厚切りにすると油を吸いすぎる。これを防ぐためのいい方法がある。スライスしたナスを塩水に1時間以上つけておくと、ナスは水分を十分に吸い込む。この水分がバリアになって、吸い込む油の量が減る。カラっと揚がったナスのフライはそのままでもおいしい。味つけはシンプルにするのがいいだろう。

材料（4〜5人分） Recipe

【パン】ラファ：2〜3枚【具材】ナスのフライ：12〜15個*／刻んだイタリアンパセリ：1/4カップ／トマトのスライス：1個分／チリペッパー：1本【ソース他】レモンジュース：大さじ2／ギリシャヨーグルト：1/2カップ／スマック：ひと摘み
*（4〜5本分）／ナス：4〜5本／塩：小さじ1/2／コショー、ガーリックパウダー：小さじ1/4／卵：1個／ミルク：大さじ2／パン粉：1カップ／フライ用のサラダ油：適宜

Shish Kabab in Samoon ‖ シシ・カバブ・イン・サムーン

イラク

シシ・カバブはイラクで人気の、肉を串に刺して焼くギリシャのスブラキに似た食べ物だ。もともとはトルコの食べ物で、シシは串のことである。普通ラム肉だが、牛肉、ヴィール（仔牛肉）、鶏肉はもちろん、カジキマグロも使われることがある。サムーンはイラクのひし形をしたパンで、フラットブレッドの一種といえる。しかしほかのフラットブレッドより厚みがあり、イタリアのチャバタに味や歯ごたえが似ているおいしいパンだ。

材料（2～3人分） 【パン】サムーン (p.291)：2, 3個【具材】小口切りにしたラム肉：400g／チェリートマト：6～12個／ひと口大の赤ピーマン、ピーマン：各1個【ソース他】フムス (p.297)：1/3カップ／ディル・ヨーグルトソース (p.297)：大さじ3か4／スマック：小さじ3　●肉と野菜を別の串に刺して焼く

Bagila bil dihin ‖ バギラ・ビル・ディアヒン

イラク

バギラ・ビル・ディアヒンはイラクの庶民的な食べ物で、朝食によく食べられる。サンドイッチのカテゴリーに入るかどうかには異論もあるかと思う。しかし、パンの上に具がのっているという観点に立てば、れっきとしたオープン・サンドイッチである。お金をかけずに腹を満たし、カロリーも十分に取れる。豆がいっぱい入ったスープが、ピタにかかっているようなもので、ご飯に残りものの具だくさん味噌汁をかけて食べる感覚に似たところがある。

材料（2～3人分） 【パン】ピタブレッド：4～6枚【具材】煮豆：1～1と1/2カップ*¹／オムレツ：2, 3個*²／レモン：1/2個
*¹ 茹でたソラ豆：400g／豆の煮汁：適宜／塩：小さじ1／タイム：小さじ1　●すべてを鍋に入れ、温まるまで煮る
*² 卵：4～6個／サラダ油：大さじ2／玉ネギの粗みじん切り：1/2個分／赤ピーマンの小口切り：1個分／チェリートマトの小口切り：4個分

Afghani Burger ‖ アフガニ・バーガー

メインはフライドポテトで、そのほかにキャベツ、玉ネギ、トマトといった野菜が詰まっている。ハンバーグらしきものはなく、代わりにソーセージが入っている。そこにトマトやミントのチャツネ、さらにチャートマサラ（マンゴーの粉と各種スパイスでできた、スパイシーでほんのり甘酸っぱいスパイス）をたっぷりと振りかける。具の山を30cm近くあるラヴァーシュでくるむ。直径10cm近いラップはいつも腹をすかせた学生に人気だ。

材料（1人分） 【パン】長方形のラヴァーシュ（p.131）：1か1/2枚【具材】トマトのスライス：2個分／玉ネギの輪切り：1/4個分／茹で卵のスライス：1個分／千切りのキャベツ：1カップ／フライドポテト：適宜／ビーフまたはチキンソーセージ：1本【ソース他】トマト・チャツネ：大さじ2／コリアンダー・ミント・チャツネ：大さじ2／チャートマサラ（p.296）、ガラムマサラ：適宜　●具材、ソース、スパイスを順にラヴァーシュの上に置き包む

Bolani ‖ ボラニ

イーストもベーキングパウダーも使わないプレーンな生地で肉や野菜、チーズなどをはさんでフライパンやオーブンで焼く料理は、世界各地に存在している。このボラニもその種のパン料理で誕生日や祭日に用意される。アフガニスタン料理はインド料理などの影響を強く受けているが、インド料理よりもシンプルなことが多い。生地の間にはさまれる主な材料は、チャイブ、ホウレン草、カボチャ、ジャガイモといった野菜だ。スピナッチ（ホウレン草）・ヨーグルトディップといっしょにサーブされる。

材料（6人分） 【パン】ボラニ：6枚*【フィリング】チャイブの粗みじん切り：6本／生のグリーンホットペッパーのみじん切り：適宜／塩：小さじ1／コリアンダー：小さじ1／コショー：適宜【ソース】アフガン・スピナッチ・ヨーグルトディップ（p.295）：1/2カップ
*小麦粉：2カップ／水：3/4カップ／塩：ひと摘み／焼くためのオリーブオイル：適宜　●生地を6等分して丸く伸ばし、3枚の上にミックスした具材をのせ、残りの生地をかぶせて端を指でつぶして閉じる。オリーブオイルで両面を焼く

Nizami Roll ‖ ニザミ・ロール

パキスタン

サクサクのフラットブレッドで巻いたチャツネが効いたラップ

　アフガニ・バーガーを上品にしたようなラップで、フライドポテトが具材のメインであるところは同じだが、ほかの材料が少なくシンプルだ。ソーセージの代わりにスパイシーな鶏肉が入る。でもこのサンドイッチでいちばん注目したいのはフラットブレッドである。ラチャパラータと呼ばれるフラットブレッドは、ペーストリーのように層になっていて、外側がサクサクとしている。ただペーストリーは層が無数にあるのと違って、ラチャパラータは層が少なく、渦巻状になっている。世界でももっともおいしいフラットブレッドのひとつだと私は思っている。難点は具材を巻くのが難しいことだ。

Recipe

材料 (8〜12人分)

【パン】ラチャパラータ：4〜6枚*1【具材】マリネした鶏肉のソテー：250g*2／フライドポテト：適宜／玉ネギのスライス：1/2個分／刻んだパクチー：各1/4カップ／刻んだ生のグリーンホットペッパー：1本分【ソース】タマリンド・チャツネ、グリーン・チャツネ：適宜
*1 小麦粉：2カップ／ぬるま湯またはミルク：3/4カップ／ギー（バターオイル）：1/4カップ、砂糖：小さじ1／塩：小さじ1
*2（マリネ液の材料）ジンジャー・ガーリックペースト：小さじ2／コリアンダー、クミン、オールスパイス、チリパウダー、塩：各適宜／レモンジュース：大さじ1／ヨーグルト：1/4カップ

Memo

このサンドイッチの味の決め手は、甘いタマリンド・チャツネとスパイシーなグリーン・チャツネとのコンビネーションである。どちらもこのサンドイッチに欠かせない。

Bun Kebab ‖ バン・ケバブ

パキスタン

割ったヒヨコ豆またはグラムレンズ豆でできたハンバーグ状のパティが、ハンバーガーバンの間にはさまっている。イタリアのパネッレによく似たサンドイッチである。違いはマッシュポテトや、卵、スパイスが入っていることだろう。作る過程もシンプルだ。パキスタンの北部、ラホールが発祥の地だが、今では全国的になり、カラチではもっとも人気のロードサイドフードになっている。肉をいっさい使っていないので、ベジタリアンでも安心して食べられる。

材料（4人分） 【パン】バンバーガーバン：4個【具材】豆パティ：4個*／玉ネギのスライス：8枚／トマトとキュウリのスライス：適宜／千切りのキャベツ：適宜【ソース】チャツネ・ライタ (p.296)：大さじ8
*グラムレンズ豆：1カップ／マッシュポテト：2個分／レッドホットペッパー：1本／クミンシード：小さじ1／ニンニクとショウガのみじん切り：各大さじ1／玉ネギのみじん切り：1個分／マンゴーパウダー：小さじ2／ガラムマサラ：小さじ1／チャートマサラ (p.296)：小さじ2／卵（パティのコーティング用）：2個

Chatpata Paratha Roll ‖ チャトパタ・パラタ・ロール

パキスタン

チャトパタはスパイシーで酸味がある料理のことをいう。このサンドイッチではグリーン・ホットペッパー、クミン、パパイヤ、ヨーグルト、レモン、チリペッパー、そしてチャートマサラがこの役目を担っている。基本的にはヨーグルトベースのスパイシーなマリネ液に鶏肉を漬け込んで、フライパンで焼いただけの料理だが、すべての素材がバランスよくミックスされ、中央アジアらしい味を作り出している。軽いさっくりしたラチャパラータも見逃せない。

材料（4人分） 【パン】ラチャパラータ (p.140)：4枚【具材】チキンソテー：400g*／赤玉ネギのスライス、ミント：適宜【ソース】ガーリック・ヨーグルト (p.295)：1/2カップ
*ヨーグルト：1カップ／グリーンホットペッパー：4本／ニンニク：4粒／鶏肉の細切り：400g／バター：小さじ1／クミンシード、チャートマサラ：各小さじ1／ターメリック、塩：各小さじ1/2／レモンジュース：大さじ2

Falafel ‖ ファラフェル

中近東全般

ファラフェルは中近東が誇る、世界でも知名度が高い料理だ。ファラフェルはエジプトが起源だが、ほかの国がヒヨコ豆を使うのに対し、本家のエジプトではファヴァビーンズ（ソラ豆）を使う。このホクホクの豆団子をひとかじりすると、スパイスとハーブの味がほんのりと甘みがある豆とともに口の中に広がる。

材料（2人分） 【パン】ピタ：2枚【具材】ファラフェル：8〜10個*／トマトのスライス：4枚／レタス：2枚／松の実：適宜【ソース】ヨーグルトソース（p.297）：大さじ2／タヒニソース（p.296）：大さじ2
*水でもどした乾燥ヒヨコ豆またはソラ豆：120g／玉ネギ：1/4個／スカリオン：1/2本／ディル：15g／イタリアンパセリ：30g／パクチー：30g／ニンニク：3粒／ベーキングソーダ：小さじ1/2／塩：小さじ1／クミン：大さじ1／コリアンダー：小さじ1/2／小麦粉：小さじ2／カイエンペッパー：ひと摘み／白ゴマ：大さじ2（お好みで）／フライ用のサラダ油：適宜　●具材をブレンダーでミックス。2〜3センチのボールにして油で揚げる

Shawarma ‖ シャワルマ

中近東全般

ギリシャのイロ、トルコのドネル・ケバブ、トルコ以外の中近東の国々で食べられるシャワルマ、どれも使い方から食べ方にいたるまでよく似ている。ある説によると、トルコが最初で、トルコからギリシャ、中近東に広まったとされる。シャワルマは肉をマリネするのに時間をかける。おもに使われる肉は鶏肉で、ラムやヤギ肉の場合もある。

材料（3人分） 【パン】ピタブレッド：3枚【具材】マリネ液に漬け焼いたひと口大の鶏モモ肉：450g*／赤玉ネギのスライス1/4個分／刻んだイタリアンパセリ：大さじ1／レタス：3枚／おろしニンニク：小さじ3／トマトの小口切り：1/2個分／キュウリのピクルスのスライス：6枚／キャベツの千切り：1/2カップ【ソース】タヒニソース（p.296）、ホットソース：適宜
*（マリネ液の材料）レモンジュース：大さじ3／オリーブオイル：1/4カップ＋大さじ1（焼くときに使用）／赤玉ネギのみじん切り：1/2個分／ニンニクのみじん切り：3個分／塩：小さじ1/2／コショー、クミン、パプリカ：各小さじ1／ターメリック：小さじ1/4／ホットペッパー・フレーク：ひと摘み

The World's Sandwiches

Chapter

5

北アメリカ

アメリカ合衆国／ハワイ／カナダ

Pulled Pork Sandwich

アメリカ合衆国

プルド・ポーク・サンドイッチ

ソースまみれで食べる。上品に食べようなどと思ってはいけない

アメリカといえばバーベキュー、バーベキューといえばサウス・キャロライナ、テキサス、ルイジアナといった南部の州だ。そうしたバーベキュー天国でもっとも知られるサンドイッチといえば、プルド・ポーク・サンドイッチである。ポークバットといわれる肩ロースのかたまりを時間をかけて、手で簡単に裂けるようになるまでじっくりバーベキューされた肉を、ハンバーガーバンに山積みして、たっぷりとソースをかける。地域によって調理法やソースに違いがあるが、サンドイッチの脇にナプキンを何枚も用意して、ソースにまみれた口を拭き拭き平らげていくという点では、どの地域のプルド・ポーク・サンドイッチにも変わりがない。

材料（1人分） Recipe

【パン】ハンバーガーバン：1個【具材】プルド・ポーク：100g*／コールスロー：大さじ2【ソース】好みのバーベキューソース：大さじ1

*(20人分) 塩、コショー：各小さじ1／ブラウンシュガー：大さじ2／パプリカ：大さじ1／骨なし豚肩ロース肉：2000g／4つに切った玉ネギ：2個分／白ワイン・ヴィネガー：3/4カップ／ウスターソース：大さじ1／チリペッパーフレーク：小さじ2／砂糖：小さじ1／粉マスタード、ガーリックパウダー：各小さじ1/2 ●塩、コショー、ブラウンシュガー、パプリカをミックスし、肉に擦りつける。厚手の鍋に玉ネギを敷き、その上に肉を置く。残りの具材をミックスして、半量を肉にかける。蓋をして弱火で煮る。肉に大方火が通ったところで残りのヴィネガーミックスを肉にかけ、肉に完全に火が通るまで煮る。肉を取り出し、30分ほど休ませる。煮た玉ネギは細かく刻み、フォークなどで裂いた肉と混ぜる。好みのバーベキューソースを加えてさらに混ぜる

French Dip

|| フレンチ・ディップ

名前の起源も考案者もわからない、なぞを秘めたサンドイッチ

　ロサンゼルスにあるふたつのレストランが、「うちが最初だ」といまだに論争を続けているサンドイッチだ。薄くスライスしたローストビーフをはさんだフレンチロールまたはバゲットを、ローストしたときの肉汁（ジュまたはオ・ジュ）とビーフブロスで作ったスープ状のディップにつけて食べる。名前とは裏腹に、フランスとはまったく因果関係がない。フレンチロールを使うから、考案者がフランス人だから、最初に食べた客の名前がフレンチだったからなど諸説があるが、どれにも確たる証拠がなく、考案者論争と同様、真実は誰にもわからない。今ではレストランのチェーン店などのメニューにもお目見えする、ポピュラーなサンドイッチだ。

材料（3人分） Recipe

【パン】フレンチロール：3個【具材】バター：大さじ3／ローストビーフのスライス：450g*／プロヴォローネチーズ：100g／ホースラディッシュ・マスタード：大さじ3【ディッピングソース】ローストしたときに残った肉汁：全部／ビーフブロス：1カップ／塩とコショー：適宜
*牛ロースかたまり肉：450g／コショー：大さじ2／塩：小さじ1／ニンニクのみじん切り：小さじ1　●コショー、塩、ニンニクを肉に擦りつけ、220℃のオーブンで約45分焼く

Reuben

|| ルーベン

渦巻マーブル模様のジューイッシュ・ライ麦パンがよく似合う

　このサンドイッチもフレンチ・ディップ同様、複数の人間が考案者だと主張している。そのうちの2人はユダヤ人で、名前がルーベンというから困った話だ。ルーベンはコンビーフのサンドイッチで、バターを塗ってトーストしたジューイッシュ・ライ麦パンの間に、パンよりも数倍分厚くコンビーフを積み上げ、とろけたスイスチーズとザワークラウトがその上にのる。コンビーフとトウモロコシのコーンとはまったく関係がない。肉を保存するために漬け込む、各種スパイスが入った塩水のことをコーン（コン）と呼ぶのだ。コンビーフに使われるのはブリスケット、前肢の内側にある肩のバラ肉だ。この部分はバーベキューにもよく使われる。

材料（1人分） Recipe

【パン】マーブルのジューイッシュ・ライ麦パン：2枚【具材】バター：大さじ1／コンビーフのスライス：4～6枚*／ザワークラウト：大さじ3／スイスチーズ：2枚【ソース】サウザンアイランド・ドレッシング：大さじ2

*(材料はp.16) ローリエまでの材料を鍋に入れ沸騰したら弱火で2分煮、よく冷ます。肉全体に串を刺し、丈夫なビニール袋に肉を入れ、冷ました液を加える。それを冷蔵庫に入れ1週間漬ける。袋から肉を取り出しよく水洗いし、紐で全体をしばる。ニンニクはみじん切り、他の野菜はざく切りにして鍋に入れ、肉を加えてひたひたになるまで水を注ぐ。2時間くらい、肉が柔らかくなるまで弱火で煮る。

Chicken Sandwich

|| チキン・サンドイッチ

アメリカ人がこよなく愛するチキンサラダのサンドイッチ

　チキン・サンドイッチといっても、アメリカには何種類かある。ムネ肉をグリルで焼いたグリルド・チキンサンドイッチ、衣をつけて揚げたフライドチキン・サンドイッチ、もうひとつがここで紹介するチキンサラダのサンドイッチである。アメリカのチキンサラダは、マヨネーズがベースで、細かく刻んだセロリや玉ネギが入っている。アメリカには野菜嫌いが多いので、野菜なしという場合も少なくない。パンは普通の白い食パンであることがほとんどだ。アメリカのマヨネーズは甘いので、個人的には日本のマヨネーズを使う。ちなみに某フライドチキン・チェーン店の2枚のフライドチキンをパンの代わりに使ったダブルも、チキン・サンドイッチである。

材料（1人分）

【パン】食パン：2枚【具材】チキンサラダ：1/3～1/2カップ*／レタス：1枚
*刻んだ調理済みの鶏ムネ肉：50g／セロリ、玉ネギのみじん切り：各大さじ1／缶詰のスイートコーン：小さじ1(お好みで)／マヨネーズ：大さじ1／レモンジュース：小さじ1／塩とコショー：適宜

Memo

鶏肉は茹でたものでも、ローストでも、グリルでもオーケー。味つけも好みでかまわない。

アメリカ合衆国

Chopped Liver Sandwich

▍チョップト・レバー・サンドイッチ

ジューイッシュ・ライ麦パンにパテをたっぷり塗って食べる

「俺は何だ。チョップト・レバーか?」こんな比喩をユダヤ人が使うことがある。チョプト・レバーはおもにサイドディッシュとして出される。つまりサイドディッシュのように扱われたことに憤慨する表現として使われる。決してメインコースとはならないといっても、ユダヤ人にとっては重要な料理であることには変わりがない。チョプト・レバーは鶏のレバーで作る、パテのようなものだ。鴨料理にダックファットがよく使われるのと同じように、チョプト・レバーには、味を深めるためにシュマルツと呼ばれるチキンファットが不可欠だ。チョプト・レバーは普通2枚のジューイッシュ・ライ麦パンにはさんで食べる。

材料(1人分) — Recipe

【パン】ジューイッシュ・ライ麦パン:2枚【具材】レバーパテ:大さじ2か3*
*(10人分) 鶏レバー:450g／チキンのシュマルツ(チキンファット)またはサラダ油:大さじ5／茹で卵:4個／玉ネギのみじん切り:1個分／ニンニクのみじん切り:1粒分／塩とコショー:各小さじ1／ナツメグ:小さじ1/2　●レバーを大さじ2のチキンファットで焼き、他の器に移す。玉ネギとニンニクを大さじ3のチキンファットで炒める。残りの材料とレバー、玉ネギをブレンダーに入れて、滑らかになるまでミックスし、冷蔵庫で一晩冷やす

Memo

シュマルツが手に入らないときは、ショートニングやサラダ油、ユダヤ人でないなら、バターも使われる。でもユダヤ人にいわせると、味がまったく違い、深みがないパテになる。

Italian Sub

|| イタリアン・サブ

ニューイングランドに住むイタリア人移民の傑作サンドイッチ

　メイン州ポートランドで、イタリアからの移民がカートを引いて売り出したのが始まりだといわれている。ジェノアサラミ、プロシュット・コット、モルタデラといったイタリアのコールドカット、プロヴォローネチーズ、そしてトマト、レタス、玉ネギのスライスなどが、長いイタリアンロールにはさまっている。マヨネーズを使う場合もあるが、ヴィネガーとエキストラ・ヴァージン・オリーブオイルという組み合わせのほうがはるかにうまい。サブマリンサンド、ホギー、グラインダーなどの別名もある。肉、野菜、チーズ、パンの見事なバランス、それぞれが噛むごとに混ざり合う。アメリカンサンドイッチの傑作である。

アメリカ合衆国

材料（1人分）

Recipe

【パン】チャバタロール：1個【具材】刻んだロメインレタス：1/2カップ／トマトのスライス：3〜4枚／ジェノアサラミ、カピコラ（生ハムの一種）：各3枚／プロシュット・コット、モルタデラ：各1枚／赤ワイン・ヴィネガー：大さじ2／ドライオレガノ、粉マスタード：各小さじ1/2／塩とコショー：適宜／エキストラ・ヴァージン・オリーブオイル：大さじ1／プロヴォローネチーズ：2枚

Memo

ここではチャバタを使っているが、バゲットのようなクラスティブレッドであれば、何でもかまわない。ヴィネガーは白ワイン・ヴィネガーでもバルサミコヴィネガーでもおいしい。

BLT

ビー・エル・ティー

アメリカ合衆国

アメリカ合衆国 USA

アメリカで超人気のサンドイッチ

　Bはベーコン、Lはレタス、Tはトマトのことだ。つまり4つの素材、ベーコン、レタス、トマト、そしてパンで構成されている。イギリスのサンドイッチにベーコン・バティというサンドイッチがある。BLTの起源はその辺りにありそうだ。ベーコンは普通パリパリになるまで焼かれるが、軽くソテーしただけのベーコンを好む人も少なくない。レタスはアイスバーグレタスと呼ばれる、日本でもおなじみの普通の丸いレタスが使われる。トマトはこのサンドイッチのキーで、サンドイッチ自体、夏のトマトがもっともおいしい時期に食べるのがいちばんだ。パンはサブマリン用ロール、ハンバーガーバンなど何でもかまわない。人気のサンドイッチなので、バリエーションも豊富だ。BLAST：スライスしたアボカドとエビを加える。BLAT:スライスしたアボカドを加え、その上にライムジュースをかける。好みでスプラウトを一番上にのせる。BLOFT：生またはキャラメライズした玉ネギのスライスとフェタチーズを加える。BLET：スライスした茹で卵をのせる。

材料（1人分） **Recipe**

【パン】チャバタロールまたはバゲット：1個【具材】パリパリに焼いたベーコン：3〜4枚／レタスまたロメインレタス：2枚／トマトのスライス3〜4枚【ソース】マヨネーズ：大さじ1

Memo

ベーコンをフライパンで焼いてパリパリにする。でもベーコンが自身の脂で揚がった状態になりかねない。ペーパータオルの間にベーコンをはさんでレンジで調理すると簡単に、しかも完璧なパリパリベーコンができる。

Club Sandwich

|| クラブ・サンドイッチ

パンを2枚にするか3枚にするか、迷ったりもするサンドイッチ

アメリカ合衆国

クラブ・サンドイッチの起源も不透明だ。ニューヨーク・マンハッタンのユニオンクラブ、同じくニューヨークのサラトガ・スプリングにあった紳士のクラブ、サラトガクラブのふたつが有力らしい。紳士のクラブというと聞こえはいいが、ギャンブラーが集まるクラブのことだ。サンドイッチはBLTにターキーか鶏肉を足したようなもので、ドレッシングは決まってマヨネーズである。初期はパンのスライス2枚というオーソドックスなものだったが、今はトリプルデッカーといって、3枚にすることが多い。パンはトーストするのが一般的である。

材料(1人分) / Recipe

【パン】食パン(トースト):3枚【具材】バター:大さじ1/ロメインレタス:2枚/トマトのスライス:4枚/パリパリに焼いたベーコン:4枚/ローストターキーのスライス:4枚/塩とコショー:適宜【ソース】マヨネーズ:大さじ2

Memo

パンは具をはさむ前にトーストする。ターキーの代わりに鶏肉が使われることも多い。

Grilled Portobello Sandwich

アメリカ合衆国

|| グリルド・ポートベロ・サンドイッチ

ベジタリアンでなくても おいしく食べられる キノコのサンドイッチ

　ポートベロと聞いてもピンとこない人も多いかもしれない。なんてことはない、普段食べているマッシュルームである。小さいマッシュルームは未成熟のもので、ポートベロというと成熟したものを指す。マッシュルームには白と茶があるが、ポートベロは茶色く、裏は黒に近い。大きなものは直径が10センチくらいあり、厚さも1センチを超える。肉厚で歯ごたえがあるため、ベジタリアンはこのキノコを肉に見立ててサンドイッチを作る。このグリルド・ポートベロ・サンドイッチも、1990年代にベジタリアンによって食べ始められたらしい。

材料（1人分）　　　　　Recipe

【パン】四角いチャバタロール：1個【具材】マリネしたポートベロ（大）のソテー：1枚＊／プロヴォローネまたはモッツァレラチーズ：1枚／ロースト・レッドペッパー：1個／ルッコラ：1/2カップ　＊(マリネ液の材料) バルサミコ・ヴィネガー：大さじ2／エキストラ・ヴァージン・オリーブオイル：大さじ1／ディジョン・マスタード：小さじ1／ニンニクのみじん切り：1粒分／塩とコショー：適宜

Memo

マッシュルームは生で食べることができる。サラダにしてもおいしい。だから無理に調理しすぎないこと。しかし、逆に時間をかけてじっくり調理すると、より味が出てくることも事実だ。

アメリカ合衆国 USA

Breakfast Biscuit Sandwich

アメリカ合衆国

|| ブレックファスト・ビスケット・サンドイッチ

柔らかいビスケットは、イギリスのスコーンに匹敵するおいしさ

　ビスケットには堅いものと柔らかいものの2種類がある。味も甘いものと甘くないものがある。イギリスが起源のダイジェスティブ・ビスケットは甘くて堅いビスケット、いわゆるクッキーだ。スコーンは柔らかくて甘い。アメリカのビスケットは柔らかくて、普通は甘くない。とくにアメリカ南部で親しまれている。いずれにしてもビスケットにはベーキングソーダまたはベーキングパウダーが使われる。ここで使われているビスケットはアメリカのビスケットだ。スコーンと同じように、温かいうちにバターをつけて食べる。ハムやソーセージをはさんで、サンドイッチを作ってもおいしい。さらに目玉焼きがのっていればいうことなし。豪華な朝食になる。

材料（2人分） Recipe

ビスケット：2個 *【具材】ハム：2枚／イタリアンソーセージ：100g（皮をとってハンバーグ状に成形して焼く）／目玉焼き：2個／好みのジャムまたはプリザーブ：大さじ2〜4
*(5人分) 小麦粉:2カップ／塩:小さじ1/2／ベーキングパウダー：小さじ2 ／無塩バター：110g／ミルク：1と1/2カップ　●小麦粉、塩、ベーキングパウダーをミックスし、常温にもどしたバターを加えて、粉が小さな粒状になるまで混ぜる。ミルクを加え、生地がまとまるまでこねる。生地を5つに分け、厚さ2cmほどの円柱形にして、200℃のオーブンで30分焼く

Muffuletta

アメリカ合衆国

|| ムフラタ

ニューオーリンズで蘇った イタリア・シシリーの味

　1900年代の初頭、ルイジアナ州のニューオーリンズにやってきたイタリア、シシリーからの移民によって考案されたサンドイッチだ。イタリアン・サブのニューオーリンズ版ともいえる。マフラタまたはムフラタと呼ばれる、ゴマがまぶしてある柔らかいパンに、イタリアのハムやサラミ、そしてオリーブサラダと呼ばれる細かく刻んだ野菜とオリーブで作られるサラダがはさまれている。最近はムフラタではなく、イタリアン、あるいはフレンチブレッドが使われることが多くなった。イタリアン・サブ同様、飽きのこないバランスのとれたサンドイッチだ。シシリーにはまったく同じパン、ムフォレッタ（p.286）がある。ムフラタは綴り間違えだといわれている。

材料（4～6人分） **Recipe**

【パン】ムフラタ：1個【具材】オリーブサラダ：1～2カップ*／イタリアンサラミ：10～12枚／プロシュット・コット：2～4枚／プロヴォローネチーズ：6～8枚／エキストラ・ヴァージン・オリーブオイル：大さじ2～4

*（2カップ分）刻んだグリーンオリーブ、カラマタオリーブ：各2/3カップ／ロースト・レッドペッパー：1個／ニンニクのみじん切り：3粒分／刻んだイタリアンパセリ：1/2カップ／ドライオレガノ：小さじ1/2／アンチョビペースト：小さじ2／コショー：小さじ1/2／エキストラ・ヴァージン・オリーブオイル：1/2カップ

Memo

野菜は粗みじん切り。作ってすぐに食べるよりも、時間をおいた方が味が馴染んでおいしくなる。

Deviled Ham Sandwich

デビルド・ハム・サンドイッチ

悪魔がトレードマークの辛いスプレッドを使ったサンドイッチ

　料理にデビルという言葉は意外とよく聞く。初めて料理に「デビル」が使われたのは、1700年代であるらしい。舌が燃えるほど辛いスパイスを使った料理を、よく「デビルド…」と名づける。もう昔のことだが、日本の某ファミリーレストランにもデビルド・チキンというのがあったのを思い出す。デビルド・ハムは、1822年にボストンで創業を開始したウィリアム・アンダーウッド・カンパニーが、1868年に売り出したハムとホットソース、スパイスをミックスしたスプレッドで、想像するほど辛くなく食べやすい。カナッペなどオードブルに使われることもある。自分で作る人もいるが、スーパーで缶詰を買うこともできる。

アメリカ合衆国

Recipe

材料（1人分）

【パン】食パン：2枚／マヨネーズ：小さじ1【具材】デビルド・ハム：100g*／クレソンまたはレタス：適宜

*刻んだピクルス：大さじ1／ディジョンマスタード：小さじ1／ウスターソース：少々／ホットソース：小さじ1／パプリカ：小さじ1/2／刻んだハム：100g／玉ネギのみじん切り：大さじ1

Memo

写真のサンドイッチの左にあるのが、ウィリアム・アンダーウッド・カンパニーの缶詰であるデビルド・ハム。デビルのロゴは、現在でも使われているアメリカでもっとも古いトレードマーク（商標登録）である。

Sloppy Joe

スロッピー・ジョー

ナプキン片手に食べるのが、このサンドイッチを食べるときの流儀

　スロッピー・ジョーとはまた変わった名前がついたものだ。パンの間にはさまっている具がはみ出してきてつるつるすべるからスロッピーというのはわからないでもない。ジョーはアメリカでもっともありふれた名前ということか。名前はともかく、アイオワ州のレストランで発案されたルース・ミート・サンドイッチが起源ではないかといわれている。甘いミートソースというか、形を失ったハンバーグというか、シチュー状の具がハンバーガーバンの間にはさまっている。アメリカには缶詰が売られているので、レストランに行かなくても、この缶詰とハンバーガーバンがあれば、子どもでも簡単に作れる。

アメリカ合衆国

材料（8人分） Recipe

【パン】ハンバーガーバン:8個【具材】スロッピー・ジョー:3〜4カップ*
*サラダ油:大さじ1／玉ネギ、ピーマン、ニンジン、セロリのみじん切り:各1/2カップ／ニンニクのみじん切り:2粒分／牛挽き肉:450g／トマトソース:2カップ／ケチャップ:1/2カップ／ブラウンシュガー:大さじ1／ウスターソース:大さじ1／塩とコショー:適宜
●野菜と挽き肉を炒め、他の具材を加えて硬めのミートソース状になるまで煮る

Egg Benedict

エッグ・ベネディクト

アメリカ合衆国

ポーチドエッグをナイフで切って とろりとした黄身も ソース代わりに食べる

こういってはちょっと問題かもしれないが、アメリカのサンドイッチにしてはおしゃれなサンドイッチである。このサンドイッチにも起源についてはいくつかの説があるが、出どころがホテルのシェフだったり、外国のクックブックだったりするのが興味深い。朝食やブランチに最適なサンドイッチといわれるが、それにしてはかなりのボリュームだ。カナディアン・ベーコンあるいはハムの上にポーチドエッグがのっている。さらに卵の黄身がベースのこってりしたオランデーズソースがかかっている。ベースになるパンはふたつに切ったイングリッシュマフィンである。ふたつがセットになって1人前、卵がふたつ、ハムが2枚ということだ。

材料（2人分） — Recipe

【パン】イングリッシュマフィン：2個【具材】バター：大さじ1／ポーチドエッグ：4個＊／カナディアンベーコンまたはハム：4枚【ソース】オランデーズソース（p.295）：大さじ4／パプリカ：ひと摘み／刻んだチャイブ：小さじ4
＊卵：4個／水：適宜／白ワイン・ヴィネガー：小さじ1

Memo

ポーチドエッグをきれいに作るのはむずかしい。たっぷりの熱湯にヴィネガーを加えるのがポイント。卵は湯に直接割り入れない。

アメリカ合衆国 USA

Crab Melt

|| クラブ・メルト

カニはちょっと贅沢な食べ物なので、それなりのサンドイッチに

　アメリカでもカニは高級食材だ。メインのロッククラブ、メリーランドとヴァージニア州にまたがるチェサピークベイのブルークラブ、アラスカ州のキングクラブなど、各地でさまざまなカニが食されている。そのカニの身を使ってサラダを作り、パンにはさんだのがこのサンドイッチだ。カニサラダの上にはチーズがのり、オーブンでチーズがとろりと溶けるまで焼くのがポイントである。普通の食パンが使われることが多いが、高級食材としてのカニに敬意を示す意味で、ここでは丸く切ったブリオッシュを代わりに使っている。カニとバターの風味が特徴のブリオッシュとの相性はとてもよく、おしゃれなサンドイッチに仕上がる。

材料（2人分） Recipe

【パン】ブリオッシュローフ（丸くカットしトースト）：4枚【具材】カニミックス：500g＊
＊塩茹でしたカニの身：450g／レモンジュース：大さじ2／マヨネーズ：1/4カップ／粗挽きマスタード：小さじ1／セロリのみじん切り：1/4カップ／刻んだチャイブ、刻んだディル：各大さじ1／粉のパルメザンチーズ、バター：各大さじ2／塩とコショー：適宜

Clam Roll

|| クラム・ロール

貝の身はフライにしてもおいしい

　クラムチャウダーは、ニューイングランド地方の名物料理のひとつだ。ボストン周辺の海も近年ずいぶんきれいになり、ローガン国際空港の周辺でも、漁師が大きな貝を獲っている光景が見られる。クラム・ロールも名物料理のひとつだ。1916年、マサチューセッツ州の北にある海岸線の町、イプスウィッチで誕生したといわれる。今ではニューイングランドの海岸線のいたるところにクラムのフライを売る店がある。フライにした貝の身をホットドッグバンにはさんで食べる。シンプルなサンドイッチだが、シーフード好きにとっては見逃せない。クラムをフライにするときのポイントは、火を通しすぎないことだ。高温の油でさっと揚げる。

アメリカ合衆国

材料（1人分）　　　　　　　　Recipe

【パン】ニューイングランドスタイル・ホットドッグバン：1個【具材】バター：小さじ1／貝のフライ:1/2カップ*／レタス:1枚【ソース】タルタルソース：大さじ1
*新鮮な貝の身：100g／ヘビークリーム：80ml／コーンミール粉：1/4カップ／小麦粉：大さじ2／塩と白コショー：適宜、フライ用のサラダ油：適宜　●貝の身をクリームに漬け、30分おく。他の具材をミックスし、貝にまぶして揚げる

Memo

バンはニューイングランドスタイルのホットドッグバンを使う。レモンをぎゅっと絞っただけでもおいしい。ソースをかけるなら、タルタルソースかヨーグルトソース（p.297）がいい。

Mother in Law

|| マザー・イン・ロー

シカゴではスーパーでも売っているタマルがはさまった奇怪なホットドッグ

　ホットドッグに対するアメリカ人のこだわりは相当なものだ。各地に自慢のホットドッグがあるが、シカゴのマザー・イン・ローはほかを圧倒する変わり種である。マザー・イン・ローは義理の母、姑という意味だ。なぜこのような名前がついたのかは知らないが、はっきりしているのは、ソーセージの代わりにコーンミールを蒸して作ったタマルがはさまっていることだ。味こそ違うが、食感は竹の皮で蒸したイモ団子に通ずるものがある。タマルは、元来ラテンアメリカの食べ物で、メキシコにもグアホロタという同じようなサンドイッチがある。大きな違いは、マザー・イン・ローにはチリがかかっているところだ。

材料（1人分） Recipe

【パン】ホットドッグバン：1個【具材】シカゴスタイル・ホット・タマル：1個*【その他の具材】刻んだホット・グリーンペッパー：1本分／玉ネギのみじん切り：大さじ1／刻んだチーズ：大さじ1／ホットチリ：大さじ1
*(6個分)　牛挽き肉：250g／クミン、カイエンペッパー、オニオンパウダー、塩、コショー：少々／チリパウダー：小さじ2／砂糖：小さじ2／ガーリックパウダー：小さじ1／コーンミール：大さじ2／トマトソース：75g／14x14センチのワックスペーパー（具材を包むため）：6枚／コーンミール（コーティング用）：1カップ　●ミックスして葉巻型に成形する。ワックスペーパーに包んで蒸す

Philly Cheesesteak Sandwich

アメリカ合衆国

|| フィリー・チーズステーキ・サンドイッチ

チーズステーキを食べずに、フィラデルフィアは語れない!!

　フィラデルフィアの名物サンドイッチといえば、チーズステーキである。薄くスライスしたステーキがイタリアンロールにはさまっていて、とろけたチーズがその上に、ステーキが見えないほどかかっている。有名な店が2軒あり、人気を二分している。チーズステーキの注文の仕方にはルールがある。使うのは3つの単語のみ。最初が注文する数、ふたつめがチーズの種類、3つめがフライドオニオンの有無だ。サンドイッチをひとつ、チーズはチーズ・ウィズ（チーズのディップ）、フライドオニオンもつけるというのであれば、ワン（one）・ウィズ（Whiz）・ウィット（wit）となる。しかし、チーズもどきのチーズ・ウィズというものはちょっといただけない。

材料（1人分）

Recipe

【パン】サブロールまたはフレンチロール：1個【具材】ローストビーフのスライス：120g／オニオン、ピーマンのスライス：各1/4個分／ガーリックペースト：小さじ1／プロヴォローネチーズ：2枚／オリーブオイル：大さじ1／塩とコショー：適宜【ソース】トマトソースまたはケチャップ：適宜（お好みで）

Memo

ローストビーフを食べやすい大きさにスライスしフライパンで温めるのが簡単な方法だが、ほかにリブのような脂が多い肉を使ってもいい。

American Taco ‖ アメリカン・タコ

ソフトなコーントルティーヤを使うメキシコのタコスとは違い、パリッとしたタコシェルを使う。そこに肉、野菜、サルサ、刻んだチーズなどをのせる。タコを横にすると具が落ちるので、食べるときは顔を横にしてかぶりつく。

材料（3人分） 【パン】タコシェル：3枚【具材】チリ：1/2～2/3カップ*／刻んだチェダーチーズ、レタス、トマト、好みのサルサ、サワークリーム：好みの量
*牛挽き肉：100g／玉ネギのみじん切り：1/4個分／チリパウダー：小さじ1／塩とコショー：適宜／トマトソース：50g

Barbecue Sandwich ‖ バーベキュー・サンドイッチ

細く裂いた調理済みの肉をバーベキューソースで炒める、あるいは肉にソースをかける。肉は残りものでまったくかまわない。ソースも市販のもので十分だ。野菜はオプション。バーベキューソースを加えれば何でもバーベキュー・サンドイッチになる。

材料（1人分） 【パン】全粒粉パン：1個【具材】肉のソテー：150g*／クリーミー・コールスロー：大さじ2～3【ソース】好みのバーベキューソース：大さじ2
*鶏肉、ポークチョップ、またはステーキ用牛肉：150g／塩とコショー：適宜

Chow Mein Sandwich ‖ チャウ・メイン・サンドイッチ

マサチューセッツ州のフォールリバーにある中華料理店が売り出した、かなりローカルなサンドイッチだ。とはいってもこのサンドイッチ専用の中華麺、ソースが、地元や周辺のスーパーで売られている。中華風焼きソバパンのようなものだ。

材料（1人分） 【パン】ハンバーガーバン：1個【具材】中華蒸し麺：1パック（油で揚げる）／野菜炒め：1～1と1/2カップ*
*サラダ油：小さじ1／玉ネギのスライス：1/4個分／セロリのみじん切り：大さじ2／モヤシ：1カップ／コショー：少々／コーンスターチ：小さじ1／チキンブロス：1/2カップ／モラセス（糖蜜）：大さじ1）　●半分に切ったパンの下側を皿に置く。揚げた麺をパンの上に置く。野菜炒めを麺の上にかけ、その上にパンを置く

Cudighi ‖ クディギー

アメリカ合衆国

ミシガン州のアッパー半島周辺のみで見かけるサンドイッチ。平たいハンバーグのようなものをフレンチロールにはさみ、モッツァレラチーズを上にのせ、トマトソースをかけて出される。

材料（1人分）【パン】フレンチサブロール：1個【具材】クディギー：1個*1／野菜ソテー：1/3〜1/2カップ*2／モッツァレラチーズ：2枚【ソース】トマトソース：大さじ2
*1 豚挽き肉：150g／塩とコショー：適宜／シナモン、ナツメグ、クローブ、オールスパイス：少々／ニンニクのみじん切り：小さじ1／赤ワイン：小さじ1 ●混ぜて焼く
*2 マッシュルームのスライス：3個分／玉ネギ、ピーマンのスライス：各1/4個分／サラダ油：小さじ1

Dagwood ‖ ダグウッド

アメリカ合衆国

1930年代に人気を博した「ブロンディー」という漫画に登場するサンドイッチで、漫画家のディーン・ヤングが考え出したもの。ダグウッドには特定のレシピはない。冷蔵庫を開けて使えそうな材料を物色し、食パンにはさんでうず高く積み上げる。

材料（2〜4人分）【パン】ジューイッシュ・ライ麦パン：5枚以上【具材（組み合わせ自由）】各種ハム、野菜、チーズなど：適宜／オリーブ：2個【ソース】マスタードまたはマヨネーズ：大さじ1

Veggie Croissant sandwich

‖ ベジ・クロワッサン・サンドイッチ

アメリカ合衆国

クロワッサンはフランスのペーストリーだが、フランスではクロワッサンでサンドイッチを作る習慣がどうもないらしい。クロワッサン・サンドイッチは純粋にアメリカのサンドイッチである。コーヒーのチェーン店でも買えるほどポピュラーだ。

材料（1人分）【パン】クロワッサン：1個【具材】キュウリのスライス：5枚／トマトのスライス：2〜3枚／アボカドのスライス：3枚／アルファルファ：1/2カップ／ペスト：大さじ1／フレッシュ・ゴートチーズ：大さじ2

Chili Burger ‖ チリ・バーガー

アメリカ合衆国

ハンバーガーのもっとも人気のあるバリエーション。ハンバーグの上に、たっぷりとチリビーンズをかける。チリがハンバーガーの横に、あるいは別に出されることもよくある。チーズがプラスされるのが一般的だが、野菜は入らないことが多い。

材料（1人分）　【パン】ハンバーガーバン：1個【具材】ハンバーグ（p.167）：1個／チリビーンズ：適宜（p.297）／玉ネギのみじん切り：大さじ1／チェダーチーズ：1枚【ソース】マスタード：大さじ1

Burrito ‖ ブリトー

アメリカ合衆国

メキシコのブリトーとは違い、肉やライス、サルサ、豆、グアカモーレ、サワークリームなど、考えられる材料のすべてがトルティーヤに詰まっている。アメリカで売られているブリトーのほとんどはテックスメックス・スタイルだ。

材料（1人分）　【パン】フラワートルティーヤ：1枚【具材】茹でた鶏ムネ肉、またはローストビーフなど：120g／炊いたご飯：大さじ2〜4／茹でたブラックビーンズ：大さじ2〜4／刻んだレタス：1/4カップ／刻んだチェダーチーズ：大さじ2／グアカモーレ（p.295）、サワークリーム、好みのサルサ：適宜

Denver ‖ デンバー・サンドイッチ

アメリカ合衆国

カウボーイ・サンドイッチとも呼ばれるオムレツのサンドイッチ。西部開拓時代から、どうも存在していたらしい。起源は不明だが、中国人のコックがネギ入りのオムレツをパンにはさんで出したのが始まりだともいわれている。

材料（1人分）　【パン】食パンまたは全粒粉パン：2枚（トースト）【具材】オムレツ：1個*
*玉ネギ、ピーマン、ハム：各大さじ2／卵：2個／ミルク：大さじ1／塩とコショー：適宜

Hamburger ∥ ハンバーガー

アメリカ合衆国

ハンバーガーなくして、アメリカのサンドイッチは語れない。アメリカ食文化のシンボルといってもいいすぎではないだろう。ハンバーグ、レタス、玉ネギ、ケチャップ、マスタードというのがスタンダードな材料だ。しかし競争が激しい業界で客をひきつけるために、レストランはスペシャル・ハンバーガーの開発が必須だ。ハンバーガーは高さを増し、カロリーも上がっていく。最近はパンに注目し、ブリオッシュを使うところが増えてきた。

材料（3～4人分）　【パン】ブリオッシュバン：3～4個【具材】ハンバーグ：3～4個＊／チェダーチーズ：3～4枚／トマト、赤玉ネギ、ピクルスのスライス：各6～8枚／手で裂いたロメインレタス：3～4枚分【ソース】レムラード（p.297）、ディル・マスタード（p.297）：各大さじ1／ケチャップ、マヨネーズなど：適宜（お好みで）
＊牛挽き肉：400g／玉ネギのみじん切り：1/4個分／ニンニクのみじん切り：1粒分／塩とコショー：適宜

Hot Dog ∥ ホット・ドッグ

アメリカ合衆国

ハンバーガーと並ぶアメリカンサンドイッチの象徴、それがホットドッグである。ホットドッグバンに牛肉100％のフランクフルト・ソーセージという基本的要素はあるが、地方によってかなり違いがある。代表的なのは、ザワークラウト、スパイシー・ブラウンマスタード、オニオンをのせた元祖ともいえるニューヨークスタイルと、ポピーシードバン、マスタード、トマト、グリーンレリッシュ、ピクルス、セロリソルトのシカゴスタイルといったところだ。

材料（1人分）　【パン】ホットドッグバン：1個【具材】100％ビーフのホットドッグ・ソーセージ：1本／ザワークラウトまたは玉ネギのソテー：大さじ1【ソース】スパイシー・ブラウンマスタード：小さじ1／トマトペーストまたはソース：大さじ1

The Elvis

アメリカ合衆国

∥ ジ・エルビス

プレスリーがこよなく愛したピーナッツバターのサンドイッチ

　おそらく日本では、エルビス・プレスリーは過去のシンガーになりつつあるかもしれない。でもアメリカではまだ健在の感がある。メンフィスではプレスリーが今でも観光の目玉だ。そのプレスリーはハイカロリーの料理を好んで食べた。とくにピーナッツバターは欠かさなかった。大好物だったピーナッツバターとマッシュしたバナナをパンに塗り、焼いたベーコンをのせたサンドイッチが、プレスリーの大のお気に入りだった。というわけでこの名までがつけられた。プレスリーはこのサンドイッチを、クリーミーなバターミルクを片手に食べていたというから、また信じられない。これをおいしいと思うか、とんでもないと思うかは個人の趣向に左右される。

材料（1人分） / Recipe

【パン】食パン：2枚（トースト）【具材】バター：大さじ1／ピーナッツバター：大さじ2／バナナのスライス：6〜8枚／焼いたベーコン：2枚

Memo

1枚のパンの片面にバター、もう一方にピーナッツバターを塗る。そのパンのバター側を下にして熱したフライパンにのせる。スライスしたバナナとサッと焼いたベーコンをのせ、同じくバターとピーナッツバターを塗ったパンをピーナッツバター側を下にしてのせる。途中でサンドイッチを返して、パンに焦げ目をつける。

Beef on Weck ‖ ビーフ・オン・ウェック

ウェックはカイザーロールにキャラウェイシードをまぶしたクメルウェックロールのことで、そのパンにスライスしたローストビーフがはさまっているのが、ビーフ・オン・ウェックである。ニューヨークのバッファローが起源とされるが、実際は不明。

材料（1人分） 【パン】クメルウェックロール：1個*【具材】ジュまたはビーフブロス：1/4カップ／ローストビーフのスライス：100g／ホースラディッシュ：大さじ2
*カイザーロール：1個／水：大さじ1／コーンスターチ：小さじ1／粗塩：小さじ1／キャラウェイシード：小さじ1
●パン以外の材料を混ぜてパンの上に塗り、180℃のオーブンで塗った箇所が乾くまで焼く

Bologna Sandwich ‖ ボローニャ・サンドイッチ

子どもが学校に持っていくランチとして、ピーナッツバターのサンドイッチと人気を二分するのが、ボローニャ・サンドイッチ。食パンにボローニャ・ソーセージをはさんだだけという場合も多く、それにジュース、果物をプラスすればランチの出来上がりである。

材料（2～4人分） 【パン】食パンまたは全粒粉パン：2枚【具材】バター：小さじ1／ボローニャ・ソーセージ：3～4枚／チーズのスライス：1枚／トマトのスライス：2枚／レタス：1枚【ソース】マヨネーズ：小さじ1／ハニーマスタードまたはイエローマスタード：小さじ1

Cuban Sandwich ‖ キューバン・サンドイッチ

フロリダ州に住むキューバからの移民が広めたサンドイッチ。最後にグリルにのせて、プレスしながら焼くのが特徴だ。だから出されるサンドイッチはスリッパのように平べったい。この起源といわれるサンドイッチが、本家のキューバにもある。

材料（1人分） 【パン】キューバンブレッド（20cm）またはホギーロール：1個【具材】バター：大さじ1／ハムのスライス100g／レチョン・アサード（ローストポーク）：100g／スイスチーズ：2枚／ピクルスのスライス：3～4枚【ソース】イエローマスタード：大さじ1

Chickpea Salad Sandwich

|| チックピー・サラダ・サンドイッチ

肉も魚もいらない。おいしいサラダがあればそれでよし

アメリカの、とくにベジタリアンやビーガンに人気のあるヒヨコ豆サラダのサンドイッチは、おそらく中近東のヒヨコ豆サラダに影響されたサンドイッチだろう。ヒヨコ豆やタヒニで作ったフムスがレシピに入っていることからも、十分想像がつく。栄養価のある豆は、ベジタリアンやビーガンにとって重要なタンパク源である。キノコはステーキに似ている、ヒヨコ豆はツナに似ているなど、肉や魚とテイストや食感を比較する感覚はよくわからないけれども、そんな理屈づけをしなくとも、このサンドイッチはおいしいわけで、そこに何の理屈もない。実際、キノコはステーキとは違うし、ヒヨコ豆がツナと似ているとは思わない。

材料 (3〜4人分)

Recipe

【パン】全粒粉またはマルチグレインのパン：6〜8枚【具材】サラダ：1〜1と1/2カップ*／ロメインレタス：3〜4枚／アボカド、トマトのスライス：適宜

*(約3カップ分) 缶詰のヒヨコ豆：400g／セロリ、スカリオン、ニンジンの粗みじん切り：各1/4〜1/2カップ／フムス (p.297)：1/4カップ／ディジョンマスタード：大さじ1／ニンニクのみじん切り：1粒分／レモンジュース：大さじ3／塩とコショー：適宜／ガーリックパウダー、パプリカ：少々

Memo

カレーパウダーやクミンなどを加えて、エスニック風にアレンジしてもいいだろう。

Baked Bean Sandwich ‖ ベイクド・ビーン・サンドイッチ

アメリカ合衆国

ビー・タウンと呼ばれるマサチューセッツ州のボストン。そのボストンの名物料理のひとつがベイクド・ビーンズである。豆をベーコンなどといっしょに煮た、甘い日本の煮豆のようなものだ。よりボストンらしいサンドイッチにするならば、ブラウンブレッドを使うのがいい。1枚のパンの上にのせるだけのオープンサンドイッチも人気がある。

材料（1人分） 【パン】全粒粉またはマルチグレインのパン：2枚【具材】バター：大さじ1／缶詰のボストンスタイル・ベイクドビーンズ：1/4カップ／レタスまたはルッコラ：適宜

Marshmallow Spread & Peanut Butter Sandwich ‖ マシュマロ・スプレッド&ピーナッツバター・サンドイッチ

アメリカ合衆国

マシュマロフラッフはパンに塗るために、ボストンの近郊で考案されたマシュマロのスプレッドだ。最近まですごくローカルな食べ物だったが、今は大手のメーカーが同じようなものを作っている。このスプレッドとピーナッツバターを塗ったのがこのサンドイッチ。一般にフラッファーナターと呼ばれ、親しまれている。

材料（1人分） 【パン】食パン：2枚【具材】ピーナッツバター：適宜／マシュマロフラッフ：適宜

Fried Fish Sandwich ‖ フライド・フィッシュ・サンドイッチ

アメリカ合衆国

ニューイングランドのメイン州では、魚のフライをパンに挟んだサンドイッチで知られる。魚は色々だが、ハドックと呼ばれるタラ科の魚がいちばん。某バーガーチェーン店の魚フライバーガーのアイデアのもとはこのサンドイッチである。

材料（1人分） 【パン】ハンバーガーバン：1個【具材】魚のフライ：1、2個＊／バター：大さじ1／チェダーチーズ：1枚（お好みで）／ピクルスのスライス：2～4枚（お好みで）【ソース】タルタルソース：大さじ2
＊白身魚の切り身：1～2枚／塩とコショー：適宜／小麦粉：適宜／卵：1個／パン粉：適宜／フライ用のサラダ油：適宜

アメリカ合衆国 USA

Lox

ラックス

ユダヤ人が持ち込んだふたつの素材がサンドイッチとなって融合

　ベーグルは、ポーランドから移住してきたユダヤ人によってもたらされた。焼く前に生地の発酵を止めるために熱湯につけるというユニークな過程が特徴のベーグルは、中が密で、コシのある歯ごたえを持っている。ラックスも同じくユダヤ人がアメリカに持ち込んだ。ラックスはスモークサーモンのことで、イディッシュ語でサケのことをいう。イディッシュ語はユダヤ人がアメリカに移住してくる前に使用していた言語だ。このサンドイッチは、このふたつにフィットするソフトなクリームチーズが塗ってある。クリームチーズを塗ったサンドイッチは、アメリカを代表する典型的な朝食だ。

材料（1人分） **Recipe**

【パン】ポピーシードのベーグル：1個【具材】クリームチーズ：大さじ2～4／刻んだチャイブ、ディル：各大さじ1／塩とコショー：適宜／スモークサーモン：2～4枚／ケッパー：小さじ1

Memo

ディルやチャイブをクリームチーズに混ぜ込んでもいい。とくに独特の香りを持つディルはシーフードとの相性がよく、頻繁に使われる。

Lobster Roll ‖ ロブスター・ロール

アメリカ合衆国

材料（各1人分） 【パン】ブリオッシュロール：2個　**A：コールド・ロブスターロール**　【ロブスターサラダの具材（すべて混ぜる）】粗く刻んだ調理済みロブスターの身：1/2カップ／マヨネーズ：大さじ1／レモンジュース：小さじ1／セロリ、スカリオンのみじん切り：各大さじ1／刻んだディル：小さじ1／塩とコショー：適宜【その他の具材】バター：大さじ1／レモン：1/8個　**B：ホット・ロブスターロール**　バター：大さじ1／粗く刻んだ温かいロブスターの身：1/2カップ／塩とコショー：適宜【ソース】溶かしバター：大さじ2

ボストンに来て、このサンドイッチを食べないわけにはいかない。ロブスターの身だけを使うか、セロリを加えるべきか、ホットがいいかコールドがいいか。論議が絶えないサンドイッチでもある。砂糖が入ったマヨネーズは使わない。セロリは入れる。歯ごたえが違うものをミックスすることで、複雑さが増す。みすぼらしいホットドッグバンというのもさみしいかぎりだ。だからできたらブリオッシュロールを使う。これが個人的な理想的ロブスター・ロールだ。

Oyster Loaf ‖ オイスター・ローフ

アメリカ合衆国

材料（1人分）　【パン】フレンチロール：1個【具材】カキフライ：4〜6個＊／バター：大さじ1／刻んだレタス：1/4カップ／トマトのスライス：2〜3枚／パセリ：適宜

＊生ガキ：4〜6個／小麦粉：適宜／イエローコーンミール粉：適宜／塩とコショー：適宜／フライ用サラダ油：適宜

カキフライを食べるのは日本人だけだと思っていた。ところがアメリカにはカキフライのサンドイッチがある。発祥の地はニューオーリンズだ。パン粉の代わりにコーンミールを使うという違いはあるが、歴史は日本のカキフライよりも古いらしい。1893年8月28日に発行されたサンフランシスコ・コールという新聞の中で、ピースメーカー（オイスターローフ）のことが詳細に描写されている。ということはそれ以前にもう存在していたということだ。

Grilled Cheese Sandwich ‖ グリルド・チーズ・サンドイッチ

アメリカ合衆国

安くて簡単、だれにでも作れるサンドイッチとして、大恐慌のころから人気のある、アメリカンチーズをパンにはさんでフライパンでトーストしたサンドイッチだ。今ではさまざまなチーズが使われ、豪華になってきている。

材料（1人分）　【パン】食パン：2枚【具材】チーズのスライス：2枚／バター：大さじ1

Hot Roast Beef Sandwich ‖ ホット・ロースト・ビーフ・サンドイッチ

アメリカ合衆国

19世紀に出版されたサンドイッチの本の中に、「2枚のパンにバターを塗り、ローストビーフをはさんで、上から大さじ2のグレイビー（肉汁のソース）をかける」というサンドイッチが登場する。おそらくこれがこのサンドイッチの起源である。

材料（1人分）　【パン】食パン：2枚【具材】ローストビーフのスライス：100g／マッシュポテト：大さじ2【ソース】グレイビーソース：大さじ2

Jucy Lucy ‖ ジューシー・ルーシー

アメリカ合衆国

チーズのないハンバーガーのように見えるが、実はハンバーグの中にチーズが入っているチーズバーガーのバリエーションだ。ミネソタ州ミネアポリスが起源で、今でも存在するふたつのバーがその起源を主張している。

材料（1人分）　【パン】ハンバーガーバン：1個【具材】ハンバーグ：1個*／レタス：1枚／トマト、赤玉ネギのスライス：各1枚【ソース】マスタード、ケチャップ：各大さじ1

*牛挽き肉：150g／チェダーチーズ：1枚／ニンニクのみじん切り：小さじ1／塩とコショー：適宜／ウスターソース：少々

Meatball Sandwich ‖ ミートボール・サンドイッチ

アメリカのミートボールはでかい。日本の2倍はある。それが4個くらいパンにはさまっている。野菜といえばパセリ程度で、トマトソースがかかっている。お腹がすいているときに最適なボリューム満点のサンドイッチだ。しかしアメリカのサンドイッチはスケールが違う。日本人には大きすぎる。

材料 (1人分)　【パン】サブロール：1個【具材】ミートボール (大)：3、4個／トマトソース：大さじ2か3／プロヴォローネチーズまたはモッツァレラチーズのスライス：2枚／パセリ：適宜

Meatloaf Sandwich ‖ ミートローフ・サンドイッチ

ミートローフは食べきれないことが多い。でも心配はいらない。翌日サンドイッチにして食べればいい。いや、1日置いたほうがおいしいともいえる。残りのソースをかけ、キュウリのピクルスも加える。そのまま食べるか温めるかはその日の気分。

材料 (1人分)　【パン】イタリアンブレッド：2枚【具材】厚切りのミートローフ：1枚／ピクルスのスライス：4枚／レタス：2枚／トマトのスライス：2枚 (お好みで)【ソース】マスタード：大さじ2／トマトソースまたはケチャップ：大さじ2／ホットソース：適宜

Pastrami Sandwich ‖ パストラミ・サンドイッチ

パストラミはルーマニアが発祥のコンビーフのような食べ物で、19世紀にルーマニアから移住してきたユダヤ人によって紹介された。マスタードをたっぷり塗ったジューイッシュ・ライ麦パンにはさんで食べるのが流儀だ。

材料 (1人分)　【パン】ジューイッシュ・ライ麦パン：2枚【具材】バター：大さじ1／パストラミのスライス：100g【ソース】全粒マスタード：大さじ1

Vermonter Sandwich

|| バーモンター・サンドイッチ

バーモントのいろいろな特産品が詰まったサンドイッチ

バーモント州の特産品といえば、メープルシロップ、チェダーチーズだ。リンゴの産地、ターキーのハンティング・フィールドとしても知られている。このバーモントの特産品をすべて盛り込んだのがこのサンドイッチである。パンは甘いシナモンレーズンパンがよく使われる。甘いものと塩辛いものとがミックスされた奇妙なサンドイッチともいえるが、脂っこいのはバターだけなので、リンゴのさわやかさとシャープチェダーチーズの熟成した味が絡み合っていて、興味深い味を出している。歯ごたえが違う素材が混在しているのも、このサンドイッチのおいしさの重要なポイントになっている。

Recipe

材料（1人分）

【パン】シナモンレーズンまたはマルチグレインのパン：2枚【具材】無塩バター：大さじ1／調理済みターキーのスライス：3枚／リンゴのスライス：4枚／ハム：2枚／シャープ・チェダーチーズ：1枚【ソース】メープルシロップ：小さじ2／全粒マスタード：大さじ1

Memo

ターキーの代わりに調理済みの鶏肉を使ってもいい。その場合は肉をできるだけ薄くして切る。

Pork Tenderloin Sandwich

アメリカ合衆国

‖ ポーク・テンダーロイン・サンドイッチ

中西部で人気のアメリカンスタイル・シュニッツェル・サンドイッチ

　日本のトンカツ、オーストリアとドイツのシュニッツェル、イタリアやラテンアメリカのミラネーゼ、肉や魚に衣をつけて揚げた料理は世界中どこにでもある。アメリカのカツサンドがこのポーク・テンダーロイン・サンドイッチである。ドイツからの移民が多い中西部では、特に人気のサンドイッチである。つまり起源はシュニッツェルということになる。でもアメリカでは肉をたたいて、薄くするということはないようだ。コーンミールを衣に使うこともあるが、やはりパン粉のほうがいい。日本のパン粉ならさらにいい。余談だが、最近アメリカのレシピでも日本のパン粉を指定するものが増えてきた。

Recipe

材料（1人分）

【パン】カイザーロールまたはハンバーガーバン：1個【具材】ポークカツ：1個＊／赤玉ネギの輪切り：4枚／ピクルスのスライス：4枚【ソース】マスタード：大さじ1
＊厚切りの豚ヒレ肉：1枚／塩とコショー：適宜／小麦粉：適宜／卵：1個／ミルク：大さじ1／パン粉：適宜／フライ用のサラダ油：適宜

Memo

世界各地に衣をつけて揚げる料理はあるが、その揚げ方は日本の方法が一番いい。

Patty Melt ‖ パティ・メルト

　ジューイッシュ・ライ麦パンにはさまったハンバーガーといえるサンドイッチ。チーズを含めてすべての具材をフライパンにのせて両面を焼く。熱いハンバーグをはさめばチーズは簡単に溶ける。

材料（1人分）【パン】ジューイッシュ・ライ麦パン：2枚【具材】無塩バター：大さじ1／玉ネギのスライス：1/2個分／ハンバーグ：1個（p.167）／塩とコショー：適宜／スイスチーズ：1枚

Primanti ‖ プリマンティ

　ペンシルベニア州のピッツバーグにある、プリマンティというレストランが考え出したサンドイッチ。サイドディッシュも一緒にはさんでしまえという発想から生まれたような豪快なサンドイッチだ。

材料（1人分）【パン】イタリアンブレッド：2枚【具材】パストラミ：4枚以上／プロヴォローネチーズ：2枚／フライドポテト：6〜8本／ヴィネガー・コールスロー：大さじ2＊／トマトのスライス：2枚

＊（5〜6人分）キャベツの千切り：800g／ニンジンの千切り：1個分／玉ネギのスライス：1個分／白ワイン・ヴィネガー：1/2カップ／砂糖：大さじ1／エキストラ・ヴァージン・オリーブオイル：大さじ2／ニンニクのみじん切り：1粒分／コショー：小さじ1／塩：大さじ1

Roast Beef Sandwich ‖ ロースト・ビーフ・サンドイッチ

　モダンロースト・ビーフ・サンドイッチはマサチューセッツ州ボストンの特産品である。ここでは1900年代初頭に出版された本の中で紹介されている、ボストンの甘いブラウンブレッドを使ったレシピに従った。

材料（1人分）【パン】ボストン・ブラウンブレッドまたは全粒粉パン：2枚【具材】ローストビーフ：4〜5枚／バター：大さじ1／トマトのスライス：1枚／チェダーチーズ：1枚／刻んだレタス：1枚分【ソース】マヨネーズまたはサウザンアイランド・ドレッシング：大さじ1

Spiedie ‖ スピーディ

アメリカ合衆国

早くできるからスピーディというわけではなく、イタリアで串という意味のスピエディーニに由来する。ニューヨーク州ビンガムトンのご当地サンドイッチである。ビンガムトンでは毎年スピーディのフェスタが大々的に催される。

材料(1人分) 【パン】フレンチロールまたはバゲット（20cm）：1個【具材】肉と野菜の串焼き：肉、野菜各1本＊＊ヴィネガー、各種ハーブのマリネ液に漬けひと口大に切った肉（何でも可）：300g／ひと口大に切ったピーマンと赤ピーマン：各1個／ひと口大に切った玉ネギ：1/4個分

Steak Bomb ‖ ステーキ・ボム

アメリカ合衆国

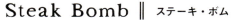

ニューハンプシャー州が発祥のこだわりのサンドイッチ。マッシュルームのソテーをバーボンでフランベしたり、アイオリ（ニンニク入りマヨネーズ）をかけたりなど見た目以上におしゃれだ。

材料(1人分) 【パン】ハンバーガーバン：1個【具材】薄切り肉と野菜のソテー：2/3〜1カップ＊【ソース】アイオリソース（p.295）：大さじ2／プロヴォローネチーズ：1枚＊バター：大さじ1／エキストラ・ヴァージン・オリーブオイル：大さじ1／玉ネギのスライス：1/4個分／マッシュルームのスライス：4〜6個分／塩とコショー：適宜／バーボンまたはブランデー（フランベ用）：大さじ1／牛肉のスライス：120g

Turkey Apple Sandwich ‖ ターキー・アップル・サンドイッチ

アメリカ合衆国

ターキーを食べると眠くなるというのはどうも本当のようだ。謝肉祭の翌日に、あくびをしながらターキーの残骸をパンにはさんで食べる。サンドイッチショップのメニューにも必ずある人気のサンドイッチだ。

材料(1人分) 【パン】食パンまたは全粒粉パン：2枚【具材】バター：大さじ1／チェダーチーズ：1枚／ターキーのスライス:4枚／リンゴのスライス:4枚【ソース】ハニーマスタード：大さじ1

Muffinwich

マフィンウィッチ

アメリカ合衆国

甘党にはたまらないしっとりマフィンを使ったサンドイッチ

マフィンのサンドイッチと聞くと、イングリッシュマフィンを思い浮かべる人が多いだろう。でもここでいうマフィンは、ベーキングパウダーでふっくら焼き上げた甘いマフィンのことである。これでサンドイッチを作るのだ。アメリカのマフィンは日本のマフィンよりひと回り大きい。上の膨らんだ部分は直径7〜8センチあることもある。ひと口サイズのマフィンでは、ちょっとサンドイッチは考えにくい。ここでは奇をてらった素材は使わず、オーソドックスなマフィンウィッチにした。リコッタチーズを使っているが、ホイップしたクリームチーズ、マスカルポーネチーズでもいい。フレッシュなゴートチーズを使ってもおもしろい。

Recipe

材料（1人分）

【パン】ブルーベリーマフィンまたは好みのマフィン：1個【具材】リコッタチーズ：大さじ1／ブラックベリーまたは好みのベリー：4個／ブラックベリージャムまたは好みのジャム：小さじ1／砕いたクルミ：小さじ2

Memo

はさむのは甘いものだけでなく、冒険心を旺盛にして目玉焼き、ベーコン、ハムなどいろいろと試してみるのもいいだろう。

S'more

アメリカ合衆国

|| スモア

ボーイスカウト、ガールスカウトの定番キャンプサンドイッチ

　もう何十年も前のことだが、初めてアメリカに来たときに馬に乗ってキャンプに行ったことがある。夜になるとみんなマシュマロを串に刺して、キャンプファイヤーで焼き始めた。その中にグラハム（全粒粉）クラッカーと板チョコを持ってうろちょろしている人がいて、マシュマロが少し黒くなると、その人がグラハムクラッカーをふたつに割り、マシュマロを上にのせ、その上に板チョコをのせる。最後に片割れのグラハムクラッカーでサンドイッチにして、グラハムクラッカーが割れないようにぎゅっとつぶす。初めて体験するスモアだった。日本人にはちょっと甘すぎるかもしれないが、アメリカの子どもたちの大好物である。

材料（1人分） Recipe

【パン】グラハムクラッカー：1枚【具材】マシュマロ（大）：1個／チョコレートバー：1枚（45g）

Memo

マシュマロの大きさはゴルフボールより少し大きい。小さいマシュマロを使うなら2つ必要だ。

Doughnut Sandwich

|| ドーナッツ・サンドイッチ

これぞ究極のミスマッチ。時にはハンバーグをはさむことも

　朝のドーナッツショップは忙しい。客は皆甘いドーナツと甘いコーヒーをつかんで出てくる。アメリカではドーナッツは朝食に食べるものなのだ。そんなドーナッツ好きのアメリカ人がそれでサンドイッチを作ろうと考えるのは、当然の成り行きといえなくもない。ルーサーバーガーという砂糖がけのドーナッツをパンの代わりに使ったハンバーガーがある。ベースボールスタジアムでも売られているというから、けっして特殊な食べ物というわけではない。ここで紹介するサンドイッチは、ルーサーバーガーと比べればなんてことはない。ハムくらいなら許せるという気になる。

材料（1人分）

Recipe

【パン】好みのドーナッツ：1個【具材】ハム：1枚／スライスチーズ：1枚／好みのジャム、ジェリー、プリザーブ：小さじ1

Memo

パンの代わりにドーナッツを使うと考えれば、何をはさんでも許されるということになる。実際にフライドチキン、ステーキ、アイスクリームなど、さまざまなものがはさまれる。

Ice Cream Sandwich ‖ アイスクリーム・サンドイッチ

夏ともなると、子どもが集まる公園にはアイスクリームトラックがやってくる。トラックが鳴らす音楽を耳にすると、子どもたちが集まる。人気のひとつは、クッキーでアイスクリームをはさんだサンドイッチだ。

材料（1人分） 【パン】チョコチップクッキー（大）：2枚 【具材】バニラアイスクリーム：2スクープ／ナッツまたはスプリンクル：適宜

Monte Cristo ‖ モンテ・クリスト

アメリカ版のクロックムッシュともいえるが、上に粉砂糖がかかっていたり、ジャムが一緒にだされたりと、印象はずいぶん違う。ディズニーランドの超人気メニューとしても知られている。

材料（1人分） 【パン】食パン：2枚＊【具材】ディジョンマスタード：大さじ1／ハム：1枚／ローストターキーのスライス：3〜4枚／エメンタールチーズ：1枚／無塩バター：大さじ1（パンをバターで焼く）／粉砂糖、好みのジェリーまたはジャム：適宜
＊（パンを浸す液）卵：1個／ミルク：大さじ2／塩とコショー：適宜　●卵液に浸して焼く

Peanut Butter & Jelly Sandwich

‖ ピーナッツ・バター & ジェリー・サンドイッチ

1枚のパンに、細心の注意を払いながら、ピーナッツバターを隙間なく塗る。もう1枚のパンには同じようにグレープジェリーを塗る。それを合わせて一気に平らげる。アメリカ人のこのサンドイッチに対するこだわりはすごい。

材料（1人分） 【パン】食パン：2枚【具材】ピーナッツバター：適宜／グレープジャムまたは好みのジャム：適宜

Po'Boys ‖ ポーボーイ

アメリカ合衆国

ニューオーリンズの人はシーフードをよく食べる。ポーボーイは、フライにした小さなエビのサンドイッチである。さっくりとしたコーンミールの衣は、パン粉とはまた違った味わいがある。1920年代、路面電車会社の社員がストライキを行った。以前そこで働いていた、当時レストランを経営していた人物が、彼らにタダでサンドイッチを提供した。レストランの経営者は彼らをプアボーイ（貧乏人）と呼んでいた。それが短くなりポーボーイとなった。

材料（1人分）　【パン】フレンチロールまたはサブロール：1個【具材】エビフライ：6尾（大）または12尾（小）＊／レタス：1枚／トマトのスライス：3〜4枚【ソース】溶かしバター、ホットソース：適宜
＊[衣A]卵：1個／ミルク：大さじ1／ホットソース：小さじ1[衣B]小麦粉：大さじ2＋オールドベイ・シーズニング（p.295）：小さじ1[衣C]コーンミール粉：適宜　●3種の衣をABC順にエビに施して、高温ですばやく揚げる

Cajun Perch Po'Boys ‖ ケイジャン・パーチ・ポーボーイ

アメリカ合衆国

エビの代わりに魚を使ったポーボーイである。使われるのはオーシャンパーチ、日本でいえばメヌケに当たる白身の魚だ。パンはポーボーイ同様、バゲットに似たニューオーリンズ・フレンチブレッドが使われる。パーチのフィレはそれほど大きくないので、サブロール、フレンチロールにもちょうど収まる。小さい場合は2枚はさむ。パンにはさむにしても、サイドディッシュにするにしても、このサンドイッチに欠かせないのが、スパイシーなコールスローだ。

材料（1人分）　【パン】フレンチロールまたはサブロール：1個【具材】魚のフライ：1、2個＊1／トマトのスライス：4枚／スパイシー・スイートペッパースロー：1/4カップ＊2【ソース】マヨネーズ：大さじ1／ホットソース：小さじ1
＊1オーシャンパーチの切り身：1〜2枚　●フライの作り方は上の「ポーボーイ」と同じ　＊2（6〜8人分）キャベツの千切り：1/2個分／ピーマンの千切り：1個分／キュウリの甘いピクルス（スライス）：1本分／ハラペーニョ・ペッパーのみじん切り：1本分／甘いピクルスのジュース：大さじ2（お好みで）／米酢：大さじ2／スカリオンまたはアサツキのスライス：1/2

Grilled Hawaiian Teriyaki Burger

ハワイ

‖ グリルド・ハワイアン・テリヤキ・バーガー
地元の文化と日本文化がドッキングした甘いハンバーガー

　ハワイには日本からの移民が多い。ハワイは文化、とくに食文化的に日本の影響を受けている。日本のハンバーガーチェーン店にもテリヤキバーガーがあるが、ハワイのものは少し違う。いやぜんぜん違う。まずはパン。パンはハワイアン・スイートロールで、パイナップルジュースが入った甘いパンだ。ハンバーグの上にはパイナップルがのっているあたりは、いかにもハワイアンだ。テリヤキソースは醤油味のソースだが、ハワイでは少し甘みあるアロハ醤油を使うことが多い。野菜はレタスだけだが、トマトがプラスされることもある。マヨネーズをテリヤキソースの上にかけてもいい。いずれにしてもあま〜いハンバーガーの代表格だ。

Recipe

材料（4人分）

【パン】ハワイアン・スイートロール：4個【具材】ハンバーグ：4個（p.167）／レタス：2枚／パイナップルのスライス：4枚【ソース】テリヤキソース：大さじ4*
*[1/3〜1/2カップ分]ブラウンシュガー：大さじ4／醤油：大さじ4／ゴマ油：小さじ1／水：1/4カップ／すりおろしニンニク、ショウガ：各小さじ1　●砂糖が溶ける程度に温めて混ぜる。ハンバーグに混ぜ込んでも可

Memo

レシピにこだわらず、好みのテリヤキソースを使ってかまわない。市販のものでもいい。

Baked Ham & Swiss Cheese Sandwich

ハワイ

|| ベイクト・ハム & スイス・チーズ・サンドイッチ

甘いパンにのったポピーシード、マスタードがいいアクセント

　ハワイアン・スイートロールは、小さなディナーロールサイズである。このパンで作ったサンドイッチはかわいらしく、片手で持って食べられるオードブルやアペタイザーとして出されることも多い。このサンドイッチも、このパンのサイズを生かしたスナック・サンドイッチである。このサンドイッチの特徴は、スイートロールをそのまま使わず、少し工夫が凝らされているところだ。ポピーシード、ディジョンマスタード、バターなどで作ったソースをパンの上にかけてから焼く。パンの表面に照りができ、マスタードやウスターソースの味がパンに染みこむ。そのままのスイートロールに少しばかり塩辛い味が加わるという寸法だ。

材料 (4人分)

【パン】ハワイアン・スイートロール：4個【具材】ハニーハム：4枚／スイスチーズ：4枚／マヨネーズ：小さじ4【パンのトッピング】ポピーシード：小さじ1／ディジョンマスタード：小さじ4／溶かしバター：小さじ4／オニオンパウダー：小さじ1／ウスターソース：少々

Memo

パンのトッピングはすべての材料をよく混ぜ合わせた後に、具をはさんだパンの上にブラシで塗る、あるいはスプーンでかける。オーブントースターに入れて、チーズが溶けるまで焼く。

Kalua Pork Sandwich ‖ カルア・ポーク・サンドイッチ

イムと呼ばれる地面に穴を掘って作ったオーブンで調理することを、ハワイでカルアという。カルア・ポークは、そのイムの中で調理した豚肉である。薪に使用するサンダルウッドやバナナの皮でスモークされた豚肉は、ほかにはない独特の香りと風味を持っている。裂いたこの豚肉をハワイアン・スイートロールにはさみ、パイナップルの入った甘いレリッシュをかける。ハワイの特産品をミックスした、ハワイならではのサンドイッチといえるだろう。

材料（4人分）　【パン】ハワイアン・スイートロール:4個【具材】ローストポーク:300g／バター:大さじ4／コールスロー:1カップ*【ソース】スイート・チリソース (p.296):大さじ4／パイナップル・レリッシュ:大さじ4
*玉ネギのスライス:1/4個分／ゴマ油:小さじ1／米酢:小さじ1／コショー:適宜／紫キャベツの千切り:1カップ

Spamwich ‖ スパムウィッチ

スパムは缶に入った調理済みの豚肉で、第二次世界大戦時には軍人食として、アメリカだけでなく、さまざまな国で採用された。スパムは今も健在で、ハワイの人たちがスパムをよく食べることは知られている。スパムの寿司やのり巻きまある。1970〜80年代にかけて大ヒットしたイギリスのコメディー番組、モンティ・パイソンのスパムを題材にしたエピソードを思い出す。このサンドイッチには、スパムがハンバーグの代わりに使われている。

材料（1人分）　【パン】ハンバーガーバン:1個【具材】スパム:60g／スライスチーズ:1枚／レタス:1枚／パイナップル・レリッシュ:大さじ2〜4*
*粗切りのパイナップル:1枚分／ホットソース:小さじ1／玉ネギのみじん切り:大さじ1／レッドペッパーフレーク:少々／しょうゆ:少々

Hot Chicken Sandwich

|| ホット・チキン・サンドイッチ

とろりとしたグレイビーがかかったサンドイッチ

　ホット・チキン・サンドイッチはカナダの東部ケベックでよく食べられる非常にローカルなサンドイッチである。ケベックを出るとほとんど見かけず、アメリカではおそらくほとんどの人が知らない。重要なのはポピュラリティではない。どれだけその土地の人々に愛されているかである。簡単にホットチキンと呼ばれるこのサンドイッチには、グリーンピースがつきものだ。皿にチキン・サンドイッチを置き、サンドイッチの上にグリーンピースをのせる。最後の仕上げはグレイビーだ。温かいグレイビーをたっぷりかけて食卓に出される。おいしいグレイビーを作るには皮付きのモモ肉を使うのがいい。

材料（2人分）

Recipe

【パン】食パンまたは全粒粉パン：4枚【パンにはさむ具材】茹でた鶏肉：300g【ソース】バター：大さじ2／小麦粉：大さじ1〜2／鶏肉を茹でた後の煮汁またはチキンブロス：200ml／パプリカ：大さじ1／ウスターソース、マスタード、チリパウダー：各小さじ1／ケチャップ：大さじ1／塩とコショー：適宜【ソテーの具材】グリンピース：1カップ／玉ネギのみじん切り：1/2個分／ニンニクみじん切り：2粒分　●ソテーが出来上がったらパンの上にのせ、ソースをかける

Memo

鶏肉を茹でるところから始めるなら、その煮汁でグレイビーを作る。チキンブロスはいらない。

Montreal Style Smoked Meat Sandwich

カナダ

| モントリオール・スタイル・スモークド・ミート・サンドイッチ

肉好きの人はみんな幸せになるサンドイッチ

モントリオールが誇る牛肉のサンドイッチで、このサンドイッチが食べたいばかりにモントリオールにやってくる者も少なくない。モントリオール・スタイル・スモークド・ミートと聞くと、ものすごく特別な感じがする。しかし、地元の人から「違う」と批判されるだろうが、味付けが多少違っているものの、基本的にはコンビーフだと思っていい。これをマスタードを塗ったジューイッシュ・ライ麦パンにたっぷりはさみ込んだのがこのサンドイッチである。

材料（1人分） Recipe

【パン】ジューイッシュ・ライ麦パン：2枚
【具材】コンビーフ（p.16、p146）：200g以上
【ソース】ディジョンマスタード：大さじ2

カナダ Canada

Salmon Bannock Sandwich

サーモン・バノック・サンドイッチ

バノックはもともとスコットランドのパンだが、スコットランドの毛皮業者がバノックを新大陸に持ってきたというのが有力な説のようだ。貿易の目的でスコットランド人と接触する機会が多くなったネイティブアメリカンの間で、バノックが次第に広まっていったことは十分に想像がつく。ここで紹介するのは、ネイティブアメリカンにとってもっとも重要な食料だったサケと組み合わせたサンドイッチである。

材料（4人分）　【パン】バノック：4個*¹【具材】サケのソテー：4個*²／ロメインレタス：4枚／赤玉ネギの輪切り、トマトのスライス：適宜【ソース】アイオリソース（p.295）：大さじ4〜8
*¹小麦粉：1カップ／無塩バター：1/4カップ／ベーキングパウダー：小さじ2／ヨーグルト、刻んだチェダーチーズ：各1/2カップ／刻んだチャイブ：1/4カップ／塩：小さじ1/2／水：1/4カップ　*²サケの切り身：4枚／刻んだ生のディル：大さじ2／ニンニクみじん切り：大さじ1／塩とコショー：適宜

Peameal Bacon Sandwich

ピーミール・ベーコン・サンドイッチ

ピーミール・ベーコンは国外ではカナディアンベーコンという名前で知られている。イギリスやアイルランドのバックベーコンに似ているところがあるが、脂身はまったくない。ベーコンというよりもハムといったほうがいいかもしれない。いずれにしても、アメリカの脂肪が多いベーコンよりもはるかに健康的だ。このピーミール・ベーコンを、トマト、レタスといった野菜と一緒にはさむ。

材料（1人分）　【パン】フレンチロール：1個【具材】ピーミール・ベーコン（カナディアンベーコン）：3枚／チェダーチーズ：1枚／トマトのスライス：2枚／レタス：2枚【ソース】マヨネーズ：大さじ1

The World's Sandwiches
Chapter
6

ラテンアメリカ

メキシコ／プエルトリコ／キューバ／ハイチ／ドミニカ
ジャマイカ／グァテマラ／ベリーズ／ホンジュラス／エルサルバドル
コスタリカ／パナマ／ブラジル／トリニダート・トバゴ／ベネズエラ
エクアドル／コロンビア／ペルー／ボリビア／パラグアイ
ウルグアイ／アルゼンチン／チリ

Tacos de Pollo

|| タコス・デ・ポイヨ

メキシコが誇るフラットブレッド・サンドイッチの定番

　タコスはメキシコ料理の中でもっとも知られた料理である。メイズと呼ばれるコーンの粉を使って作った、小さくてソフトなコーントルティーヤの間に肉や野菜、スパイシーなサルサソースなどをはさんだ半円形のサンドイッチである。トルティーヤの原料となるメイズにはホワイト、イエロー、ブルー（ブラック）の3色がある。タコスの具にはここで紹介する鶏肉のほかにたくさんの種類がある。代表的なのは、タコス・アル・パストール（ギリシャのイロに作り方が似た薄切り肉のタコス）、タコス・デ・カマロネス（エビのタコス）、タコス・デ・アサドール（グリルした肉やチョリソのタコス）、タコ・デ・ペスカド（魚のタコス）などがある。

材料（5人分）

Recipe

【パン】コーントルティーヤ：5枚【具材】鶏肉と野菜のソテー：1〜1と1/2カップ＊／アボカド：1個／好みのサルサ：適宜／クレマまたはサワークリーム：適宜／レモン：1個
＊ひと口大に切った鶏ムネ肉：200g／赤ピーマンのスライス：1/2個分／玉ネギのスライス：1/4個分／刻んだパクチー：15g／オリーブオイル：大さじ2／塩とコショー　●パクチー以外の具材を炒め、最後にパクチーを加えてサッと炒める

Memo

タコスのトッピングとして細かく刻んだ玉ネギ、パクチーがのる。チーズはほとんどの場合使わない。サルサはトマトベース、チピティリペッパーベースのサルサがよく使われる。

Cemita Poblana

|| セミタ・ポブラナ

おいしいパンにカツがはさまった ボリューム満点のサンドイッチ

　セミタはフランスのブリオッシュに似た、クリームと卵をふんだんに使ったリッチなパンである。セミタにはゴマがついているが、セミタがなければブリオッシュで十分代用できる。このパンに肉のミラネーゼ、つまりカツがはさまっている。パンにはリフライドビーンズが塗られ、ミラネーゼの上にはメキシコ特産のストリングチーズ、オアハカチーズがこんもりと山のように盛り付けられる。これにさらにアボカドが入るのだから相当なボリュームである。日本人の小さな胃袋では、到底平らげられるサンドイッチではない。おいしいがゆえに、その大きさのことをすっかり忘れて食べすぎてしまったら、もうその日の食事はいらなくなるくらいだ。

メキシコ

材料 (1人分)　　　　　　　Recipe

【パン】セミタ (p.292):1個【具材】ミラネーゼ (カツ):1個*1／リフライドビーンズ:大さじ1*2／ルッコラ:適宜／アボカドのスライス:3枚／玉ネギのスライス:10枚／ロースト・レッドペッパーのスライス:4枚／アドボソース漬けチポトレペッパー（燻製唐辛子を材料にした調味料）:大さじ1／エキストラ・ヴァージン・オリーブオイル:大さじ1／塩とコショー:適宜／ちぎったオアハカチーズ:1/4カップ／刻んだパクチー:大さじ1

*1 好みの肉のカツ用スライス:1枚／塩とコショー:適宜／小麦粉:大さじ1/4カップ／卵:1個／ミルク:大さじ1／パン粉:1/4カップ／フライ用のサラダ油:適宜　*2 (4～6人分) 缶詰のピントビーンズまたはブラックビーンズ:400g／玉ネギのみじん切り:1/4個分／ラードまたはサラダ油:大さじ3／豆が漬かっていた缶詰の汁:大さじ2／塩:小さじ1/2

Torta de Aguacate Frito

トルタ・デ・アグアカテ・フリト

フライのアボカドがめずらしい、肉なしのサンドイッチ

トルタはボリヨとかパン・フランセスと呼ばれるフランスパンに似たパンで作る。このパンはクラストがバゲットのように厚くなく、ソフトだ。普通直径15センチくらいの丸いパンが使われるが、ここではちょっと変わった長方形に近いゴマつきのものを使っている。トルタはサンドイッチのスタイルなので、間にはさまれるものは千差万別だ。トルタ・デ・ハモン（ハム）、トルタ・デ・アドバダ（アドバダというシーズニングを使った肉）、トルタ・デ・フエヴォ（スクランブルエッグ）などがある。ここでは衣をつけて揚げたアボカドが入っている。アボカドは普通生で食べるが、調理してもおいしい。肉なしだがバランスが取れたサンドイッチである。

Recipe

材料（1人分）

【パン】ボリヨまたはフレンチロール：1個【具材】アボカドのフライ：4個*／ハラペーニョのスライス：1/2本分（焼いて皮をむき、種を取る）／リフライドビーンズ (p.193)：1/4カップ／酢漬けの赤玉ネギのスライス：1/4個分／紫キャベツの千切り：1/2カップ／パクチー：適宜
*アボカドを浸す液：1/2カップ（水：1/4カップ＋小麦粉：1/4カップ＋塩：適宜）／アボカドのスライス：4枚／パン粉：1/2カップ／フライ用サラダ油：適宜

Memo

リフライドビーンズはブラックビーンズ、ピントビーンズどちらでもいい。紫キャベツは生のままだと硬いことがある。そんなときはさっと熱湯に通すのがいいだろう。玉ネギもそうすると食べやすい。

Pelona

‖ ペロナ

温かさ、冷たさがミックスされているところがこのサンドイッチの魅力

パンのペロナは油で揚げたものが使われる。といっても時間をかけるわけでなく、表面に照りがでて、中が温かくなる程度だ。家庭ではただオーブンで焼いたり、バターを塗ってフライパンでトーストしたりする場合もある。はさまれる具には、典型的なメキシコの材料が使われる。リフライドビーンズとトマトベースのサルサ、もちろん肉は必須だ。リフライドビーンズは、玉ネギといっしょに煮込んだ豆料理で、煮えた後にフォークなどでつぶしマッシュ状にする。クレマの代わりによくサワークリームを使うが、こだわるならクレマ以外にない。ビーンズ、トマト、チリペッパー、クリームがミックスされた味はまさにメキシカン。

Recipe

材料（1人分）

【パン】ペロナロール、ボリヨまたはフレンチロール：1個【具材】リフライドビーンズ（p.193）：大さじ2／焼いて裂いた牛または豚肉：150g／刻んだレタス：1/2カップ【ソース】サルサ・ロハ（p.296）：大さじ2／メキシカンスタイル・クレマまたはサワークリーム：大さじ1

Memo

肉はローストでもグリルでもいい。スライスした肉をソテーして使うのも手軽でいい。

Guajolota ‖ グアホロタ

メキシコ

材料（1人分） 【パン】ボリヨまたはフレンチロール：1本【フィリング】タマル：1個*
【ソース】トマト：500g／ホット・チリペッパーのみじん切り：5本分／コーンスターチ：大さじ1　●煮た後にコーンスターチでとろみをつける
*（15個分）固まり肉（何でも可）：750g／ローリエ：2枚／玉ネギ：1/2個／ニンニク：2粒／水：適宜　●すべて鍋に入れて煮る

タマルはラテンアメリカだけでなく、北アメリカでも人気がある。野菜や肉、チーズ、ときには果物やチリを、マサ（コーンフラワー）でできた生地の中に詰め、トウモロコシの皮やバナナの葉でくるんで蒸したのがタマルである。アメリカではタマーリともいう。グアホロタは、このタマルをボリヨやフレンチロールにはさんだだけのサンドイッチである。タマル・トルタとも呼ばれ、メキシコシティでは、ごく普通に見かけるサンドイッチである。

メキシコ

Las Clásicas Quesadillas

‖ ラス・クラシカス・ケサディーヤ

材料（6人分） 【パン】コーントルティーヤ：6枚【具材】刻んだオアハカまたはマンチェゴチーズ：150g【ソース】好みのサルサ：1/2カップ

アメリカでもっとも人気のあるメキシカンフードは、タコス、ブリトー、そしてこのケサディーヤである。アメリカのケサディーヤには、肉や野菜などいろいろなものがはさまれるが、本家メキシコのケサディーヤはずっとシンプルだ。はさむのは基本的にチーズだけだ。コーントルティーヤをグリルにのせて、刻んだチーズを上にかける。チーズが溶けたら、トルティーヤを半分に折れば完成だ。焼くのに油は使わない。

Pambazo ‖ パンバソ

パンバソは3つの構成でできている。茹でジャガイモとチョリソの炒め物、グリーントマトとセラノ・チリペッパーで作ったグリーンソース、そして乾燥させたファヒーヨ・チリペッパーとニンニクで作るディッピングソースである。パンはディッピングソースに漬けて、油で揚げるので真っ赤だ。中にはジャガイモの具、キャベツ、チーズ、そしてグリーンソースが入っている。辛さを中心にさまざまな味が混ざり合い、これが想像以上においしい。

材料（4人分） 【パン】ボリヨまたはフレンチロール：4個【パンをコーティングするソースの具材】ドライ・ファヒーヨ・チリペッパー（あまり辛くない唐辛子の一種を乾燥させたもの）：10個／ニンニク：3粒／熱湯：適宜 ● 材料を15分熱湯に浸した後にブレンダーでソース状にする】【フィリング（ソテー）】玉ネギのスライス：1/2個分／チョリソまたはリングイッサのスライス：250g／マッシュポテト：4個分／塩とコショー：適宜【その他の具材】パンを焼くためのサラダ油：適宜／グリーンソース（p.295）：1/2カップ／キャベツの千切り：1カップ／サワークリーム：大さじ4／裂いたパネラチーズ：大さじ8

Molletes ‖ モイエテス

モイエテスはイタリアのブルスケッタの遠い親戚のようなオープン・サンドイッチだ。フレッシュなトマトのサラダの代わりにトマトとセラーノペッパー（メキシコの唐辛子）で作ったサルサがのっている。メインになる具はリフライドビーンズで、通常豆はピントビーンズだ。さらに刻んだチーズとハムがのる。これをチーズが溶けるまで焼き、その上にサルサをたっぷりかける。熱いパンと冷たくて辛いサルサのミスマッチが、このサンドイッチの魅力だ。

材料（2人分） 【パン】ボリヨまたはフレンチロール：2個【具材】バター：大さじ2／リフライドビーンズ（p.193）：1カップ／刻んだマンチェゴ、モントレージャックまたはチェダーチーズ：1カップ／ハム：4枚【ソース】好みのサルサ：1カップ

Chanclas ‖ チャンクラス

パンバソはパンをソースに漬けることでパンが赤くなる。チャンクラスの場合は、上にソースをかけるので、パンが赤くなる。でも両者のソースは、色は同じでも材料が違う。チャンクラスのソースには、赤いチリペッパーだけなく、トマトが入っているから、パンバソのソースよりも色が鮮やかだ。中身もまったく異なり、こちらは牛肉、チョリソ、それにアボカドまではさまっている。チャンクラスは食べにくいが、味はパンバソと甲乙つけがたい。

材料（1人分） 【パン】ボリヨまたはフレンチロール：1個【具材】肉のソテー：100g[*1]／アボカドのスライス：5枚／レタス：1枚／赤玉ネギの輪切り：4枚【ソース】トマトソース：1カップ[*2]
[*1]牛挽き肉：50g／チョリソの中身：50g　[*2]ドライ・フアヒーヨ・チリペッパー：1個／トマト：2個／玉ネギ：1/4個／ニンニク：1粒／クミン：小さじ1／塩とコショー：適宜　●煮た後にブレンダーでソース状にする

Burrito de Carne ‖ ブリトー・デ・カルネ

メキシコのブリトーは、ケサディーヤと同様、アメリカのメキシコ風ブリトーよりもシンプルである。ブリトーはメキシコ北部、アメリカとの国境周辺が発祥地だ。タコスやケサディーヤと違い、ブリトーにはフラワートルティーヤが使われる。このレシピでは牛肉が入っているが、リフライドビーンズとチーズだけという場合も多い。ブリトーは小さなロバという意味で、ロバが運ぶスリーピングバッグに似ているかららしい。

材料（2人分） 【パン】フラワートルティーヤ：2枚【具材】肉と玉ネギのソテー：1/2カップ*／リフライドビーンズ（p.193）：大さじ2／おろしたチーズ：大さじ2／刻んだトマト：1/4個分／レタス：1枚
*牛挽き肉：100g／玉ネギのみじん切り：大さじ2／オリーブオイル：大さじ1／塩：適宜

Tripleta ‖ トリプレッタ

プエルトリコ

3種類の肉と細いフライドポテトが詰まった名物サンドイッチ

　プエルトリコはストリートフード・パラダイスである。首都サンフアンのはずれであるプラゾレッタ・デル・プエルトには、たくさんのフードカートやスタンドが並ぶ。ルキヨのルキヨ・キオスコスには60ものキオスクが立ち並ぶ。そんな中で見逃せないのがトリプレッタだ。トリプレッタはトリプルから派生した言葉で、このサンドイッチには、刻んだ牛ステーキ、ペルニール（ローストポーク）、ハムあるいはリングイッサ（ポルトガル風のソーセージ）の3種類の肉がはさまっている。それにポテトスティックがプラスされているわけだから、ボリュームはかなりなものだ。パンは地元でパン・デ・アグア（ウォーターブレッド）と呼ぶソフトなパンを使い、具をはさんでからグリルでプレスされる。

材料（1人分）

Recipe

【パン】パン・デ・アグアまたはフレンチロールまたはサブロール：1個【具材】刻んだ牛ステーキ：50g／刻んだペルニール：50g*／刻んだリングイッサ：50g／スイスチーズ：2枚／レタス：1枚／トマトのスライス：3枚／フライドポテトスティック：1/2カップ【ソース】マヨネーズ：大さじ1／ケチャップ、マスタード：各小さじ1
*(10人分) 豚肩ロース肉：1000g／ニンニクのみじん切り：3個分／ドライオレガノ：小さじ1／コショー：小さじ1/2／オリーブオイル：大さじ1／白ワイン・ヴィネガー：小さじ2／塩：小さじ2

Memo

グリルしないこともあるが、グリルプレスで焼くことで、うまさが数倍増すことは確かだ。ポテトスティックは細いフライドポテトで、フライドポテトよりもさっくりしている。

Mallorca ‖ マヨルカ

プエルトリコ

甘い菓子パンのようなマヨルカにハムがはさまったサンドイッチ

　マヨルカは丸い渦巻状のバター、卵、砂糖が入ったリッチなパンで、スイートブレッドといってもいいだろう。名前からもわかるように、地中海に浮かぶマヨルカが発祥の地である。マヨルカではエンサイマダと呼ぶ。粉砂糖を上に振り掛けるだけで、何もはさまなくてもおいしい。しかしプエルトリコでは、このパンにいろいろなものをはさんで食べる。ハムや卵、チーズがおもな材料である。甘いパンに塩味のハムとチーズという意外な組み合わせで、しかもパンの上には粉砂糖がかかっている。でもドーナッツのように甘いパンではなく、ほかの材料もマイルドなので、食べたときにミスマッチともいえる素材の味が混ざり合って心地よささえ感じる。

材料（2人分）

Recipe

【パン】マヨルカ (p.293)：2個【具材】バター：大さじ2／ハムのスライス：120g／チェダーチーズ：4枚／目玉焼き：2個／粉砂糖：小さじ1

Memo

具をはさんで、パニーニプレスやグリルプレスで焼く。粉砂糖はその後でかける。マヨルカには卵と砂糖が入っているので、焼くときに焦げすぎないように注意する。マヨルカの代わりに、ほんのり甘いペーストリーを使ってもおいしいサンドイッチができる。

Pan con Lechon Asado ‖ パン・コン・レチョン・アサド

プエルトリコ

プエルトリコでもっともポピュラーな食べ物といえばローストポークだろうか。プエルトリコに限ったことではない。プエルトリコではペルニールと呼ぶことが多いローストポークは、ラテンアメリカ全域でよく食べられている料理のひとつだ。このローストポークをマヨルカにはさんだのが、このサンドイッチ、別名サンドイッチ・デ・ペルニールである。肉の上には、パクチーがたくさん入った、柑橘系のさわやかなモホソースをかける。

材料（1人分） 【パン】マヨルカ (p.293)：1個【具材】スイスチーズ：20g／ペルニール (p.199)：1/2カップ／キュウリのピクルス（スライス）：6枚【ソース】マスタード：小さじ1／モホソース (p.297)：大さじ2

Jíbaro ‖ ヒバロ

プエルトリコ

ヒバロあるいはヒバリットと呼ばれるこのサンドイッチには、パンの代わりに揚げてマッシュしたプランテイン（調理用バナナ）が使われている。プエルトリコの西海岸にある町、アグアダにプラタノ・ロコというレストランがある。この店ではプランテインを使った奇抜なメニューで知られる。この店にプランテインのサンドイッチがある。しかしヒバロと名づけられたサンドイッチは、シカゴのプエルトリコ人が独自に開発したものだといわれている。

材料（2人分） 【パン】トストーネ（プランテインのフライ）：4枚【具材】マリネして薄くスライスした牛肉のソテー：200g*／レタス：1枚／トマトのスライス：4枚／スライスチーズ：1枚【ソース】マヨネーズ：小さじ1
*（マリネ液の材料）オリーブオイル：大さじ1／白ワイン・ヴィネガー：大さじ1／赤玉ネギのスライス：1/2個分／ガーリックパウダー、塩、コショー：適宜

Elena Ruz

キューバ

|| エレナ・ルース

実在した女性の名前がつけられた郷愁のサンドイッチ

　1920年代、エレナ・ルース・ヴァルデス・ファウリという女性がよく通ったハバナのレストランで、彼女はメニューにないサンドイッチを注文した。キューバン・スイートブレッドにクリームチーズとイチゴジャムを塗って、ローストターキー（七面鳥）をのせる。彼女はそのサンドイッチを注文するとき、いつも同じ説明を繰り返さなければならなかった。だがしばらくしてそのサンドイッチがメニューに加わった。その名前がエレナ・ルースだった。エレナ・ルースは今ではキューバを代表するサンドイッチのひとつだ。ターキーは鶏肉よりも強い独特のフレーバーを持っているが、淡白で、ジャムやフルーツといった甘いものとよく一緒に食べられる。

Recipe

材料（1人分）

【パン】食パン（トースト）：2枚 【具材】ローストターキーのスライス：100g ／クリームチーズ：大さじ1 ／好みのジャム：大さじ1

Memo

パンを片面だけトーストして、それから具をはさんでもいいし、具も温めたいなら、具をはさんだ後にオーブントースターやパニーニプレスなどで焼くのがいいだろう。ジャムはストロベリーがポピュラーだが、好みのものでかまわない。

Frita

キューバ

‖ フリタ

フリタはなじみのフリッターではなく、ハンバーグである

　フリタはキューバンスタイルのハンバーガーである。牛挽き肉が使われるが、チョリソがプラスされることもある。チョリソがプラスされると、スパイスが効いたハンバーグになる。パンはキューバン・ブレッドだが、細長いものではなく、ハンバーガーバンの形をしていることが多い。ソースはサウザンアイランド、といっても少し違っていて、マヨネーズは入っていないというだけでなく、パプリカが入っている。もっとも特徴的なのは、シューストリング・ポテトと呼ばれる、ひも状のフライドポテトが上にのっていることだ。このパリパリ、サクサクした歯ごたえが魅力でもある。目玉焼きが加えられることも多いが、その場合カバイヨという別名で呼ぶ。

Recipe

材料（4人分）

【パン】キューバン・ハンバーガーバン：4個【具材】牛肉のハンバーグ：4個（p.167）／赤玉ネギのみじん切り：小さじ1／刻んだレタス：1カップ／シューストリング・ポテト：1カップ【ソース】サウザンアイランド・ドレッシング、ケチャップ：各大さじ1

Memo

シューストリング・ポテトは、ジャガイモを白髪ダイコンのように細く切り、高温の油で揚げたもの。

Pan de Medianoche ‖ パン・デ・メディアノーチェ

キューバ

キューバのサンドイッチの中でもっとも有名なのが、このパン・デ・メディアノーチェだ。単純にメディアノーチェと呼ぶことも多い。アメリカのキューバン・サンドイッチ、キューバーノとも呼ばれるサンドイッチは、キューバからの移民によって考案された。両者はよく似ている。違いはパンだ。キューバではキューバン・スイートブレッドという甘いパンが使われる。どちらが先かはわからない。でもキューバからの移民が祖国に持ち帰ったとは思えない。

材料（1人分）　【パン】キューバン・スイート・ブレッド（p.293）：1個【具材】バター：大さじ1／ハム：4枚／ローストポークのスライス：4枚／スイスチーズ：2枚／キュウリのピクルスのスライス：1/2本分【ソース】マヨネーズ、マスタード：各大さじ1　●具材をはさみ、パニーニプレスかグリルプレスで焼く

Pan con Timba ‖ パン・コン・ティンバ

キューバ

線路を敷くためにイギリス人がキューバにやってきたのは1874年のことだ。当時、地元の労働者は皆、ランチに甘酸っぱいグァバをふんだんに使ったペーストをのせたサンドイッチを食べていた。ペーストにはブラウンシュガーが入っているので黒ずんで見える。それが線路の枕木に似ていたので「パンにティンバー（枕木）がのっているみたいだ」とイギリス人はキューバ人の労働者にいった。以来この名前で呼ばれるようになったということだ。

材料（1人分）　【パン】キューバン・スイート・ブレッド（p.293）：1個【具材】クリームチーズ：大さじ2／グァバ・ペーストのスライス：5枚　●具材をはさみ、パニーニプレスかグリルプレスで焼く

Haitian Egg Sandwich ‖ ヘイシャン・エッグ・サンドイッチ

ハイチ

世界に点在するオムレツのサンドイッチの中でも、私がトップクラスだと思っているのが、ハイチのエッグ・サンドイッチだ。オムレツといってもスクランブルエッグに近く、ピーマン、玉ネギを入れて作る。スパイスが少し入るので、食べたときにピリッとした辛さを舌で感じる。めずらしいのは、燻製したヘリングを刻んで入れるところだ。ヘリングは水にしばらく浸して塩抜きされるが、完全に抜けるわけではない。でもその塩気もまた魅力である。

材料（1人分） 【パン】サブロールまたはフレンチロール：1個【具材】オムレツ：1個*【ソース】トマトペースト：大さじ1
*卵：3個／水：小さじ1／玉ネギ、ピーマンのスライス：各大さじ1／刻んだヘリングの燻製：大さじ1／刻んだハム：大さじ1／ドライチャイブ、カイエンペッパー、ナツメグ、ドライパセリ、塩、コショー：各少々／オリーブオイル：大さじ1

Haitian Steak Sandwich ‖ ヘイシャン・ステーキ・サンドイッチ

ハイチ

ステーキ・サンドイッチとはまたありふれた名前だ。薄くスライスしたステーキと野菜がはさまったサンドイッチが、すぐに頭に浮かぶ。でもそこには大きな落とし穴があった。ハイチのステーキ・サンドイッチにはステーキがない。フレンチロールにはさまれているのは、固めのミートソースのようなものだ。ソースの中をフォークで引っかきまわしてステーキを探してみても無駄である。ないものはない。これがハイチのステーキ・サンドイッチなのだ。

材料（2人分） 【パン】フレンチロール：1個【具材】ミートソース：1/2〜2/3カップ*／スライスチーズ：2〜3枚
*牛挽き肉：200g／玉ネギのスライス：1/2個分／ニンニクのみじん切り：1粒分／チリパウダー：小さじ1/2／トマトソース：1/4カップ／塩とコショー：適宜／サラダ油：小さじ1　●肉を炒め、水分がほとんどなくなるまで煮る

Sàndwich de Pierna de Cerdo

ドミニカ

|| サンドウィチ・デ・ピエルナ・デ・セルド

ホットサンド用グリルプレスは一家に一台の必需品

　ピエルナ・デ・セルドは豚の足のことだ。つまり本来はポークレッグがこの料理には使われる。ロースや肩ロースのほうが手に入りやすいので、レシピを変えてある。このローストのキーポイント、つまりドミニカらしい味の決め手はドミニカン・シーズニングだ。このシーズニングは、パセリ、タイム、パクチー、オレガノといった生のハーブがベースになっている。このシーズニングを擦りこんだ肉を一晩冷蔵庫で寝かせたあと、オーブンで焼く。パンにローストポークとほかの材料を詰め込み、グリルプレスでパンを押しつぶしながらトーストする。ハバティチーズが溶け、パンが香ばしくなって、サンドイッチがさらにおいしくなる。

材料（3～4人分） **Recipe**

【パン】フレンチロールまたはバゲット：3～4個【具材】マリネ液に漬けた豚ロースまたは肩ロース肉のロースト：450g*／刻んだハバティチーズ：大さじ2／刻んだパクチー：1/2カップ／トマトのスライス：8枚／刻んだレタス：1カップ

*（マリネ液の材料）生のオレガノ：大さじ2／ドミニカン・シーズニング (p.297)：大さじ3／塩とコショー：適宜／オリーブオイル：大さじ3／生のローズマリー：大さじ1／バジルの葉：4枚／赤ワイン：大さじ5／野菜ブイヨン：1/2個／サラダ油：大さじ1

Chimichurri Burger

|| チミチュリ・バーガー

スパイシーなペッパーをミックスしたハンバーグがミソ

チミチュリとはまたおもしろい。かわいらしいともいえるネーミングである。チミチュリ・ソースの起源はアルゼンチンで、スペインとフランスにまたがるバスク地方に住む人たちが話すバスク語のチーミチューリ、順序は関係なくいくつかのものを混ぜたものといった意味らしいが、実際のところはよくわかっていない。ドミニカのハンバーガーにアルゼンチンのチミチュリというのも不思議だ。ドミニカでサンドイッチを売っていたアルゼンチン人のコックが、このソースをかけたハンバーグを売り始めたというのが種明かしのストーリーである。ホットなソースをミックスしたハンバーガーは、ほかのハンバーガーでは味わえない異次元の味だ。

材料 (2人分) Recipe

【パン】ハンバーガーバン：2個【具材】ホットペッパー入りハンバーグ：2個*／トマトのスライス：4枚／赤玉ネギの輪切り：4〜6枚／キャベツの千切り：1/4カップ【ソース（混ぜ合わせる）】マヨネーズ、ケチャップ：各大さじ1／オレンジジュース：小さじ2

*玉ネギのみじん切り：1/4個分／ホットペッパー：小さじ1／ニンニクのみじん切り：小さじ1／塩とコショー：適宜　●まずこれらの具材をブレンダーでペーストにする。これらと牛挽き肉：200g／ウスターソース：少々を混ぜ合わせて焼く

Jamaican Jerk Chicken Sandwich

|| ジャマイカン・ジャークチキン・サンドイッチ

甘さと辛さが混ざり合った独特のフレーバーが魅力のサンドイッチ

　ジャークとは、ジャマイカのジャーク・シーズニングを使用した料理法である。ジャーク・シーズニングはオールスパイス、ホットペッパーが主体のスパイシーなスパイスミックスで、ドライのものは肉や魚の表面に擦り込み、水分のあるものはマリネードに使用される。スコッチ・ボネット・ペッパーというかなりスパイシーなペッパーが使われるが、好みに応じてペッパーの種類を変えることがあるようだ。西アフリカから連れてこられた奴隷が持ち込んだとされ、それが周辺の文化と接することで変化してきたといわれる。スパイシーだが甘いマンゴーサルサがジャーク・チキンの上にかけられ、独特な味と風味をかもし出している。

材料（4人分） — Recipe

【パン】オニオンロールまたはハンバーガーバン：4個【具材】ジャークチキン：4個＊／レタス：4枚【ソース】マヨネーズ：大さじ2／ヨーグルト：大さじ2／マンゴーサルサ (p.297)：大さじ2

＊鶏モモ肉：4枚／ジャーク・シーズニング (p.296)：小さじ1　●肉に擦り込み焼く

Memo

サンドイッチにはフライドポテトやポテトチップスが添えられることが多いが、ラテンアメリカのサンドイッチにはシューストリング・ポテトがよく合う。

Jamaican Tuna Sandwich

|| ジャマイカン・ツナ・サンドイッチ

ステーキから作るツナサラダがおいしいサンドイッチ

ジャマイカンスタイルのツナサラダは、普通のツナサラダと違う。前途のジャーク・チキン同様、ジャーク・ツナとも呼ばれるように、ホットなスパイスが入っているのが、第一の特徴だ。もうひとつはサラダの作り方だ。ツナサラダといえば、缶詰のツナを買ってきて、セロリ、玉ネギなどのみじん切りとミックスし、マヨネーズやヴィネガーで味つけをするが、ジャマイカでは缶詰を使わない。ツナ（マグロ）のステーキを焼いて、それをほぐしてサラダにする。こうすることでツナ自体にも味がつく。オイルに浸かった缶詰のツナにもまた違った風味があるので、どちらがいいというわけではない。でもたまにはちょっと趣向を変えて、ステーキから作ってみる価値は十分ある。

材料（1人分）

Recipe

【パン】食パンまたは全粒粉パン：2枚【具材】ジャークツナ：大さじ3〜4*／レタス：1枚／トマトのスライス：2枚【ソース】マヨネーズ：大さじ1／ケチャップ：小さじ1（お好みで）
*生マグロ：50g／レモンジュース：小さじ1／ジャーク・シーズニング（p.296）：小さじ1/2／ニンニクのみじん切り：1粒分／玉ネギのみじん切り：大さじ1　●生マグロにレモンジュース、スパイス、ニンニクを塗って焼き、フレーク状に裂く。ツナと玉ネギを混ぜる

Memo

マグロは焼きすぎるとすぐに硬くなるので、十分注意する必要がある。薄く切って短時間で調理するのもひとつの方法だ。

Jamaican Patty in Coco Bread

ジャマイカン・パティ・イン・ココ・ブレッド

ペーストリーとパンという似たもの同士の組み合わせがおもしろい

　このサンドイッチに似ているサンドイッチはひとつもない。実にユニークなサンドイッチだ。ミートパイがパンにはさまっている。つまり、ペーストリー（パイ）とパンという似たもの同士でサンドイッチが構成されている。もしお好み焼きがパンにはさまっていたらどう思うだろう。発想としては似たり寄ったりのところがある。でも食べてみると想像していたものとずいぶん違うことがわかる。はっきりいって悪くない。ココブレッドはココナッツミルクが入っているので甘みがあり、食感は中国の蒸しパンを彷彿させる。牛肉が詰まったペーストリーは単独の料理として食卓にのぼることも多い。アメリカでは、冷凍のジャマイカン・パティが普通のスーパーでも手に入る。

材料（1人分） Recipe

【パン】ココブレッド：1個*1／ジャマイカン・パティ：1個*2【ペーストリー】ショートニング：50g／小麦粉：2/3カップ／塩：少々／冷たい水：25ml　●ジャマイカンパティをペーストリーで包み、オーブンで焼く

*1（10個分）小麦粉：3カップ／ドライイースト：小さじ2／砂糖：小さじ1／ココナッツミルク：1カップ／卵：1個／無塩バター：1/2カップ

*2（6個分）挽き肉（何でも可）：200g／スカリオンのみじん切り：大さじ1／チリペッパーフレーク：小さじ1／タイム、パプリカ、塩：少々　●すべてを油なしでソテーし、パン粉1/4カップをソテーしたものと混ぜる

Shuco ‖ シュコ

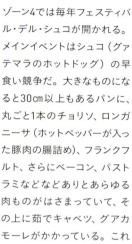

材料（各1人分）【パン】フレンチロールまたはサブロール：1個【具材A】ソテーしたチョリソまたはロンガニーサのスライス：4枚【具材B】ハム、ソテーしたベーコンのスライス：各1枚／サラミ：2〜3枚【ABのその他の具材】玉ネギのスライス：1/4個分／茹でたキャベツの千切り：1/4カップ【ソース】グアカモーレ (p.295)：大さじ1／マスタード：大さじ1／マヨネーズ：大さじ1／ホットソース：適宜（お好みで）

首都グァテマラシティのゾーン4では毎年フェスティバル・デル・シュコが開かれる。メインイベントはシュコ（グァテマラのホットドッグ）の早食い競争だ。大きなものになると30cm以上もあるパンに、丸ごと1本のチョリソ、ロンガニーサ（ホットペッパーが入った豚肉の腸詰め）、フランクフルト、さらにベーコン、パストラミなどなどありとあらゆる肉ものがはさまっていて、その上に茹でキャベツ、グアカモーレがかかっている。これはその巨大ホットドックのミニチュア版だ。

Pirujos ‖ ピルホス

材料（3〜5人分）【パン】ピルホス：3〜5個【具材】衣をつけてフライにしたピーマンの肉詰め：10個*／レタス、玉ネギのスライス：適宜
*（肉詰めの材料）豚挽き肉：450g／ニンジンの小口切り：150g／ジャガイモの小口切り：150g／玉ネギのみじん切り：1個分／ニンニクのみじん切り：1粒分／生のタイム：1枝／ローリエ：1枚／ケッパー：小さじ1／白ワイン・ヴィネガー：大さじ2／チキンブロス：1/4カップ／塩とコショー：適宜

ピルホスは、フランスパンに似た同名のパンから名前を取った、シュコと並ぶ、グァテマラの2大サンドイッチのひとつである。はさまれるものは肉と野菜、それにグァテマラのグアカモーレというのが定番だ。ここで紹介するのはパン・コン・チレ・レイエーノで、肉ではなく、ピーマンの肉詰めがはさまっている。日本でもピーマンの肉詰めは人気だが、グァテマラのものはパン粉をつけて揚げてある。ピーマンは普通、ピメントという甘い赤ピーマンが使われる。

Garnaches ‖ ガルナーチェス

ベリーズには日本やアメリカのようなハンバーガーのビッグチェーンはない。必然的にローカルフードに出会えるチャンスが増す。ベリーズのファストフードの中でもっともよく見かけるのが、このガルナーチェスだ。カリっと揚がったコーントルティーヤの上にマッシュしたブラックビーンズ、千切りにした野菜、そしておろしたアジアゴチーズをのせる。もうひとつ忘れてはならないのが、辛いハバネロペッパーと玉ネギのみじん切りを酢に漬けたコルティードだ。

材料（1人分） 【パン】揚げたコーントルティーヤ：1枚【具材】マッシュした茹でブラックビーンズ：大さじ2／キャベツの千切り：1/2カップ／ニンジンの千切り：1本分／コルティード：大さじ2と1/2＊／アジアーゴチーズ：大さじ1／パクチー：大さじ2
＊刻んだハバネロペッパー：小さじ1／玉ネギのみじん切り：大さじ1／白ワイン・ヴィネガー：大さじ1／塩：適宜

Johnny Cakes ‖ ジョニー・ケイクス

国民の70％以上が朝食に食べているというベリーズにはなくてはならないパン、それがジョニー・ケイクスである。もともとはネイティブアメリカンが食べていたものらしいが、ベーキングパウダーなど存在しなかったわけで、もっとシンプルなパンだったにちがいない。ジョニー・ケイクスは、スコーンを平たくしたようなパンで、ココナッツミルクの香りが魅力だ。バターやジャムを塗ったり、ハムやチーズをはさんだりして食べることも多い。

材料（1人分） 【パン】ジョニー・ケイクス：1個＊／バター：大さじ1／リフライドビーンズ（p.193）：大さじ2／スクランブルエッグ：1個分／ハム：1〜2枚
＊（6〜8個分）小麦粉：450g／無塩バター：1/2カップ／ベーキングパウダー：小さじ3／砂糖、塩：各小さじ1／ココナッツミルク：2カップ
●すべて混ぜ生地を作り、6〜8等分する。丸く形を整えて、200℃のオーブンで20分焼く

Baleadas ‖ バレアーダス

バレアーダスはメキシコでいえばブリトーに相当する。トルティーヤにいろいろな具をはさんだり、ラップにしたりして食べる。ホンジュラスのトルティーヤはメキシコのものより厚みがあり、小麦粉で作る。欠かせないのがホンジュラスのハードチーズ、ケソ・デュロだ。ケソ・デュロは単刀直入にハードチーズという意味なので、パルメザンチーズなども、いってみればケソ・デュロということになる。ホンジュラスの人は朝食として食べることが多い。

材料（4人分） 【パン】フラワートルティーヤ（小）：4枚【具材】リフライドビーンズ（p.193）：大さじ4／おろしたケソ・デュロまたはほかのハードチーズ：大さじ4／アボカドのスライス：8枚／バター：大さじ1／スクランブルエッグ：2個分

Sandwich de Pollo ‖ サンドウィッチ・デ・ポイヨ

チキンのサンドイッチはユニバーサルだ。世界各地に自慢のチキン・サンドイッチがある。ホンジュラスも例外ではない。チキン・サンドイッチというとサラダ、カツ、グリルを思い浮かべる。ホンジュラスでは細く裂いた調理済みの鶏肉が使われる。クリスマスで残ったローストチキンで作ることもあるようだ。特徴的なところは、固形のチキンブイヨンで味つけしたトマトソースをかけることだ。残りもののローストチキンは味付けしなおさなくていい。

材料（4人分） 【パン】食パン（トースト）：8枚【具材】鶏肉と野菜のソテー：2カップ*／キャベツの千切り：1/2カップ／トマトのスライス：8枚【ソース】ケチャップ、マスタード、マヨネーズ：各小さじ1　●ソースはすべて混ぜる
*刻んだセロリ：1/4カップ／ピーマン：1/4個／玉ネギ：1/4個／ニンニク：1粒／トマトソース：1カップ／茹でた鶏肉：400g／チキンブイヨン：1個

Panes con Pavo ∥ パネス・コン・パヴォ

エルサルバドル

材料（6人分） 【パン】ミニバゲットまたはバゲット（20cm）:6個【具材】刻んだローストターキー:300g／玉ネギのクルティード:1カップ*¹／クレソン:適宜【ソース】トマトソース:1カップ（p.297）
*¹玉ネギのスライス:1個分／赤ワイン・ヴィネガー:1/4カップ／水1/4カップ／ドライオレガノ:小さじ1／ローリエ:1枚　●玉ネギ以外を沸騰させ、玉ネギを加えて冷ます

ヨーロッパから人の波が押し寄せてくる以前から、メキシコや中央アメリカではターキーが食用に飼育されていたという。けっして新しい食べ物ではない。エルサルバドルでも、伝統的にクリスマスにターキーを食べる習慣がある。パネス・コン・パヴォとかパン・コン・チュンペと呼ばれるターキー・サンドイッチは、エルサルバドルで長い間親しまれてきた。脂肪分が少ないターキーのムネ肉と、クレソンなど野菜が盛りだくさんのヘルシーなサンドイッチだ。

Pupusas con Curtido ∥ ププサス・コン・クルティード

エルサルバドル

材料（8人分）　【パン】ププサス:8枚*¹【具材】クルティード:4〜5カップ*²
*¹コーンフラワー:2カップ／塩:少々／ぬるま湯:1と1/2カップ／おろしたケシーヨまたはモッツァレラチーズ:1カップ／サラダ油:適宜　●粉、塩、ぬるま湯を混ぜてよくこね、ラップをかけて20分寝かせる。生地を八等分して丸く伸ばし、中央にチーズをのせて生地を閉じ、手で円盤型に形を整える。サラダ油を熱したフライパンで焼く　*²キャベツの千切り:1/2個分／ニンジンの千切り:1本分／赤ピーマンのスライス:1個分玉ネギのスライス:1/2個分／リンゴ酢:1/2カップ／水:1/4カップ／塩、ブラウンシュガー:各小さじ1／ドライオレガノ:小さじ1／レッドペッパーフレーク:小さじ1　●すべて混ぜて漬ける

ププサスは2000年近く前から作られていたらしい。1976年、エルサルバドルのラリベルタで、火山灰に埋もれた遺跡が発見された。そこでププサスが作られていたと思われる道具が掘り出された。イロパンゴ山が噴火したのは西暦200年ころといわれている。ププサスはアレパに似た厚みのあるフラットブレッドで、中にチーズをはさみこんでから焼くことも多い。クルティードと呼ばれる、さまざまな野菜を酢に漬けたサラダをたくさんのせて食べる。

Patacón Relleno ‖ パタコン・レイエノ

プランテインを半分にして揚げる食パン大のパタコーネ

　輪切りにしたプランテイン（調理用バナナ）を数分間揚げた後、平らにつぶして再び黄金色になるまで揚げたものを、トストーネあるいはパタコーネと呼ぶ。ラテンアメリカ諸国で一般に見られる日常の食べ物である。ここでパンの代わりに使っているのもパタコーネだが、サイズがまったく違う。輪切りにしたパタコーネは上にチーズをのせて、オードブル的に食べられるが、このレシピのパタコーネは食パンサイズの大型だ。プランテインを縦に切り、揚げてやわらかくした後にラップの間にはさみ、たたいて食パン大になるまで薄く伸ばす。伸ばしたらラップから丁寧にはがし、もう一度揚げる。これをパンの代わりにして、肉や野菜をはさんでサンドイッチにする。

材料（1人分）

Recipe

【パン】パタコーネ:2枚*【具材】スライスチーズ:2枚／刻んだ好みのロースト肉:80g／レタス:2枚／トマトのスライス:2枚／【ソース】グリーンソース（p.295）:大さじ2／ケチャップ、マスタード:適宜／ピクルスのスライス:2本分／ホースラディッシュ:大さじ4
*緑のプランテイン:1本（半分に切る）／フライ用のサラダ油:適宜／塩、ドライオレガノ、ガーリックパウダー:適宜　●一度揚げた後にスパイスを振りかけ、つぶして広げてもう一度揚げる

Memo

パタコーネは皿などを使って形を整える。パリパリにならないので、ナイフとフォークで食べるといい。若いプランテインはバナナのような甘みがない。食感、味はイモに近い。

Arreglado ‖ アレグラド

コスタリカ

ペーストリーはコスタリカで人気の食べ物のひとつだ。甘いデザートはもちろん、ミートパイもある。アレグラドもペーストリーだが、生地に具をくるんでから焼くペーストリーではない。アレグラドはソダスといわれる小さなレストランやマーケットで見かける、ペーストリーで作るサンドイッチである。ふわっとしたペーストリーを切り、注文に応じて肉や野菜、チーズ、煮豆などをはさむ。オーダーメイドで作るパイのようなものだと思えばわかりやすい。

材料（1人分） 【パン】パフペーストリー：1個【具材】マッシュした茹でブラックビーンズまたはピントビーンズ：大さじ2／薄切り牛肉のソテー：1枚／ゴーダチーズ：1枚／トマトのスライス：1枚／刻んだレタス：1/4カップ【ソース】好みのドレッシング：大さじ1

Tacos Ticos ‖ タコス・ティコス

コスタリカ

タコスといっても、メキシコのタコスとの共通点を見つけるのが難しい。コスタリカのタコスにもトルティーヤが使われる。丸めたトルティーヤの中には何らかの具が入る。似ているところといえばこのくらいだ。具の入った葉巻状のトルティーヤは油で揚げてある。それを3、4個並べて、上にサッと湯がいたキャベツをのせて、ケチャップやマヨネーズを全体にかける。トルティーヤはフライパンに油をひいて、転がしながら焼いてもいい。

材料（3人分） 【パン】コーントルティーヤ：3枚【具材】好みの刻んだ調理済み肉（残り物でも可）：1カップ／サラダ油：適宜【トッピング】湯通ししたキャベツの千切り：1カップ／塩とコショー（キャベツの味つけ用）：適宜【ソース】ケチャップ、マヨネーズ、マスタード：各大さじ3／レモンジュース：小さじ2　●肉を包んだトルティーヤを楊枝でとめ、油で焼く

Picadillo

| ピカディーヨ

ジャガイモやカボチャが入ったミートソースをはさんで食べる

　牛挽き肉と野菜を基本材料にしたピカディーヨは、小さなサイコロ切りの野菜が入ったトマトのないミートソースのような料理で、よく食卓にのぼる。スペインやラテンアメリカの国々でよく食べられる料理だ。ほかの国にも同じような食べ物があり、アメリカやイギリスではハッシュという名で親しまれている。コスタリカでは、料理に入っている材料の違いにより、ピカディーヨ・デ・パタタ（ジャガイモ）、ピカディーヨ・デ・アイヨーテ（カボチャ）というように、材料を料理の名前に含める。またスパイシーではない、甘みのあるピーマンが、コスタリカのピカディーヨには欠かせない。トルティーヤのほか、ライスといっしょに食べることも多い。

コスタリカ Costa Rica

材料（4人分） Recipe

【パン】タコス用トルティーヤ：4枚【具材】牛肉と野菜の炒め物：2カップ*
*牛挽き肉：200g／玉ネギのみじん切り：1/4個／赤ピーマンの小口切り：1/4個分／刻んだセロリ：1本分／刻んだパクチー：大さじ1／サイコロ切りのジャガイモ：2個分／チキンブロス：1/4カップ／オレガノ、刻んだバジルの葉：2枚分／ガーリックパウダー、クミン：少々／塩とコショー：適宜　●パクチーまでの具材を炒め、残りの具材を加えて水分がなくなるまで煮る

Panamanian Corn Tortilla

パナマニアン・コーン・トルティーヤ

中にチーズが入った厚みのあるトルティーヤ

　トルティーヤはメイズと呼ばれるコーンの粉や小麦粉で作る薄いフラットブレッドであることはよく知られている。パナマのコーントルティーヤは、そんな一般的なトルティーヤとは形、材料が少し違う。トルティーヤと同様コーンの粉が主材料だが、少なくともパンケーキくらいの厚さがある。トルティーヤというよりも、チーズを生地に混ぜることから考えると、コロンビアやベネズエラのフラットブレッド、アレパに近い。少しザラッとした食感がある。朝食とかスナックにぴったりのフラットブレッドで、トルティーヤの中にチーズが入っているので、上に目玉焼きやチョリソのスライスを上にのせるだけで、ボリュームのある朝食になる。

材料（1人分） — Recipe

【パン】パナマニアン・コーントルティーヤ：2枚*【具材】目玉焼き：卵2個分／ソテーしたチョリソのスライス：4〜5枚
*(6〜8枚分) 茹でたトウモロコシ（缶詰でも可）：500g／ケソ・フレスコ（フレッシュチーズ）：140g／無塩バター：大さじ3／サラダ油、塩：適宜　●トウモロコシは十分水を切り、ブレンダーでペースト状にしてから、チーズ、バター、塩を加える。円盤型に成形してフライパンで焼く

Memo

ここでは乾燥トウモロコシを使っているが、生を使うのが伝統的な方法だ。缶詰のコーンを使っても作ることができる。

Misto Quente

ブラジル

|| ミスト・ケンチ

ブラジル Brazil

グルメスタイルのホットハム＆チーズ・サンドイッチ

　ハムとチーズのサンドイッチはもっとも一般的な、どこにでもあるサンドイッチである。普通のサンドイッチでもホットサンドイッチでも、ハムとチーズの組み合わせは普遍的だ。ミスト・ケンチはブラジルスタイルのホットハム＆チーズ・サンドイッチである。ハムとモッツァレラチーズを食パンにはさみ、パンの外側にバターを塗ってフライパンで焼くのが、スタンダードだ。バリエーションも多く、ここで紹介するのは豪華版のミスト・ケンチだ。クリームチーズもパンにはさみ、上にもチーズ、サワークリーム、トマトソースなどがのる。

材料（1人分）　　　　　　　　　　Recipe

【パン】食パン：2枚【具材】バター：大さじ1／ハム：2枚／クリームチーズ：大さじ1／モッツァレラチーズ：1枚／サワークリーム：大さじ1／トマトのスライス：2枚／ドライオレガノ：少々【ソース】トマトソース：大さじ1

Memo

半量のトマトソース、ハム、クリームチーズ、半量のモッツァレラチーズをはさみ、バターを塗ったトレーにのせる。サンドイッチの上に残りのトマトソース、サワークリーム、残りのモッツァレラ、トマトをのせ、オレガノを振り、オーブンでチーズが溶けるまで焼く。

Bauru

バウル

ブラジル

想像を逸する大量のチーズが詰まったステーキのサンドイッチ

ブラジル Brazil

1932年のことだ。サンパウロのロースクールに、サンパウロ州バウル出身ということで、バウルという愛称で呼ばれる学生がいた。ある日、バウルはいつも通うレストランで、メニューにないサンドイッチを注文した。そのサンドイッチはただちに広まり、サンパウロでもっとも人気のあるサンドイッチになった。これがバウル発祥の逸話である。このサンドイッチのすごいところは、わざわざパンの中身をかき出して、そこにお湯の中で溶かしたモッツァレラチーズを溢れんばかりに詰め込むことだろう。とにかくこのチーズの量が尋常じゃない。サンドイッチを持ち上げると、チーズのどっしりとした重さを感じるほどだ。

材料（1人分） Recipe

【パン】フレンチブレッド：1個【具材】溶かしたチーズ：100g*／ローストビーフまたはソテーした牛肉のスライス：70g／ピクルスのスライス：3枚／トマトのスライス：3枚
*モッツァレラチーズ：100g／バター：大さじ1／水：適宜

Memo

ただチーズをパンにはさんでトーストしただけでは、大量のチーズを溶かすことはできない。だからグリルにのせたバットに入っているお湯の中にバターを加えた後、直接チーズを入れてスプーンですくって、中身を少し取ったパンに流し込む。

Mortadella Sandwich

モルタデッラ・サンドイッチ

観光客にも人気のあるモルタデッラの巨大サンドイッチ

プラジル

サンパウロにあるミュニシパル・マーケットは、食事に来た人々でいつもごった返している。市内でもっとも人気のある観光スポットでもある。このマーケットの名物サンドイッチを食べるためにやってくる人も少なくない。それがモルタデッラ・サンドイッチだ。サワー生地のロールに、ボローニャのようなモルタデッラ、モッツァレラチーズ、トマト、レタスがはさまっている。ありふれたサンドイッチに思えるが、それは間違いだ。パンの中身をかき出し、そこにパンの厚さをしのぐモルタデッラをはさんだ巨大サンドイッチだ。

材料（1人分） | Recipe

【パン】フレンチロール：1個【具材】モルタデッラのソテー：200g以上／モッツァレラチーズ：2枚／刻んだレタス：2枚／トマトのスライス：2枚【ソース】マスタード：大さじ1／クリームチーズ：大さじ2 ●ソースはすべて混ぜる

Memo

パンを切って、グリルで少しトーストした後、パンの内側にソースを塗る。その間にモルタデッラもグリルでソテーする。

X-Tudo || シス-トゥード

ブラジル

アメリカのレストランなら、スーパーサイズのハンバーガーはどこにでもある。でもこれはブラジルを代表するハンバーガーである。つまりブラジルにはこれを食べる人間がごまんといるということだ。

材料（1人分） 【パン】ハンバーガーバン：1個【具材】牛肉のハンバーグ（p.167）：200g以上／モッツァレラチーズのスライス：1枚／レタス：1枚／コーン：大さじ1／トマトのスライス：2枚／目玉焼き：1個／ハム：1枚／ソテーしたベーコン：2枚／シューストリング・ポテト：ひと盛り【ソース】マヨネーズ、ケチャップ、ディジョンマスタード：各大さじ1

Sanduíche de Carne de Sol

ブラジル

|| サンドウィシュ・ジュ・カルン・ジュ・ソル

カルン・ジュ・ソルは日干しの牛肉で、たっぷりと塩をして2、3日天日に干して作る。食べる前にかならず塩抜きをする。日干しの魚同様、うまみが凝縮される。サンドイッチのおいしさも増す。

材料（1人分） 【パン】フレンチロール：1個【具材】カルン・ジュ・ソルと野菜のソテー：200g*／レタス：1枚／トマトのスライス：2〜3枚

*サラダ油：小さじ1／玉ネギのスライス：1/2個分／ニンニクのみじん切り：1粒分／水で塩抜きしたカルン・ジュ・ソルのスライス：150g／刻んだパクチー、パセリ：各大さじ1／カチュプリ（チーズ）：大さじ1

Tapioca || タピオカ

ブラジル

タピオカは、日本でも知られている。でもここで使うのは日本で使われる粒々のタピオカパールではなく、タピオカのパウダーで作られたフラットブレッドだ。

材料（各1人分） 【パン】タピオカ・パンケーキ：1枚*【具材A】グァバのスライス：4〜5枚／カッテージチーズ：220g【具材B】バナナのスライス：1本分／パッションフルーツ：2個／ハチミツ：大さじ2／シナモンパウダー：適宜

*(4枚分) タピオカパウダー：250g／水：200ml／塩：小さじ1/2 ●ミックスし、ザルなどで漉しながら熱したフライパンに層になるまでふるい入れて両面を焼く

Doubles ‖ ダブルズ

トリニダード・トバゴ

材料（1人分） 【パン】バールラ：2枚*¹【具材】チャーナ：大さじ2*²
*¹（8〜10枚分）小麦粉：2カップ／カレーパウダー：小さじ1／クミン：小さじ1／ドライイースト：小さじ1/2／砂糖：小さじ1/4／塩：少々／フライ用サラダ油：適量　●サラダ油以外の具材を混ぜ、倍になるまで発酵させる。生地を8から10等分して手で丸く伸ばし、油で揚げる　*²（8人分）ヒヨコ豆の水煮：400g／コリアンダー：小さじ1／クミン：大さじ1／サラダ油：大さじ2／玉ネギ：1個／ニンニク：4粒／刻んだチャイブ：大さじ2／ターメリック：小さじ1/2／塩とコショー：適宜　●玉ネギ、ニンニクを炒め、他の具材を加えて煮る

バールラというフラットブレッドをずらして2枚重ねにして、その上にヒヨコ豆で作った具（チャーナ）をのせる。パンが2枚重なっていることから、ダブルズの名前がついた。トリニダード・トバゴはベネズエラの北にある小さな島国だ。なのにカレー味のヒヨコ豆というのは腑に落ちない。インドのチョーレーという料理によく似ている。それもそのはず、この国にはインドからの移民が多い。インド食文化の影響がかなりあるのだ。

Bake & Shark Sandwich ‖ ベイク＆シャーク・サンドイッチ

トリニダード・トバゴ

材料（4人分） 【パン】フライド・ベイク：4枚*¹【具材】サメのフライ：4個*²／トマト、キュウリのスライス、レタス、コールスロー：各適宜【ソース】チャドン・ベニ（p.296）など好みのソース：適宜
*¹小麦粉：2カップ／ベーキングパウダー：小さじ2／塩：適宜／砂糖：小さじ1／シナモンパウダー：少々／無塩バター：大さじ1/2／ぬるま湯：適宜／フライ用のサラダ油：適宜　●サラダ油以外をミックスして生地を作る。生地を4等分して丸く広げ、油で揚げる　*²サメの切り身：4枚／塩とコショー：適宜／グリーン・シーズニング（p.295）：大さじ2／小麦粉：1/2カップ

トリニダード・トバゴのビーチでよく売られているのが、ベイク＆シャークだ。ベイクとは揚げパンのことで、そこにホクホクのサメのフライがはさまっている。店にはマスタード、ケチャップのほかにペッパーソース、チャドン・ベニ、ガーリックソースなどさまざまなソースが用意されている。ひとつだけ選んでもよし、全部かけてもよし。好きなものを好きなだけ選べる。でもサメの生息数が急減していることを考えると、ちょっと食べるのがはばかれる。

Pepito de Carne

ベネズエラ

ペピト・デ・カルネ

クリーミーなアボカドの ソースがかかった サンドイッチ

　ペピト・デ・カルネはスペインが発祥のサンドイッチで、スペインではペピト・デ・テルネーラ（仔牛のサンドイッチ）と呼ばれ、バーなどで出される。ベネズエラではカートやキオスクで売られる定番サンドイッチである。スペインのペピトとのいちばんの違いは、グアサカカと呼ばれるベネズエラスタイルのアボカドディップだ。ディップといってもグアサカカはどちらかというとソースに近い。アヒ・ドゥルセという辛くないペッパーを加えるのも、グアサカカならではの特徴だ。ポテトスティックがパラパラとのっているところもラテンアメリカのサンドイッチらしい。

材料（1人分） **Recipe**

【パン】サブロール：1本【具材】牛肉のソテー：150g*／刻んだレタス：1/4カップ／トマトのスライス：3枚／ポテトスティック：適宜【ソース】グアサカカ（p.295）：大さじ2／マスタード、マヨネーズ、ケチャップ：各大さじ1
*刻んだ牛肉：150g／ニンニクのみじん切り：小さじ1／ウスターソース：小さじ1／塩とコショー：適宜／サラダ油：大さじ1

Memo

露店では、何をはさむか選ぶことができる。ソースも何種類か用意されているのが普通だ。

Arepas de Perico ‖ アレパス・デ・ペリコ

ベネズエラのアレパは、コロンビアのアレパと比べると厚さが倍くらいある。サイズもひと回り大きい。大きなものは直径20cm、厚さ2cmもある。アレパはハイヤーカ（ベネズエラのタマル）とともに、ベネズエラの国民的な料理だ。ほとんど毎日食べる、ベネズエラにおける食生活の基盤ともいえる。ここで紹介するレシピは、野菜入りのオムレツがアレパにはさまった、ベネズエラの朝食の典型といえるサンドイッチだ。

材料（2人分） 【パン】アレパ (p.294)：2枚【具材】オムレツ：1個*
*バター：大さじ1／刻んだチェリートマト：3個分／玉ネギのピーマンの粗みじん切り：各大さじ1／卵：1個　●焼いた後に2等分してはさむ

Plátanos Rebozados Rellenos de Queso

‖ プラタノス・レボサドス・レイエノス・デ・ケソ

プラタノス・レボサドス・レイエノス・デ・ケソとは、早い話がチーズがはさまった衣つきバナナである。ベネズエラ北西部のスリアが発祥の地である。揚げたプランテインをつぶして、もう一度揚げて作るパタコーネ、トストーネは、ラテンアメリカならけっこうどこにでもあるが、小麦粉と卵を混ぜた衣をつけてフライにするのは珍しい。チーズは少しアンモニア臭があるケソ・ブランコ、ケソ・フレスコなどが本来は使われるが、フレッシュチーズならなんでもいい。

材料（2人分） 【パン】揚げたプランテインのスライス：2本分*【具材】カッテージチーズまたはモッツァレラチーズ：200g　●揚げたプランテインのスライスにチーズをはさみ、卵と小麦粉をミックスした衣をつけてもう一度揚げる
*プランテイン：2本／卵：1個／小麦粉：大さじ2／フライ用サラダ油：適宜
●プランテインは半分に切って、それぞれを3、4枚に薄くスライス。それを油で揚げる

Ceviche de Camarón ‖ セヴィーチェ・デ・カマロン

エクアドル

生のシーフードをライムやレモンのジュースに漬けてマリネにするのがセヴィーチェだ。エビの場合はサッと熱湯に通してからマリネ液に漬けるが、魚の場合は生のまま漬ける。セヴィーチェにはさまざまなシーフードが使われるが、エクアドルではエビのセヴィーチェがポピュラーだ。セヴィーチェは他の国にもあるが、エクアドルでは普通トマトジュースも加えられる。一緒に出されたバナナのフライにのせて食べる。バゲットのスライスにのせて食べてもおいしい。

材料 (5人分) 【パン】バゲットのスライス：10枚／プランテインのフライ：20枚【具材】エビのセビーチェ：3～4カップ*／小さいサイコロ切りトマト：1個分／赤玉ネギのスライス：1個分／刻んだチャイブ、スカリオン、パクチー：適宜
*茹でたエビ：500g／刻んだハラペーニョ：2本分／赤ピーマンの粗みじん切り、玉ネギの粗みじん切り：1/2～1個分／ライム、オレンジ、トマトのジュースミックス：1と1/2カップ／砂糖：大さじ1／ホットソース：小さじ1／塩とコショー：適宜

Sanduche de Chancho Hornado

エクアドル

‖ サンドゥチェ・デ・チャンチョ・オルナード

肉を使ったサンドイッチは、肉だけをはさむよりも、野菜もたっぷり入っていたほうがおいしい。とくに酢に漬けた千切りの野菜がいっしょに入っていると、肉の脂っこさが軽減されて、さっぱりとしたサンドイッチになる。もちろんその脂っこさが肉入りサンドイッチの魅力だという人もたくさんいる。オルナードという豚モモ肉のサンドイッチは、野菜をふんだんに使ったバランスの取れたサンドイッチだ。

材料 (1人分) 【パン】バゲット (20cm)：1個【具材】マリネしたポークレッグのロースト：150g*／ロメインレタス：1枚／酢漬け赤玉ネギの輪切り：4枚／トマトのスライス：4枚／アボカドのスライス：3枚／マヨネーズ、マスタード：大さじ1(お好みで) ／アヒ・クリオイヨ (p.295)：適宜
*(マリネ液の材料) ライムジュース：大さじ1／ニンニクのみじん切り：2粒分／クミン：小さじ1／塩、コショー：各小さじ1／ビール：1カップ／バター：大さじ2　●ライムジュースを塗った肉をマリネ液に漬けて1日置き、バターとニンニクを肉全体に塗り、オーブンで焼く

Arepa de Queso Colombianas

コロンビア

アレパ・デ・ケソ・コロンビアナス

コロンビアの人が日常的に食べる、食生活の基盤ともいえるアレパ

　メイズ（コーンの粉）の生地で作るアレパは、コロンビア、ベネズエラの国民的な食べ物だ。以前は粉ではなく、コーンそのものから作った。「われわれのアレパのほうがうまい」と、両国は今でも激論を交わしている。外から見れば厚さが違うだけで、あまり変わりはないように見えるが、彼らにとってはそう簡単にはすまされないようだ。パナマのトルティーヤも同じタイプのパンだ。表面がカリッとしていて、ほんのりとコーンの甘さがある。コロンビアのアレパは直径が大きくても15cmくらい、厚さは1cmに満たない。チーズやアボカドと一緒に出されるほか、横に切れ目を入れ、さまざまな具をはさみ込んでサンドイッチを作る。

Recipe

材料（2人分）

【パン】アレパ（p.294）：2枚【具材】ハム：2枚／モッツァレラチーズ：2枚

Memo

コロンビアのアレパは薄いのでスライスしにくい。スライスしないで代わりにアレパを2枚使ってもいい。野菜やチキンのサラダ、アボカド、ソテーしたエビ、スライスしてソテーしたソーセージなどをはさんでもいい。または、具をのせるだけのオープンサンドイッチ・スタイルにするのもおすすめだ。

Pan con Palta

パン・コン・パルタ

アボカド本来の味を楽しむためのサンドイッチ

　パルタはアボカドのことだ。メキシコが原産地だといわれるが、現在は似た気候を持つあらゆる地域で生産されている。ラテンアメリカ、カリフォルニアだけでなく、スペインやポルトガルもアボカドの産地だ。中でもペルーは世界最大のアボカド輸出国である。アメリカにはカリフォルニアという大供給地があるにもかかわらず、ペルー産アボカドの輸入がアメリカで急増している。そんなペルー特産のアボカドを味わうのにもってこいなのが、このサンドイッチだ。材料はアボカド、スライスしたバゲット、レモンジュース、小さなホウレン草の葉、フェタチーズだけである。シンプルなだけにアボカドのバターに似た甘みが生きる。

Recipe

材料（2人分）

【パン】トーストしたバゲットのスライス：2枚
【具材】アボカドのスライス：4枚／塩とレモンジュース：適宜／ベビースピナッチ：2枚／フェタチーズ：大さじ1

Memo

アボカドは色が変わりやすいので、スライスしたらすぐにレモンジュースをかけておく。また、フェタチーズは他のチーズと比べ塩分が強いので、塩加減には十分注意したい。代わりにリコッタやカッテージチーズを使ってもいいが、その場合は塩あるいはレモンジュースを少し多めにする。

Sandwich Triple

|| サンドウィッチ・トリプレ

ペルー — Perú

ペルー

アボカドが入った
ペルー版のティー・サンドイッチ

　日本でもトリプルバトル、トリプルスリー、トリプルセブンなど、トリプルという言葉はよく使う。スペイン語のトリプレも同じで、3つのものが重なっている、段になっていることだ。でもパンが3枚使われているから、トリプルといわれているのではないようだ。トリプルなのは使われている具のことで、トマト、アボカド、卵のことだ。それぞれを別々にはさめば、パンは4枚になるし、どれかを一緒にはさめば3枚になる。パンはパン・デ・ミガと呼ばれるソフトな食パンが使われる。フランスのパン・ドゥ・ミーと同じだと思っていい。スナックとして大人気のおしゃれなサンドイッチである。

材料（1〜2人分） Recipe

【パン】食パン：3〜4枚【具材】バター：小さじ2／アボカド、トマトのスライス：各2枚／茹で卵のスライス：1個分／塩とコショー：適宜【ソース】マヨネーズ：大さじ2

Memo

ティーサンドイッチに代表される食パンの耳を切り落としたサンドイッチは、すぐに乾燥してパンの端が乾いてくる。作ってすぐに食べるのがいちばんだが、作り置きする場合はラップにくるむかプラスチックの容器に入れて、冷蔵庫で保存する。切るときは1回切るごとに、ナイフについたマヨネーズなどをふき取ること。また、アボカドとトマトはできるだけ薄くスライスする。パンが水分を含むのを防ぐためにもバターはかならず塗る。

Sandwich de Chicharron ‖ サンドウィッチ・デ・チチャロン

ペルー

チチャロンはフライにした豚のバラ肉や皮のことだが、ペルーではバラ肉しか使わない。熱湯で茹でてから肉から出た油で揚げる。サンドイッチには同じ油で揚げたスイートポテトが加えられる。

材料（1人分） 【パン】フレンチブレッド：1個【具材】バラ肉のチチャロンのスライス：150g*／揚げたオレンジ風味のスイートポテト：1〜2枚／サルサ・クレオール（p.296）：大さじ3

*角切りにした豚バラ肉：150g／塩：少々／水：適宜
●塩をして日置いたバラ肉と水を鍋に入れ、蓋をして水がほぼなくなるまで煮る。蓋を取り、残った油で肉に焦げ目がつくまで揚げる

Huevos a la Rabona ‖ ウェヴォス・ア・ラ・ラボナ

ペルー

このサンドイッチは典型的なペルーの朝食メニューだ。トーストに目玉焼きをのせ、パクチー、ホットペッパー、玉ネギのみじん切りを振る。最後にレモンをぎゅっと絞れば出来上がりだ。

材料（4人分） 【パン】食パン（トースト）：4枚【具材】玉ネギのマリネ：1カップ*／目玉焼き：4個／パクチー：適宜

*粗みじんの赤玉ネギ：1/2個分／レッドペッパー：大さじ1／刻んだパクチー：大さじ2（お好みで）／塩とコショー：適宜／白ワイン・ヴィネガーまたはライムジュース：大さじ1

Butifarra ‖ ブティファラ

ペルー

実際はカタロニアのソーセージとイタリアのスモークハムを合わせたようなペルーのハモン・デル・パイス（カントリーハム）が使われる。なければローストハムやローストターキーを使えばいい。

材料（1人分） 【パン】フレンチブレッドまたはチャバタロール：1個【具材】レタス：1枚／ハム：3枚／野菜のマリネ：1カップ*【ソース】チリ・アマリヨ・ソース（p.296）：小さじ1

*玉ネギ、ピーマンのスライス：各1/2個分／レモンジュース：大さじ1

ボリビア Bolivia

Sanduíche de Chola

サンドウィチェ・デ・チョラ

野菜のピクルスがたっぷりのったローストポーク・サンドイッチ

　サッカーが国技のボリビアのサッカースタジアムでもっとも人気のある食べ物が、このサンドウィチェ・デ・チョラである。ラテンアメリカ各地で食べられるローストポークのサンドイッチだ。このサンドイッチのいちばんの特徴は、エスカベーチェ・デ・ヴェルデューラスという野菜のピクルスだ。ニンジン、サヤインゲン、玉ネギを、辛さで世界ベスト5にリストアップされるボリビア産のロコトペッパーが入ったヴィネガーに漬け込んで作る。もちろん辛さは好みによって調整すればいい。でもこのピクルスのさわやかさ、辛さがこのサンドイッチの決め手であることには違いはない。ビール片手にこのサンドイッチを食べるというのが地元の食べ方だ。

材料（1人分） Recipe

【パン】ハンバーガーバン：1個【具材】刻んだローストポーク：100g／野菜のピクルス：大さじ3*／トマトのスライス：1〜2枚
*(4人分) ニンジンの千切り：100g／玉ネギのスライス：100g／イエローホットチリペッパーのみじん切り：100g／固茹でしたサヤインゲン：100g／白ワイン・ヴィネガー：大さじ2／塩とコショー：適宜

Memo

野菜は厚めにスライスしたほうがシャリシャリしておいしい。

Lomito Arabe

|| ロミト・アラベ

ふたつの違う文化がミックスされたサンドイッチ

　ロミトはアルゼンチンが発祥地だが、ボリビア、チリ、パラグアイでもよく食べられている。アラベとつけられたこのロミトは、食パンやロールは使わない。アラベはアラブのことだ。なぜラテンアメリカの国でアラブなのか好奇心が湧く。1960〜70年代、独立したものの不安定な情勢が続いていたレバノンから、大勢の人が新天地を求めてパラグアイにやってきた。彼らの文化とパラグアイの文化が混ざり合い、独特の文化を築いた。その背景で生まれたのが、このサンドイッチだといえる。レシピにはトルティーヤとあるが、中近東のフラットブレッド、ピタも使われる。今では国民的なサンドイッチだ。

材料（3人分）　　　Recipe

【パン】フラワートルティーヤまたはピタブレッド：3枚【具材】肉のソテー：250g*1／野菜のソテー：2カップ*2／レタス：2枚／スイスチーズ：2枚（お好みで）
*1 豚または牛ヒレ肉の細切り：250g／塩、コショー、カイエンペッパー、醤油：少々　*2 玉ネギ：1個／トマトのスライス：2個分

Memo

パンは油なしのフライパンで少し温める。肉は玉ネギ、トマトと別に調理する。スパイス類は肉に加える。そして、火を通した両者を混ぜて味つけする。

Chivito

|| チヴィート

ウルグアイの人たちに愛される庶民のサンドイッチ

　チヴィートは小さなヤギという意味だが、このサンドイッチにヤギの肉が入っているわけではない。1940年代、アルゼンチンからやってきた女性が故郷を懐かしみ、レストランで仔ヤギの肉を使った料理を注文した。ヤギの肉はなく、シェフは店にあるさまざまな素材を使い、サンドイッチを作って出した。これがチヴィートの始まりである。人気は瞬く間に広まっていった。今ではウルグアイのナショナルフードとなっている。肉は牛肉のほかベーコンやハムものる。トマトやピーマンなど野菜も盛りだくさんだ。極めつけは最後にのせる目玉焼きだ。とろりとした黄身をソース代わりにして食べる。

Recipe

材料（1人分）

【パン】フレンチロール：1個【具材】塩、コショーしてソテーした牛肉のスライス：1～2枚／ハム、焼いたベーコン：各2枚／モッツァレラチーズ：2枚／レタス：2枚／トマトのスライス：3枚／赤ピーマンのスライス：3、4枚／目玉焼き：1個／オリーブのスライス：2個分【ソース】マヨネーズ：大さじ1

Memo

目玉焼きの黄身はソース代わりになるので焼きすぎないように。

Choripán

ウルグアイ

|| チョリパン

グリルしたソーセージと辛いチミチュリソースとの相性が抜群

　チョリパンは、そのサンドイッチに使われるふたつの材料、チョリソとパンが組み合わされてできた言葉だ。チョリソはスペインやポルトガルが発祥地で、パプリカをたくさん使うため赤いのが特徴だ。しかもスパイシー。しかしウルグアイやアルゼンチンのチョリソはそれほど辛くない。ウルグアイではこのチョリソをバゲットにはさみ、刻んだパセリとオレガノがいっぱい入ったきれいな緑色のチミチュリソースをかけて食べる。チョリソはそのまま焼かれるほか、縦半分に切ることも多い。ソーセージのサンドイッチは世界各地にあるが、チョリパンはその中でもトップクラスだ。このレシピでは細いバゲットを使っている。

材料 (1人分) — Recipe

【パン】バゲット（ソーセージのサイズと合わせたもの）：1個【具材】ソテーしたチョリソ：1本／赤玉ネギのスライス：数枚【ソース】チミチュリソース (p.296)：大さじ2

Memo

生玉ネギの辛みが苦手なら、サッと湯がくか、レンジに30秒くらいかけると、辛みが薄れる。

Sandwich de Milanesa

サンドウィッチ・デ・ミラネッサ

イタリアからの移民によるアルゼンチンの定番サンドイッチ

　ミラネッサというように、もともとはイタリアのミラノの食べ物だ。イタリアではコトレッタ・アラ・ミラネーゼとよぶ。アルゼンチンではこのミラネッサのサンドイッチがいたるところで売られている。ストリート、カート、駅、地下鉄のキオスク、ガソリンスタンド、とにかくどこにでもある。アルゼンチンといえば牛肉、牛肉といえばアルゼンチンである。というわけでミラネッサも普通は牛肉や仔牛肉である。でも牛肉だけではない。ナスのミラネッサも牛肉に負けずとも劣らぬおいしさだ。トマトソースとモッツァレラチーズを加えると、ミラネッサ・ア・ラ・ナポリターナとなる。ナポリとは関係なく、純然たるアルゼンチン・フードだ。

材料（1人分） Recipe

【パン】フレンチロールまたはバゲット（ミラネッサの長さに合わせる）：1個【具材】ミラネッサ：1枚*／ルッコラ：1/2カップ／トマトのスライス：2～3枚／粉のパルメザンチーズ：大さじ1【ソース】マヨネーズ、マスタード：各大さじ1

*ナスの厚切りスライス：1枚／卵：1個／刻んだパセリ：大さじ1／ニンニクのみじん切り：1粒分／ミルク：大さじ1／パン粉：1/4カップ／塩とコショー：適宜　●ナスのスライスをミルクまでの具材に30分浸し、それ以外のパン粉などをまぶしてオーブンで焼く

Pebete de Jamón y Queso ‖ ペベテ・デ・ハモン・イ・ケソ

アルゼンチン

ペベテはブエノスアイレス周辺で使われていたルンファルドという俗語で、若い男の子の意味だ。この言葉は今では使われなくなったが、単語がこのようにして残っている。子どもたちがこのサンドイッチを握って庭や公園を駆けまわっている光景が思い浮かぶ。このサンドイッチに使われているパンの名前もペベテで、甘くて柔らかい、それこそ子どもたちのお気に入りのパンだ。サンドイッチは、ハムやチーズをはさむだけのシンプルなものが多い。

材料（1人分）　【パン】ペベテ：1個【具材】ハム：2枚／スイスチーズ：2枚【ソース】マヨネーズ：大さじ1　※ペベテはセミタの生地（p.292）で同じようなパンができる

Sandwiches de Miga ‖ サンドウィチェス・デ・ミガ

アルゼンチン

サンドウィチェス・デ・ミガは、アルゼンチン版のティー・サンドイッチだ。イタリア北部から移住してきた人たちが持ち込んだ、つまりトラメッツィーノが起源だとする説と、あるレストランのシェフが、故郷を偲ぶイギリス人エンジニアのために作ったというふたつの説がある。使われる材料にはチミチュリもステーキも登場してこない。ラテンアメリカらしいところといえば、アボカドを使うことくらいだ。アルゼンチンでは、パーティー食として人気がある。

材料（各2人分）　【パン】食パン：各2枚【具材A】ロースト・レッドペッパー：1/4個／マヨネーズ：大さじ1／アボカドのスライス：3枚／プロヴォローネチーズ：1枚／ハム：1枚【具材B】卵サラダ：1個分／オリーブのスライス：2個分／刻んだブラックオリーブ入りクリームチーズ：大さじ2【具材C】茹で卵：1個／刻んだロメインレタス：大さじ1／トマトのスライス：4枚／刻んだグリーンオリーブ入りクリームチーズ：大さじ2／マヨネーズ：大さじ1

Lomito ‖ ロミト

アルゼンチン

材料（1人分） 【パン】フレンチロール：1個【具材】ロメインレタス：1枚／テンダーロインステーキ：2枚／トマトのスライス：3枚／ハムのソテー：2枚／スイスまたはプロヴォローネチーズ：2枚（ハムの上で溶かす）／オムレツ：卵1個分【ソース】マヨネーズ：大さじ4／ディジョンマスタード：小さじ1／ドライオレガノ：少々　●ソースはすべて混ぜる

牛肉がない1日など考えられないというほど、アルゼンチンの人は牛肉をよく食べる。ロミトはまさしく、そんなアルゼンチン人が愛する、テンダーロインステーキのサンドイッチである。うまいステーキで名高いメンドゥーサでは、このサンドイッチをロミト・メンドゥーサという。数あるアルゼンチンのサンドイッチの中でも、もっともアルゼンチンらしいサンドイッチといえるだろう。ステーキはおよそパンのサイズになるまで、よくたたいて薄くするのがコツだ。

Bondiola ‖ ボンディオラ

アルゼンチン

材料（4人分）　【パン】フレンチブレッド：4個【具材】ボンディオラのスライス：4枚／野菜のマリネ：2〜3カップ＊／目玉焼き：4個／ベーコンのソテー：4枚

＊白ワイン・ヴィネガー：1と1/2カップ／水：1/2カップ／砂糖：1カップ／キュウリのスライス：1本分／玉ネギのスライス：1個分　●野菜以外の材料を少し煮詰め、そこに野菜を加え、冷ます

ロミトが牛肉なら、ボンディオラは蒸し焼きした豚肉である。使われるのは肩ロースだ。まずは炭火で焼き色をつけ、それからニンジンや玉ネギといっしょに鍋に入れて、数時間かけて蒸し焼きにする。できあがったボンディオラは手で裂けるほど柔らかい。醤油の代わりに塩を使った煮豚のようだ。このボンディオラを食べやすい大きさに切って、野菜といっしょにパンにはさんだのが、このサンドイッチだ。このレシピのように目玉焼きがのることもある。

Chacarero

|| チャカレロ

シャキッとしたサヤインゲンがこのサンドイッチをひき立てる

　チャカレロのおもしろいところは、ソテーした薄切りの牛肉の上に、たっぷりとサヤインゲンがのっているところだ。このふたつの食材のまったく違った食感が、うまさの重要なポイントである。牛肉の代わりに豚肉を使う、ホットペッパーを加えるなど、さまざまなバリエーションがある。世界的にもその名を知られた、南米チリが誇るサンドイッチだ。外側がパリパリで、中がやわらかいマラケッタのうまさも見逃せない。マラケッタはチリのサンドイッチによく使われるパンで、パン・フランセと呼ばれることも多い。サヤインゲンは食べやすいように細切りにしてもいい。

Recipe

材料（1人分）

【パン】マラケッタ（p.294）：1個【具材】バター：大さじ1／サーロインステーキ：150g／湯がいたサヤインゲン：10〜15本／トマトのスライス：2枚

Memo

サヤインゲンは茹ですぎない。茹であがったら、すぐに冷たい水に入れる。ステーキは塩・コショー程度の味つけで充分。

Barros Jarpa ‖ バロス・ハルパ

材料（1人分） 【パン】マラケッタ（p.294）：1個【具材】厚いハムのスライスのソテー：1枚／モントレージャックまたはハバティチーズ：100g ●パンが厚いので、フライパンでハムを焼き、その上にチーズをのせてチーズを溶かす。それをパンにはさみ、オーブンで少しトーストする

　実をいうと、バロス・ハルパは実在した人物の名前である。フルネームはエルネスト・バロス・ハルパ。1920年に外務大臣を務めた政治家で、弁護士でもあった。彼が政治家のとき、国会のレストランでいつも注文していたのが、ハムとチーズがはさまったこのサンドイッチだった。食パンがこのサンドイッチによく使われるが、フランスパンに似たマラケッタを使ったほうがはるかにうまい。チーズが溶けるまでオーブンで焼く。

Barros Luco ‖ バロス・ルーコ

材料（1人分） 【パン】マラケッタ（p.294）：1個【具材】牛ヒレ肉のステーキ：150g／ハバティチーズなど：1枚／バター：大さじ1／塩とコショー：適宜 ●バターを溶かしたフライパンで肉を焼き、裏返した後でチーズをのせる。その横で2つに切ったパンの内側を焼く。焼けたパンにチーズをのせた牛肉をはさむ

　サンドイッチの名前がバロスで始まるので、これも人の名前であることがすぐにわかる。バロス・ルーコはバロス・ハルパのいとこに当たる。やはり政治家で、1910〜15年にかけてチリの大統領を務めた。彼が最初に国会のレストランで、今でいうバロス・ルーコを食べていた。このサンドイッチの中身は牛肉とチーズだった。バロス・ハルパもこのサンドイッチを食べたが、食べにくいということで牛肉をハムに変えた。それがバロス・ハルパ・サンドイッチだ。

Churrasco ‖ チュラスコ

チリでチュラスコとは、薄くスライスしたステーキのことだ。いろいろなパンが使われるが、マラケッタを使うのが正しい。チュラスコには何種類かある。もっとも親しまれているのは、チュラスコ・イタリアーノだろう。このサンドイッチにはトマト、アボカド、マヨネーズ（オプション）が加わる。アボカドはスライスのときもマッシュのときもあるが、食べやすさではレモンジュース、オリーブオイルとミックスしたマッシュが上だ。レモンのさわやかさも魅力だ。

材料（1人分） 【パン】マラケッタ（p.294）：1個【具材】牛肉のチュラスコ：150〜200g*／マッシュしたアボカド：1/2個分／トマトのスライス：1枚／レモンジュース：大さじ1／オリーブオイル：大さじ1／塩とコショー：適宜【ソース】マヨネーズ、ケチャップ、マスタード：適宜（お好みで）　●アボカドとトマトは別々にレモンジュース、オイル、塩、コショーで味つけする
*牛ヒレ肉または仔牛肉のスライス：1枚／ニンニク：1粒／サラダ油：小さじ1

Completo ‖ コンプレート

コンプレートはホットドッグ・チリアーノともいえる、ホットドッグのバリエーションで、すべてがのった具を満載にしたホットドッグだ。一般にコンプレートといえばコンプレート・イタリアーノのことで、刻んだトマト、マッシュしたアボカド、そしてマヨネーズがプラスされる。イタリアーノといっても、イタリア料理とはまったく関係ない。アボカドの緑、マヨネーズの白、トマトの赤、これはイタリアの国旗の色である。

材料（1人分） ホットドッグバン：1個【具材】アボカドピュレ：1カップ*／ザワークラウト：大さじ2／蒸したフランクフルト・ソーセージ：2本または長いもの1本／サイコロ切りのトマト：1個分【ソース】マスタードとマヨネーズのミックス：大さじ2
*アボカド：1個分／レモンジュース：大さじ1／エキストラ・ヴァージン・オリーブオイル：小さじ1／塩とコショー：適宜

The World's Sandwiches

Chapter 7

アフリカ

エジプト／モロッコ／チュニジア／アルジェリア
南アフリカ／ザンビア

Kunafa with Cream

クナーファ・ウィズ・クリーム

エジプト

細いペーストリー生地ではさんだデザート

クナーファはカタイフィと呼ばれる細いヌードル状のペーストリー生地で作る。トルコだけでなく、中近東全域、ギリシャなどで広く食されているデザートである。クナーファのおもなフィリングはチーズとクリームだ。焼き上がったクナーファの上には、オレンジ・ブロッサム・ウォーターで香りをつけた甘いシロップをかける。これはけっこう香りが強い。好みもあるが、最初は少なめにして、徐々に足していくのがいいだろう。香り、味ともに多少違いはあるが、代わりにオレンジリキュールやオレンジエッセンスを使ってもいいかもしれない。クリームにとろみをつけるために、本来は米粉を使うことが多いが、米粉を使うと炊き立てご飯のような独特の匂いが加わる。それを避けるなら、レシピのようにコンスターチやパンを使ってとろみをつける。日本でも馴染みがあるカスタードクリームを代わりに使ってもおいしい。

カタイフィは普通冷凍で売られていて、解凍した後に溶かしバターを加え、指で丁寧にほぐしてから使う。けっこう手間がかかる作業だ。直径約30cmの丸い型に半量のカタイフィを、隙間がないようにしっかり敷き詰める。その上に、クリームをまんべんなく広げ、さらに残りのカタイフィで全体をカバーする。クリームが漏れてこないように、指で少し押し固める。180℃に熱したオーブンで45分焼けば完成だ。

Recipe

材料（10〜12人分）

【ペーストリー】カタイフィ：450g／無塩バター：225g ●カタイフィは常温で完全に解凍してから、手で丁寧にほぐす。ほぐし終えたら溶かしバターを加えてよく混ぜる。

【具材】クリームフィリング：5カップ*¹／砕いたピスタチオ：2/3カップ【ソース】シロップ：2カップ*²

*¹ ミルク：4カップ／ヘビークリーム：1/2カップ／砂糖：大さじ4／コーンスターチ：1/2カップ ●ミルクとコーンスターチを入れた鍋を火にかけ、泡立て器でよくかき混ぜながら沸騰させる。ヘビークリームを加えて火を弱め、かき混ぜながら10分煮る。最後に砂糖を加える

*² 砂糖：2と1/2カップ／水：1と1/4カップ／レモンジュース：大さじ1／オレンジ・ブロッサム・ウォーター：大さじ2 ●オレンジ・ブロッサム・ウォーター以外の材料を煮立て、とろみが出るまで煮詰める。火から下ろしてオレンジ・ブロッサム・ウォーターを加え、冷ます

Memo

浅い円形の型を使っているが、長方形や正方形でもかまわない。焼き上がったクナーファは型ごと逆さにして皿に出し、切り分ける。

Aish Baladi with Dukka

∥ アエージ・バラディ・ウィズ・デュカ

パラパラと振るだけでおいしいオープン・サンドイッチができる

アエージ・バラディはエジプトのフラットブレッドで、ピタによく似ている。ピタは普通の小麦を使うのに対して、アエージ・バラディには全粒粉が使われる。だから出来上がったパンが薄い茶色になる。生地の上に割ったウィートブラン（小麦のふすま）をかけてから焼くこともあるこのパンのもっともシンプルな食べ方は、焼き立てのアエージ・バラディにオリーブオイルをかけ、デュカと呼ばれるヘーゼルナッツとスパイスでできた調味料をかける方法だ。生地を広げたあと、つまり焼く前にデュカをかけてから焼くと、ヘーゼルナッツがローストされて香ばしさが増す。デュカはさまざまな料理に使う。スマックとともに揃えておくと便利だ。

Recipe

材料（1人分）

【パン】アエージ・バラディ（全粒粉のピタブレッド）：1枚【具材】デュカ（p.297）：大さじ2～3／エキストラ・ヴァージン・オリーブオイル：大さじ1

Memo

食パンにバターを塗ってデュカを振りかけてもおいしい。

Hawawshi ∥ ハワウシ

材料（2人分） 【パン】ピタブレッド：2枚【フィリング】牛またはラムの挽き肉：200g／刻んだ玉ネギ、ピーマン、トマト：各1/2個分／オリーブオイル：少々／ホットペッパー・フレーク：小さじ1／塩とコショー：適宜
●フィリングの材料をミックスしてピタのポケットに詰め、オーブンで焼く方法、フィリングをフライパンで炒めた後にピタに詰め、きれいにしたフライパンでピタを焼く方法のふたつがある

ハワウシはターキッシュピザの別称を持つラフマジュンと似ているところがある。ただ、肉の割合が多い。火を通していない肉のミックスを丸く広げた生地の上にのせ、その上にもう1枚生地を置いてふちを閉じ、オーブンで焼くのが本来の作り方だが、出来合いのピタのポケットに具を詰めて焼くものぐさな作り方をすることも多い。もっと簡単な方法は、調理済みの具をピタのポケットに詰めるやり方だ。

Egyptian Palace Bread

∥ エジプシアン・パレス・ブレッド

材料（2～3人分） 【パン】食パン：6枚【具材】ハチミツ：480g／ホイップクリーム：大さじ4 ●耳を切り落とした食パンにハチミツをたっぷりかけてしばらく置き、3枚ずつ重ねて、オーブンで焦げ目がつくまで焼く。冷めた後にホイップクリームで飾る

材料は食パン、ハチミツ、ホイップクリームの3つだけというシンプルさの極みといえるデザートである。耳を切り落としたパンをバットなどに置き、たっぷりとハチミツをかける。そしてハチミツがパンに十分浸み込むまで待つ。ねっとりとしたパンを3枚重ねて、150度に熱しておいたオーブンで45分ほど焼く。よく冷ました後にホイップクリームを上にのせて出来上がり。ホイップクリームの上に、ナッツなどをのせると、もっとデザートらしくなる。

Egyptian Moussaka ‖ エジプシアン・ムサカ

材料（2〜3人分）　【パン】ピタブレッド：2〜3枚【具材】挽き肉のソテー：200g*／ソテーしたナスの厚切りスライス：7、8本分／ソテーしたピーマンのスライス：1個分／トマトのスライス：1個分【ソース】トマトソース：1と1/2〜2カップ　●ピタの上に具材をナス、ピーマン、肉、ナス、ソース、肉、トマト、ピーマンの順で重ね、オーブンで焼く
*サラダ油：大さじ1／玉ネギのみじん切り：1/2個／ニンニクのみじん切り：1粒分／牛、ラムまたは鶏挽き肉：200g／塩とコショー：適宜

ギリシャ料理のムサカは、日本でもよく知られている。ナス、トマトソース、軽く炒めたラムの挽き肉が層になっていて、上にはベシャメルソースをかける。これをオーブンで焼く。エジプトのムサカと基本的には同じだが、肉の割合が少なく、ナスの量が多いような気がする。エジプトではギリシャのようにベシャメルソースをかけることはない。またエジプトでは出来立てを食べるよりも、1日おいてから食べることが多いようだ。こうするとうまみが増す。

Ful Midamess ‖ フール・ミダミス

材料（2人分）　【パン】ピタブレッド：2枚【具材】水でもどした乾燥ソラ豆：200g／ニンニクのみじん切り：2粒分／塩とコショー：適宜【トッピング】刻んだイタリアンパセリ：大さじ2／ホット・レッドペッパーのみじん切り：2本分／スマック、クミン：各小さじ2／レモンジュース、エキストラ・ヴァージン・オリーブオイル：各大さじ2／茹で卵のスライス：1個分／刻んだキュウリ、トマト、赤玉ネギ、オリーブ：適宜　●ソラ豆を柔らかく煮た後、煮汁を鍋に少し残してニンニク、塩、コショーを加えて、豆をフォークなどで少しつぶす。豆を器に盛り、トッピングを飾る

フール・ミダミスは古代エジプトから食されていたのではないかとされる、エジプトの伝統料理である。エジプトのナショナルディッシュともいわれ、朝食として親しまれている。フール・ミダミスはエジプトから、レバノン、シリア、イエメン、パレスチナ、ヨルダンなど各国で食べられている。乾燥ソラ豆を煮て作ったシチューのようなもので、キュウリ、茹で卵、オリーブなどをのせてサーブされ、ピタの上にのせて食べる。

Harcha

‖ ハルチャ

モロッコの人が朝食に好んで食べる小さなフラットブレッド

ハルチャは、セモリナ粉を使ったアメリカのビスケットやイギリスのスコーンになんとなく似ている、ベーキングソーダで膨らませたパンである。ハルチャはモロッコの言葉で荒いという意味だ。焼きあがった後も、食べるとまだつぶつぶ感が残っていて、落雁にも似たぼそぼそとした食感がある。焼き立てはとくにそうで、ナイフで切れ目を入れるときは、薄いこともあり、崩れないように注意する必要があるほどだ。パンケーキやスコーンのように簡単にできるので、朝食にうってつけだ。ジャムやバターを塗って食べることが多いが、ふたつに割って中にチーズなどを詰めるのもいい。目玉焼きとヨーグルトソースとの組み合わせは、とくに朝食向きである。

材料（1人分） **Recipe**

【パン】ハルチャ：2個*【具材】目玉焼き：1個【ソース】モロカン・ヨーグルトソース（p.297）：適宜／好みのジャム：大さじ1 *(6個分) セモリナ粉：1カップ／砂糖：大さじ1／ベーキングソーダ：小さじ1／塩：適宜／バター：60g／ミルク：60～100ml

Memo

生地はこねずに、湿り気が粉全体にいきとどくまで混ぜる程度がいい。

モロッコ Morocco

Batbout ‖ バトブート

モロッコ

フライパンで作れるマフィンに似たパンのサンドイッチ

　バトブートはベーキングソーダを使ったハルチャとは違い、イースト発酵させた生地を使う。これにもセモリナ粉が小麦粉と1対2の割合で入っている。発酵させた生地はオーブンではなく、油をひかないフライパンで焼く。見た目も味も食べた感触も、イングリッシュマフィンによく似ている。直径6〜7センチのミニバトブートは、ポケットを作って何かを詰めるのにちょうどいい大きさだ。ここではさまざまなスパイスをミックスしたシャワルマ・スパイスといっしょにソテーした鶏肉と新鮮な野菜が、バトブートのポケットに詰まっている。タヒニ（ゴマペースト）で作ったクリーミーなタヒナソースをたっぷりかけて食べる。

材料（10人分）

Recipe

【パン】バトブート：10個*1【具材】鶏肉のソテー：3カップ*2／レタス：4枚／ピクルスのスライス：6枚【ソース】タヒナソース（p.296）：大さじ3
*1（10〜15個分）強力粉：400g／セモリナ粉：200g／砂糖：大さじ2／塩：少々／オリーブオイル：大さじ3／ドライイースト：小さじ2／水：300ml　*2バター：大さじ1／鶏肉：500g／玉ネギのスライス：1個分／トマトのスライス：2個分／チキン・シャワルマ・スパイス（p.296）：小さじ1/2／塩とコショー：適宜／水：30ml　●水以外の具材を炒め、水を加えて水分がなくなるまで煮る

Memo

タヒナソースに使われるタヒニは日本でも料理によく使うゴマペーストに似ているが、ゴマの皮を取り除いてあるので味がマイルドだ。

Moroccan Chicken & Chickpea Salad

モロカン・チキン&チックピー・サラダ

ヒヨコ豆は中近東、中央アジアでよく食べられている独特の食感を持つ豆だ。ナッツに似た味を備えたねっとりとした豆で、カレー、サラダ、フムス、ファラフェルなど、さまざまな料理に使われる。このヒヨコ豆がここで紹介するサラダの材料だ。これに少しばかりスパイシーな味つけの鶏肉を加え、ピタのポケットに詰め込む。かなりボリュームがあるサンドイッチだ。鶏肉を加えなくてもおいしいので、ベジタリアンにもおすすめ。

材料(3人分) 【パン】ピタブレッド：3枚【具材】鶏肉のソテー：200g*¹／ヒヨコ豆のサラダ：1カップ*²
*¹ひと口大に切った鶏ムネ肉：200g／クミン、チリパウダー：各小さじ1/2／サラダ油：少々　*²柔らかく煮たヒヨコ豆：2/3カップ／刻んだスカリオン：2本分／刻んだトマト：1/2個分／刻んだオリーブ：4個／ニンニクみじん切り：1粒分／オリーブオイル：大さじ1／レモンジュース：大さじ1／塩とコショー：適宜

Lamb Tagine with Prunes

ラム・タジン・ウィズ・プルーンズ

タジンは「アラビアンナイト」にも出てくる長い間中近東、イスラム圏で使われてきた陶器である。これを使ってじっくり煮込んだラムを、半分に切ったピタのポケットに詰める。ミント入りのさわやかなソース、甘酸っぱいプルーンとこの煮込んだラム肉がまたよく合う。

材料(3人分) 【パン】ピタブレッド:3枚【具材】スパイスに漬けたラム肉の煮込み：300g*¹／トマトのスライス：1/2個分／レタス：1枚／茹で卵のスライス：1個分／白ゴマ：小さじ1/2【ソース】モロカン・クックド・ドライ・プルーン*²：3個分／ミント・ヨーグルトソース (p.297)：大さじ3
*¹[スパイスに漬けたラム肉]ひと口に切ったラム肉：300g／ニンニクのみじん切り：1粒分／塩とコショー：適宜／コリアンダー、クミン、ジンジャーパウダー：少々／シナモンスティック：1/2本／オリーブオイル：大さじ3 [煮込み]オリーブオイル：大さじ3／玉ネギの輪切り：1/4個分／水：1/2カップ　*²ドライプルーン：3個／ラム肉の煮汁：20ml／ハチミツ：大さじ1／シナモンパウダー：ひと摘み／白ゴマ：小さじ1/2

Fricassé ‖ フリカッセ

チュニジア

小さな揚げパンで作った
ツナ、卵、ポテトのサンドイッチ

　北アフリカ、地中海に面したチュニジアは、文化的にさまざまな影響を受けている。アラブ、フランス、イタリア、スペイン、トルコ、そして最近では貿易や観光を背景に中国、日本、インドなどの影響も受けている。食文化も土着の文化と混ざり合い、独特のものを築いている。フリカッセはそんなメルティングポット、チュニジアのシンボルともいえるパン、サンドイッチである。フリカッセはドーナッツのように、発酵させた生地を油で揚げる。油っこいパンを想像するが、生地の水分が多いためか、中には油が浸み込まず、普通のパンと変わりがない。小さなフリカッセのサンドイッチを売る店が、チュニジアのいたるところにある。子どもの大好物でもある。

材料（8人分） **Recipe**

【パン】フリカッセ：8個*¹【具材】ツナとジャガイモのサラダ：3カップ*²／茹で卵のスライス：4個分／オリーブ：16個【ソース】ハリサまたは他のホットソース：適宜

*¹ 小麦粉：4カップ／イースト：小さじ2／サラダ油：大さじ2／塩：少々／卵：1個／水：1と1/4カップ／フライ用のサラダ油：適宜　●サラダ油以外を混ぜ、よくこねる。生地が倍になるまで1時間ほど発酵させる。8等分にして、フットボール型に成形、油で揚げる　*² サイコロに切った茹でジャガイモ：3個分／缶詰のツナ：100g／塩とコショー：適宜

Memo

厚みがあるので、高温で揚げると中まで火が通らない。大きさによって違うが、6〜8分くらいかけてゆっくり揚げるのがいい。油の上でころころ転がすのがポイントだ。

Garantita ‖ ガランティータ

材料（4人分） 【パン】バゲット：1個【具材】ガランティータ：1枚*【ソース】ハリサ：適宜
*ヒヨコ豆粉：1カップ／水：2カップ／サラダ油：1/4カップ／卵：1個／クミン：小さじ1/2／塩とコショー：適宜　●水に一晩漬けたヒヨコ豆粉に他の具材を加えて混ぜ、トレーの上で伸ばしてオーブンで焼く。適当な大きさに切ってパンにはさむ

サンドイッチにはさまざまな逸話が残されている。それがまたおもしろいところだが、ガランティータ発祥の経緯は異色だ。話は1500年代にまで遡る。舞台はアルジェリア北西部オランのサンタクルズ砦だ。砦に包囲されたスペイン軍は残り少なくなった食料をヒヨコ豆の粉に混ぜて料理を作り、それをパンにはさんで食べた。これがガランティータの原型である。現在では、ガランティータを売る露面店をアルジェリアの各都市で見かける。

Frites Omelette ‖ フリット・オムレット

材料（1人分） 【パン】バゲット：1/4個【具材】オムレツ：1個*／バター：大さじ1／オリーブのスライス：2個分／トマトのスライス：2枚【ソース】ハリサまたは他のホットソース：大さじ1
*フライドポテト：200g／卵：2個／塩とコショー：適宜／バター：大さじ2

フリット・オムレットはアルジェリアでガランティータに次ぐ人気のあるストリートフードである。スペインのオムレツ、トルティーヤに似ているが、アルジェリアのオムレツはもっとアグレッシブだ。残りものでもかまわない。フライドポテトをフライパンで温め、そこにハリサと呼ばれる、アルジェリア特産のチリペーストが入った卵を流し入れる。大きなフライドポテトの影響もあり、オムレツというよりもスクランブルエッグに近いものが出来上がる。

Bunny Chow

バーニ・チャウ

パンの中身を取り出してそこにカレーを流し込む

　バーニ・チャウの発祥をめぐってはさまざまな説が飛び交っている。どれももっともらしいが、真実はわかっていない。だが、ダブリンで暮らすインドからの移民が作り出したというのは正しいようだ。はじめは乾燥したシュガービーンズを使った肉なしのカレーだったらしいが、今ではマトン、ラム、鶏肉などが入る。日本人は世界でも有数のカレー好きである。地元やオリジナルのレシピにこだわるのもいいが、自分たちが食べ慣れているカレーを使ってもかまわないと思う。ただしパンは完全防水ではないので、水分が多いカレーは避けたほうがいいだろう。とろみがついたカレーは、バーニ・チャウにはぴったりだと思う。最初はコタと呼ばれるミニチュアサイズにするのもいい。

Recipe

材料（4〜6人分）

【パン】スライスしていない食パン：10〜15cm【具材】とろみのあるラムまたはビーフカレー：パンの穴を埋めるのに十分な量　●食パンは中身をくりぬくが、捨てないで一緒にテーブルに並べる

Memo

まずは取り出したパンの中身をカレーに浸して食べる。その後で本体にとりかかる。

Gatsby ‖ ギャツビー

スコット・フィッツジェラルドの小説「グレート・ギャツビー」から名前を取ったといわれるが、なぜそのような名前がつけられたのかは皆目見当がつかない。ただいえることは、世界に名だたる巨大サンドイッチだということだ。ひとりでは食べ切れないので、数人でシェアする場合が多い。夕食の残りものを何でも詰めて翌日の昼食にしたのが始まりともいわれるだけに、中の具はさまざまだ。定番はボローニャ・ソーセージとフライドポテト、そして辛いピリピリソースだ。

材料(1人分) 【パン】ミニバゲット:1個【具材】ソテーしたボローニャソーセージ:4枚/フライドポテト:1カップ/刻んだレタス:1/2カップ【ソース】ケチャップ:大さじ1/ピリピリソース:大さじ1

Braaibroodjie ‖ ブラーイブルーイキ

ブラーイはバーベキュー。バーベキューで侮れないのがサイドディッシュ。バーベキューで欠かせないサイドディッシュが、ブラーイブルーイキである。何ということはないホット・チーズサンドイッチである。でも南アフリカの人はこのサンドイッチにこだわる。バゲットのようなファンシーなパンは使わない。チーズはスライスではなく、刻んだものを使う。パンの外側にはバターを塗る。そしてもちろん、炭火でトーストする。

材料(4人分) 【パン】食パン:8枚【具材】トマトのスライス:2個分/チェダーチーズ:4枚/玉ネギのスライス:1個分/バターと塩とコショー:適宜

Spicy AMARULA* Chicken Livers with Crusty Bread

南アフリカ

|| スパイシー・アマルラ・チキン・レバーズ・ウィズ・クラスティ・ブレッド

甘いリキュールで調理した鶏のレバーをバゲットにのせて食べる

南アフリカ South Africa

アマルラは南アフリカ原産のアマルラフルーツを発酵させて作ったクリームリキュールである。1980年代より生産が始まった比較的新しいリキュールで、世界的にはまだあまり知られていない。アマルラはエレファント・ツリー(ゾウの木)とも呼ばれる。ゾウが好んで食べる実で、自然に発酵した実を食べてゾウが酔っ払ったという伝説もある。アマルラはそのまま飲まれるだけでなく、カクテル、デザートもちろん、肉料理にも使われる。このレシピはアマルラのホームページで紹介されているものだ。鶏のレバーにアマルラのクリーミーで甘い香りと味が加わり、ほかの料理では味わえない、不思議だがゴージャスな味を作り出している。

材料(4人分) — Recipe

【パン】バゲットのスライス:4〜8枚【具材】鶏のレバーソテー:1カップ*
*オリーブオイル:大さじ2/玉ネギのみじん切り:1個分/鶏のレバー:250g/塩とコショー:適宜/ニンニクのみじん切り:1粒分/刻んだチリペッパー:1本分/刻んだチャイブ、パセリ:各大さじ1/ブランデー:30ml/アマルラ・クリーム:30ml/ヘビークリーム:200ml

Memo

オリーブオイルで玉ネギを炒める。ノンスティックのフライパンで塩、コショーしたレバーを焼き、炒めた玉ネギ、ニンニクとチリペッパーを加え、ブランデーでフランベする。アマルラ・クリームを加えてひと煮立ちさせる。チャイブとパセリを加えてサッと混ぜる。

*AMARULAのロゴは
*Southern Liqueur Company Limited*の登録商標

Pineapple Sandwich ‖ パイナップル・サンドイッチ

南アフリカ

イースタンケープの小さな町バトハルストには、スポンジ・ボブの家のような大きなパイナップルの建物が建っている。世界一のパイナップル型建造物である。パイナップルは南アフリカにとって重要な生産物だ。その豊富で安いパイナップルを、サンドイッチにしない手はない。で、できたのが、バターを塗った食パンに厚く切ったパイナップルをはさんだパイナップル・サンドイッチである。これだけである。隠し立てすることは何もない。

材料（1人分）　【パン】食パン：2枚【具材】バター：大さじ1／厚切りの生パイナップル：1枚

Roosterkoek ‖ ルースタークック

南アフリカ

ブラーイブルーイキがそんなにうまいなら、パン生地をバーベキューグリルで焼くことから始めたらもっとうまい、と考えたかはわからないが、ルースタークックはブラーイブルーイキと並ぶ、バーベキュー必須料理である。ルースターブレッドはイースト発酵させたパンで、ベーキングソーダを使ったパンより手間がかかる。だからだれでも簡単に作れるように、スーパーなどでルースターブレッド用の生地が売られている。これを適当に丸めて、ぽんとグリルにのせればいい。

材料（各1人分）　【パン】ルースターブレッド：2個*【具材A】イチジクのプリザーブ：大さじ1／バターまたはカマンベールチーズ：大さじ1【具材B】スクランブルエッグ：大さじ2／ベーコン：2枚
*(10個分)　小麦粉：400g／塩、砂糖：各小さじ1／ドライイースト：小さじ2／オリーブオイル：15ml／ぬるま湯：250ml　●すべて混ぜて生地を作り、生地が倍になるまで発酵させる。円盤型の生地を10個作り、グリルで焼く

Crocodile Burger

ザンビア

|| クロコダイル・バーガー

ワニでさえハンバーガーにしてしまう人間の探究心はすごい

　ダチョウ、トナカイ、イノシシ、カンガルー、アルマジロにいたるまで、思いもかけない肉が、世界では食されている。食肉用に飼育されているものも少なくない。アメリカでもバイソンやアリゲーターが食肉用に飼育されている。クロコダイルもそんなめずらしい肉のひとつである。アメリカでは残念ながらクロコダイルの肉は手に入らないので、アリゲーターにするしか方法がなかったが、味も食感も、両者に大きな違いはないと思う。ワニの肉は少し水っぽいところはあるが、鶏肉に似ていて癖はない。ゴムのような食感があるとよくいわれる。しかし挽き肉にすると、そうした食感はまったく感じない。だからハンバーガーには適した肉といえる。

材料（1人分）　　Recipe

【パン】ハンバーガーバン：1個【具材】ワニ肉のハンバーグ：1個＊／トマトのスライス：2枚／赤玉ネギの輪切り：3枚【ソース】ケチャップ、マヨネーズ、マスタード：各大さじ1
＊クロコダイルまたはアリゲーターの挽き肉：200g／玉ネギのみじん切り：1/4個分／セロリのみじん切り：大さじ1／溶き卵：大さじ1／オレガノ、タイム、ナツメグなどのハーブミックス：小さじ1／パン粉：大さじ1

Memo

アリゲーターの身は水分が多いことが考えられるので、もし水分が多いと思ったときはペーパータオルなどで水分を取ってから、他の具材と混ぜる。

The World's Sandwiches
Chapter 8

アジア、オセアニア

中国／台湾／韓国／日本／ベトナム／タイ／カンボジア
マレーシア／シンガポール／インド／オーストラリア

猪排包 ‖ ツウ・パイ・パオ

中国

マカオが生んだポークチョップ・サンドイッチの名作

　ツウ・パイ・パオはアメリカの中華街などではポークチョップバンと呼ばれ親しまれている。中国のマカオでもっとも人気のあるスナックのひとつである。外側はカリっと揚がっているが、中はソフトで、かじると肉汁が口の中に広がるほどだ。肉はさまざまなスパイスを加えたマリネ液に漬けた後に揚げられる。マリネードは中華料理特有の複雑さがあり、個人で再現するのは難しい。手軽に楽しむなら五香粉を使うのがいいだろう。ポルトガルの植民地であったことから、パンにはポーチュギースロールが使われることが多いが、パイナップルバンと呼ばれる、日本でいえばメロンパンのような甘いパンを使うことも少なくない。

材料（2人分） — Recipe

【パン】パイナップルバン：2個【具材】マリネ液に漬けた骨なしポークチョップ：2個＊／赤玉ネギの輪切りのソテー：1/2個分／レタス：1枚 ＊（マリネ液の材料）ニンニクのみじん切り：1粒分／おろしショウガ：小さじ1／玉ネギのみじん切り：1/2個分／アサツキのみじん切り：1本分／醤油：大さじ3／砂糖：大さじ2／五香粉：小さじ1/2／水：1/2カップ／片栗粉：大さじ3

Memo

肉は包丁の背でたたき、さらに包丁の腹でたたいて柔らかくする。五香粉はかなりきついスパイスミックスなので、たくさん使いすぎないように注意する。マリネ液には少なくとも3時間は肉を漬けておきたい。肉は揚げても、焼いてもいい。

烧饼 ‖ シャオ・ビン

中国

サクサクのペーストリーは朝食、スナックに最適

　シャオ・ビンは中国北部のフラットブレッドで、パンというよりもペーストリー（パイ）といったほうがいいだろう。具を生地でくるんで焼く、焼き上がったシャオ・ビンを横に切り開いて具を詰める、何も詰めずにそのまま食べるなど、目的、好みに応じて使い分けられる。アメリカでは中華街に行けば、冷凍のものが簡単に手に入る。甘いものから肉料理まで具材はいろいろある。中華風のあんこやネギ入りのオムレツをはさんだシャオ・ビンは、朝食としてよく食べられている。台湾でもシャオ・ビンを朝食に食べる習慣がある。牛肉の蒸し焼きをはさんだシャオ・ビン・ジャー・ロウは、台湾で人気のサンドイッチのひとつである。

Recipe

材料（2人分）

【パン】シャオ・ビン：2枚【具材A】オムレツ：1個＊【具材B】中華風あんこ：大さじ2
＊卵：1個／ネギ：大さじ1／塩とコショー：適宜／焼くためのサラダ油：適宜

Memo

冷凍のシャオ・ビンはトースターでもオーブンでも簡単に焼ける。

肉夹馍 ‖ ロー・ジャー・モー

中国

多数のスパイスを使って蒸し煮にした豚肉のサンドイッチ

ロー・ジャー・モーは中国陝西省を起源とするサンドイッチで、今では中国各地で食べられている。ストリートフードとしても人気がある。ロー・ジャー・モーに使われるパンは、モーと呼ばれるフラットブレッドである。イングリッシュマフィンに似ているが、厚さがイングリッシュマフィンほどない。この薄いパンを横に切り開いて、豚の煮物をはさんだのがロー・ジャー・モーである。豚の煮物には八角、ミカンの皮、唐辛子、四川コショー、カルダモン、クミンなど20種類にのぼるスパイスが使われる。個人で作る場合は右の材料のように主要なものを選んで、シンプルにするのがいいだろう。パンはモーの代わりにイングリッシュマフィンが使える。

材料（2人分） Recipe

【パン】モー：2個*¹【具材】中華風豚の煮物：大さじ4*² ／玉ネギのみじん切り：小さじ1／刻んだパセリまたはパクチー：大さじ1／ホット・グリーンペッパーのみじん切り：小さじ1(お好みで)

*¹(6個分) 小麦粉：350g／水：140〜180ml／ドライイースト：小さじ2／塩：小さじ1 ● 二次発酵を終えた生地をマフィンの形にして、油を使わずにフライパンで焼く *²(6人分) 豚肉：1000g／酒：30ml／塩：6g／ザラメ糖：10g／醤油：35g／ネギ：1/2本／ショウガ：2片／八角：2個／シナモンスティック：1本／草果：1個／水：適宜 ●具材をすべて入れ、肉がかぶる程度に水を入れて、肉が柔らかくなるまで煮る。肉を食べやすい大きさに切る

棺材板 ‖ グァン・ツァイ・バン

パンでできた棺にシチューを入れて食べる

　グァン・ツァイ・バン（棺材板）とはよくいったものだ。英語でもコフィン・ブレッドと呼ぶ。早い話が棺のことである。揚げた食パンをくり抜いて、そこにシチューを入れる。リゾットを入れることもあるらしい。アメリカでもニューイングランドでは、クラムチャウダーを丸いフランスパンをくり抜いたようなパンのボウルに入れて出すことがあるが、食パンを揚げてボウルの代わりにするのは、おそらくこのグァン・ツァイ・バンだけだろう。このサンドイッチが食べられる場所としては台北の士林夜市が観光客の間ではよく知られている。エビのクリームシチューを入れるのが一般的だが、好みのシチューを入れても一向にかまわない。南アフリカのようにカレーを入れてもいいだろう。

材料（1人分）

Recipe

【パン】揚げた厚切りの食パン（厚さ2cm以上）【具材】エビのクリームシチュー：適宜

Memo

食パンは油をよく吸うので、たっぷりの油で揚げると油っこくなりがちだ。できるだけ少ない油で、ひっくり返しながらこんがり焼くといい。しっとりとした水分の多い食パンを使うか、食パンの端を使うことでも吸い込む油の量を少なくすることができる。食べ方は、蓋にシチューをのせて食べるか、シチューをスプーンで食べる、もしくはシチューが浸み込んだパンにかぶりついてもいい。

刈包

|| グアバオ

豚バラ肉と漬物がはさまった蒸しパンのサンドイッチ

　グアバオは舌が2枚重なっているような形をしたパンだが、実際に蒸す前に楕円形に広げた生地をふたつに折る。上下のパンは完全にくっついているわけでなく、指で簡単に開くことができる。そこに調理した豚のバラ肉をはさんだのがこのサンドイッチである。台湾で大変人気のあるサンドイッチで、中華街でも、シャオ・ビン同様冷凍のグアバオが手に入る。レンジで温めればすぐに食べられる。おもしろいのはサン・カイと呼ばれる漬物が、一緒にはさまれるところだ。少し辛味がある日本でいうカラシナで作った漬物で、見た目も歯ごたえも、そして味も高菜漬けにそっくりである。この漬物と肉の相性が絶妙なのだ。

材料（6人分）

Recipe

【パン】蒸したバオ：6個*1【具材】煮豚：350g*2／パクチー：適宜／刻んだピーナッツ：小さじ1／サン・カイまたは高菜漬け：適宜
*1 小麦粉：200g／水：100g／ドライイースト：小さじ2／砂糖：20g／塩：小さじ1/2
● 発酵させたら6等分し、小判型に伸ばす。2つ折りにして蒸す　*2 ひと口大の豚肉：350g／玉ネギ、しょうがのみじん切り：5g／醤油：5ml／塩：3g／八角：3個／水：2カップ
● 肉を焼いた後に、他の具材と一緒に煮る

Memo

少し砂糖を加えて豚肉に甘みをつけてもいい。サン・カイにこだわらなくても、高菜漬けで十分。

불고기버거

プルコギ・バーガー

韓国の焼肉がハンバーガーになった画期的なサンドイッチ

プルコギは日本でも人気の焼肉料理だ。これをハンバーガーバンにはさんで、レタスやチーズをプラスしたのがプルコギ・バーガーだ。韓国では大手バーガーチェーン店でも売っているほどの人気である。日本からわざわざこれを食べるために韓国に行く人もけっこういるのではないだろうか。プルコギ・バーガーにはどうも2種類あるようで、ひとつはプルコギの味がするハンバーグを使ったもの、もうひとつはプルコギがそのまま使われているものである。これにコチュジャンソースをかけるのが、一般的な食べ方だが、キムチを代わりにのせるのがまたたまらない。プルコギの甘さにキムチのシャキシャキ感、酸味、辛味が加わって味に深み、複雑さが増す。

Recipe

材料（3人分）

【パン】ハンバーガーバン：3個【具材】プルコギ：200g*¹／野菜ソテー：1/2〜2/3カップ*²／キムチ：100g【ソース】マヨネーズ：適宜

*¹サラダ油：小さじ1／焼いた牛肉の薄切り：200g／プルコギソース：大さじ5

*²玉ネギのスライス：1/2個分／マッシュルームのスライス：2〜3個分／サラダ油：小さじ1

Memo

肉にしっかり味がついていて、キムチも入っている。好みにもよるが、マヨネーズをあえてかける必要はない。

Katsu Sand ‖ カツサンド

日本

世界に名をはせる、日本食文化を象徴するサンドイッチ

　カツサンドのカツは厚さが均一で、パンを端から端までカバーしていなければいけない。三角に切った切り口だけが厚く、2枚のパンをはがすとカツがパンの半分くらいしかないものは失格である。キャベツは入っていてもいいが、多すぎてはいけない。肉は豚ヒレ、衣は日本のパン粉以外考えられない。仕上がりの軽さ、サックリ感が理由で、外国でも日本のパン粉を使うようになってきた。ソースはつけすぎず、甘からず辛からずの微妙ところをキープしていなければいけない。人によって好みは違うが、大体の人がこの定義に賛同するのではないだろうか。カツサンドは日本が誇るワールドクラスのサンドイッチである。

Recipe

材料（1人分）

【パン】食パン：2枚【具材】豚ヒレカツ：2枚／刻んだレタスまたはキャベツ（オプション）【ソース】トンカツソース：大さじ1／マスタード：小さじ1（お好みで）／マヨネーズ：小さじ1（お好みで）

Memo

マスタード、マヨネーズを使う場合は豚カツソースに混ぜる。ソースミックスはパンに塗るのではなく、カツにつける。サンドイッチにした後はラップでくるみ、上から軽めに重石をしておく。そうすると切ったときに崩れにくい。

Yakisoba Pan ‖ 焼きソバパン

材料(1人分) 【パン】サブロールまたはブリオッシュロール:1個/好みの焼きソバ:適宜/紅ショウガ、青ノリ:少々

焼きソバの起源は中国のチャオメン(炒麺)だ。でも、もしチャオメンが焼きソバへと進化しなかったら、焼きソバパンはありえなかった。水分が少ないソース味の焼きソバだからこそ、パンにはさんでもぐしょぐしょにならない。といっても焼きソバパンの焼きソバに特別なレシピはない。人によって好みも違う。個人的な意見をいえば、第一に水分が少ないこと、オイスターソースを少し加えること、モヤシ、玉ネギ、紅ショウガ、青ノリは必須といった感じだ。

fruit Sand ‖ フルーツサンド

材料(1人分) 【パン】食パン:2枚【具材】イチゴ:4個/ホイップクリーム:大さじ2〜4

イチゴと生クリームがはさまったサンドイッチは日本の定番である。コッペパンにバタークリームだけをはさんだサンドイッチもかなり昔からある。今ではクリームサンドは一種のカテゴリーで、そのバリエーションは限りない。フルーツはキウイ、パイナップル、バナナなど。クリームにもさまざまな味つけがなされている。パンの種類もまちまちである。でも基本はイチゴと生クリームだということを忘れてはいけない。このふたつの組み合わせは不変なのだ。

Bánh Mì ‖ バイン・ミー

サンドイッチの新境地、アジアを代表するサンドイッチ

　ベトナムのサンドイッチ、バイン・ミーはアメリカでも完全に市民権を得た。中華街だけでなく、都市の街角でもバイン・ミーを売るレストランが現れ始めた。バイン・ミーはフランス植民地時代の影響をかなり受けている。ベトナム文化とフランス文化の融合がこのサンドイッチを生んだ。パンは明らかにフランスのバゲットである。違いはクラストが薄く、バゲットよりもふわりとしたパンであることだ。はさまっている具はベトナム独自の料理、あるいはアレンジを加えたものが多い。肉と野菜のバランスで考えると、ヨーロッパやアメリカのサンドイッチと比べると野菜の割合が大きい。この肉と野菜の程よいバランスが、ほかのサンドイッチにない魅力といえる。

材料（1人分）

Recipe

【パン】ミニバゲット：1個【具材】好みのマリネ液に漬けて焼いた肉と豆腐のソテー：80g／キュウリの千切り：3～5本（お好みで）／ドーチュア（野菜の酢漬け）：大さじ2*／刻んだパクチー：大さじ1【ソース】マヨネーズ：大さじ1／醤油：小さじ1

*(3カップ分）ニンジンの千切り：1本分／大根の千切り：450g／塩：小さじ1／砂糖：1/2カップ／米酢：1と1/4カップ／ぬるま湯：1カップ

Memo

パンを横に切り開いたら、中身を少し取って具材のためのスペースを作る。パンは軽くトーストする。

Itim Khanom Pang ∥ アイティム・カノム・パン

アイスクリームの後ろに隠された甘いおかゆに注目

　イタリアにジェラートのサンドイッチが、アメリカにクッキーではさんだアイスクリーム・サンドイッチがあるように、アジアにも両者に負けないアイスクリームのサンドイッチがある。タイのアイティム・カノム・パンはイタリアやアメリカのコピーではないユニークな特徴を持っている。パンには日本のバターロールにも似たソフトなものが使われている。アイスクリームにはいろいろな種類があるが、もっともアジアらしいのがココナッツミルクのアイスクリームだろう。けれどもこのタイのアイスクリーム・サンドイッチをもっとも特徴づけるのは、アイスクリームの下に隠されたココナッツ味の甘いスティッキーライスである。

材料 (1人分) Recipe

【パン】ブリオッシュなどの甘いパン：1個【具材】ココナッツ・スイート・スティッキーライス：大さじ1[*1]／ココナッツアイスクリーム：2スクープ[*2]／砕いたピーナッツ：小さじ1

[*1](2人分) もち米：1カップ／ココナッツミルク：2/3カップ／塩：少々／砂糖：1/2カップ ● 炊いたもち米に残りの材料を加えて火にかけ、おかゆ状になるまでかき混ぜながらゆっくり煮る　[*2](4人分) ココナッツミルク：400ml／砂糖：大さじ6／塩：少々／コーンスターチ：大さじ2／バニラエッセンス：小さじ1　● 大さじ2のココナッツミルクでコーンスターチを溶いておき、残りの材料を鍋で沸騰させる。そこに溶いたコーンスターチを加えてとろみをつける。冷凍庫で1日冷やし、フォークなどで砕いた後ブレンダーで滑らかになるまでミックスする。もう一度冷凍庫で凍らせる

Nom Pang ‖ ナン・パン

カンボジア

植民地時代のフランスの影響を色濃く残すサンドイッチ

　カンボジアでパンのことをナン・パンという。ナン・パンはサンドイッチの意味も兼ねる。ナン・パンは植民地時代にフランス人が持ち込んだバゲットだ。ナン・パンは現在カンボジアの朝食に欠かせないアイテムで、濃いコーヒーとともに食べられる。ナン・パンのサンドイッチはベトナムのバイン・ミーによく似ている。どちらが先かはわからない。ふたつの国はともにフランスの植民地だっただけでなく、隣国であるため互いに影響を受けていることは確かだ。ここで紹介するトマトソースに浸かったイワシのサンドイッチは、カンボジアの南西部、ベトナムと国境を接するカンプチェア・クロムで人気のあるサンドイッチだ。

Recipe

材料（1人分）

【パン】フレンチロール：1/2個【具材】トマトソース漬けのイワシのソテー：2尾／ホット・チリペッパーのスライス：適宜（お好みで）／大根とニンジンの酢漬け（p.268）：大さじ2／コショー：少々【ソース】醤油：適宜

Memo

トマトソース漬けのイワシはソテーしたあと、トマトソースをかけて少し煮る。

Roti John ‖ ロティ・ジョン

マレーシア

オムレツがパンに張りついた、食べてもこぼれないオムレツサンド

　ロティ・ジョンはマレーシアやシンガポールの町々でよく見かけるオムレツのサンドイッチである。ロティはパン、ジョンは白人、つまり東南アジアに駐留していたイギリス兵のことだ。ロティ・ジョンにはふたつの作り方がある。プレーンオムレツの場合は、玉ネギやホットソースが入った溶き卵をパンにかけ、それをグリルで焼く。挽き肉などの具が入る場合は、プレーンオムレツのときと同じく溶き卵に肉を混ぜ、それをまずグリルの上に広げてただちにパンを卵の上に置く。まだ半熟のオムレツがパンに見事に張りつくという実によく考えられた方法だ。はみ出したオムレツはヘラで折り返して、パンに押し込んでしまう。

Recipe

材料（1人分）

【パン】バゲット：1/2個【具材】オムレツ：1人分*

*牛挽き肉：40g／玉ネギのみじん切り：1個分／卵：3個／サンバル：大さじ1／お好みでカレーパウダー：小さじ1/2／塩とコショー：適宜

Memo

サンバル（ホットソース）とカレーパウダーは溶き卵に混ぜるが、もし辛さが足りないときは、食べる前にも振りかける。

Kaya Toast

|| カヤ・トースト

甘いジャム、卵の黄身、醤油。このコンビネーションがたまらない

　カヤ・トーストの主役はカヤと呼ばれるココナッツミルクでできたジャムである。ジャムといってもココナッツの色をしているだけで、感じはバターに近い。トーストにこのカヤを塗ったのがカヤ・トーストである。カヤは、基本的にはココナッツミルク、砂糖、卵でできている。しかしジャムに独特のにおいをプラスするためにパンダンの葉が加えられることが多い。この葉を入れることで、カヤに甘いバラのような香りが加わる。食べ方はいかにもアジア的だ。半熟のまだ黄身まで火が通っていない茹で卵に醤油をかけ、カヤ・トーストをその半熟卵につけて食べる。このコンビネーションのすばらしさは、食べた者なら納得がいくはずだ。

材料（1人分）

Recipe

食パン：2枚／バター：大さじ1／カヤジャム：大さじ2＊／半熟の茹で卵：1個／醤油と白コショー：適宜

＊(1カップ分)　卵：3個／砂糖：1と3/4カップ／ココナッツミルク：400ml／パンダンの葉：3枚／水：大さじ1

Memo

カヤジャムはレシピの順に溶いていき、湯せんにかけて煮詰めていく。ココナッツミルクが少し茶色くなり、ジャムくらいのとろみがつけば完成だ。

Paneer Tikka Kathi Roll

インド

|| パニール・ティッカ・カティー・ロール

インドを代表するチーズをフラットブレッドでくるんだサンドイッチ

　インドでは約半数の人がベジタリアンである。ベジタリアンではなくても、われわれのように肉や、魚を頻繁に食べるわけではない。だからレストランもかならずベジタリアンフードを用意している。カティー・ロールでは本来ケバブのような肉が使われる。このサンドイッチでは肉の代わりにパニールと呼ばれるチーズが使われている。ベジタリアンであっても乳製品は食べることが多い。卵も、すべてのベジタリアンが食べないというわけではない。スパイスをたくさん使うインド料理の中では、このサンドイッチはシンプルなほうだろう。でもこのサンドイッチの中にはインドのテイストがふんだんに盛り込まれているのだ。

材料（1人分） Recipe

【パン】ロティ：4枚*¹【具材1】スパイスとチーズのミックス：1/2カップ*²【具材2】パニール：1カップ／玉ネギ、ピーマンの小口切り：各1/2カップ／サラダ油：大さじ1　●具材1と具材2を混ぜて10分おき、サラダ油で2分ほどソテーする【その他の具材】小さじ1のチャートマサラ（p.296）をミックスした玉ネギの輪切り：1カップ　*¹全粒粉または小麦粉：1カップ／塩：小さじ1/4 ／サラダ油：大さじ2 ／水：1/4カップ／ギー：適宜　●ギー以外の材料を水を加えながら混ぜていく。生地をこねたら表面に少し油を塗って、ラップをかけて10分ほど休ませる。4等分した生地を丸く薄く伸ばす。網の上にフライパンをのせ、油なしで生地の両面を焼く。ところどころに膨らみができたら、フライパンを外し、網の上に生地を焼く。生地がドーム状に膨らんだら皿に移しギーを塗る　*²カッテージチーズ：1/2カップ／チリパウダー：小さじ1 ／ターメリック：小さじ1/4 ／ジンジャー・ガーリックペースト：小さじ1 ／ヒヨコ豆粉：小さじ1/2 ／チャートマサラ（p.296）：小さじ3/4 ／乾燥フェヌグリークの葉（ハーブの一種）：小さじ1/2 ／ガラムマサラ：小さじ3/4 ／塩：適宜

Bread Pakora

ブレッド・パコラ

インド

インド India
274

香ばしいヒヨコ豆粉の衣で覆われたサンドイッチ

　パコラは油で揚げた食べ物の総称で、実際に聞いたわけではないが、インドの人から見れば、てんぷらもから揚げもパコラということになる。これはサンドイッチそのものに衣をつけて揚げてあるため、ブレッド・パコラとなるわけだ。このサンドイッチでもっとも興味深いのは衣である。パン粉でもなければ小麦粉でもない。片栗粉といったスターチでもない。衣にはヒヨコ豆の粉が使われている。ヒヨコ豆を使うと、衣にナッツのようなフレーバーが加わる。スパイシーだが少し甘みのあるトマト・チャツネとコリアンダーをおもな材料に使ったスパイシーなグリーン・チャツネが、淡白なパニールの味を引き立てる。

材料（1人分） Recipe

【パン】食パン：2枚【衣の材料】ヒヨコ豆粉：250g／チリパウダー：小さじ1／アジョワンシード：小さじ1/2／塩：適宜／ベーキングソーダ：小さじ1/2／サラダ油：小さじ1／水：適宜【具材】パニールのスライス：100g【ソースほか】トマト・チャツネ、グリーン・チャツネ、チャートマサラ（p.296）：適宜

Memo

耳を切ったパンに2種類のチャツネを塗り、パニールをはさむ。アジョワンシードは、味は八角やオレガノ、香りはタイムに似ているスパイスだ。衣の具材はすべて混ぜ、パン全体につけて揚げる。出来上がりは固めのてんぷらの衣の感じ。ヒヨコ豆粉で作った溶き粉がゆるすぎると、パンに衣がうまい具合にからんでくれない。逆に硬すぎると食べたときの感触がよくない。少しゆるめのパンケーキの生地くらいが適当だろう。衣をパン全体につけたら、手でそっとパンを持ち上げて油で揚げる。

Vada Pav ‖ ウァラ・パオ

ウァラ・パオはインドの西、マハーラーシュトラが起源のベジタリアン・サンドイッチだ。同州の州都ムンバイで人気のファストフードでもある。ウァラはジャガイモのフリッター、パオはインドのスイートロールだ。

材料（8人分） 【パン】ラディ・パオ：8個【具材】ドライ・ガーリック・チャツネ：適宜／ウァラ：8個*
*[A]サラダ油：大さじ1／マスタードシード：小さじ1／カレーの葉：6～8枚／グリーン・チリペッパーのみじん切り：2本分／おろしニンニク：大さじ1と1/2個／おろしショウガ：大さじ1／マッシュポテト：1と1/2カップ／ターメリック：小さじ1/2　[B]ヒヨコ豆粉：3/4カップ／ターメリック：小さじ1/4／ベーキングパウダー：少々／サラダ油：小さじ1／塩：適宜　●マスタードシード、カレーの葉をソテーし、ペッパー、ニンニク、ショウガを加えてさらにソテー。Aの他の材料を加えてよく混ぜ冷まし、Bの衣をつけ揚げる

Bombay Masala Cheese Toast Sandwich

‖ ボンベイ・マサラ・チーズ・トースト・サンドイッチ

マサラ・チーズ・サンドイッチはムンバイで大人気のストリートフードだ。売り子が平らなグリルの前でパン、チーズ、野菜を次々に積み重ね、背の高いサンドイッチを作っている光景はよく知られている。ここで紹介するサンドイッチは、その豪快ともいえるサンドイッチをコンパクトにした、家庭版のマサラ・チーズ・サンドイッチといえるだろう。

材料（5～6人分） 【パン】食パン：10～12枚【具材】ポテトマサラ：1カップ (p.297)／玉ネギ、トマト、ピーマンのスライス：適宜／チャートマサラ (p.296)、クミン、ブラックソルト：少々／バター：適宜【ソース】ケチャップ、グリーン・チャツネ：適宜

Khakra Chaat

| カークラ・チャート

インド

パリッとしたフラットブレッドにサラダをたっぷりのせて食べる

カークラ・チャートはインド西部のグジャラート州が起源のスナックである。カークラはパリパリの薄いクラッカーのようなフラットブレッドで、インドの食材を売っている店に行けば、アメリカでも簡単に手に入る。自分で作るのも決して難しくない。何も入っていないプレーンなカークラなら、ロティをパリパリになるまでフライパンで焼くだけだ。チャートはインドで人気のスナックで、カークラのようなフラットブレッド、野菜、チャツネ、セヴ（油で揚げたシリアルのようなインドの食べ物）で構成されている。チャートマサラというミックススパイスも欠かせない。チャートマサラはこれだけでなく、さまざまな料理に登場する。

Recipe

材料（5人分）

【パン】全粒粉のカークラ:5枚【具材】サラダ:1と1/4カップ*／パクチーのみじん切り：大さじ2／セヴ：1/2カップ
【ソース】ミント・コリアンダー・チャツネ：1/4カップ／デーツ・チャツネ：1/4カップ
*モヤシ：1/2カップ／玉ネギ、トマト、キュウリの小口切り：各1/4カップ／チャートマサラ（p.296）：小さじ1/2／チリパウダー：小さじ1/4／クミン：小さじ1/2／レモンジュース：小さじ1/2

Memo

日本ではあまり推奨されていないようだが、インドではモヤシは湯がかず生のままも食べる。生のモヤシは甘みがあり、とてもおいしい。

Dabeli

ダベリ

インド

舌で感じられるすべての味覚がミックスされたサンドイッチ

このサンドイッチもグジャラート州が起源で、カッチ県マントヴィには、このサンドイッチを考案したレストランが今もある。本来パンにはハンバーガーバン大のパオが使われる。パンにはマッシュポテト、ローストしたピーナッツがはさまっている。このサンドイッチに必要不可欠なのがダベリ・マサラと呼ばれるミックススパイスだ。ダベリ・マサラには10種類を超すスパイスがミックスされている。甘いタマリンド・デーツ・チャツネ、スパイシーなコリアンダー・ガーリック・チャツネも欠かせない。

材料（12人分） Recipe

【パン】ハンバーガーバン：1個【具材】スパイスド・マッシュポテト：大さじ3*¹／マサラピーナッツ：大さじ1*²／乾燥ザクロの実：大さじ1／玉ネギのみじん切り：適宜／セヴ：適宜【ソース】タマリンド・デーツ・チャツネ：大さじ1／コリアンダー・ガーリック・チャツネ：大さじ1

*¹(12人分) マッシュポテト：3カップ／サラダ油：大さじ1／ダベリ・マサラ(p.296)：大さじ4／砂糖：小さじ1／塩：適宜　●油を熱し、他の具材を加えて3〜4分炒める　*²(12人分) 生ピーナッツ：3/4カップ／サラダ油：小さじ2／ブラックソルト：小さじ1／チリパウダー：小さじ1／チャートマサラ(p.296)：小さじ1/2　●ピーナッツをローストして冷まし、皮を除く。油を熱し、すべての具材を加え1分間よく炒める

Memo

既成の材料を買って作れば、時間はかからないが、パン以外すべてを自分で作るとなると、それなりの時間が必要だ。かといってどのコンポーネントも必要不可欠なので省けない。

Jhatpat Aloo Roll ‖ ジャトパト・アルー・ロール

インド

簡単に手早くできるマッシュポテトのロール・サンドイッチ

　ジャトパト・アルー・ロールのジャトパトはウルドゥー語で迅速なという意味、アルーはジャガイモである。読んで字のごとし。マッシュポテトの具をロティ（チャパティ）でくるくるとくるんだ簡単にできるサンドイッチということだ。インドのベジタリアン料理にはジャガイモが欠かせないことは、ほかのレシピを見てもわかる。このサンドイッチもマッシュポテトが主役である。マッシュポテトにはグリーンチリのペーストとコリアンダーが入っているので、全体が薄緑色になる。コリアンダーはスパイスではなく葉の部分で、パクチーといえばわかる人も多いはずだ。ロティを少量の油を使って温め、ソース、フィリング、付け合せの順でロティの上に置いてくるむ。ちょっとしたスナックにも最適だ。

材料 (6人分)

【パン】ロティ：6枚 (p.273)【フィリング】スパイスド・マッシュポテト：1と1/2カップ*／玉ネギのみじん切り：小さじ3／チャートマサラ (p.296)：少々【ソース】タマリンド・デーツ・チャツネ：小さじ9／グリーン・チャツネ：小さじ3
*マッシュポテト：1カップ／グリーンチリペースト：小さじ1/2／チャートマサラ (p.296)：小さじ1/2／ジンジャー・ガーリックペースト：小さじ1/2／刻んだパクチー：大さじ2／レモンジュース：小さじ1／水で湿らせたパン：1枚／砂糖、塩：少々／サラダ油（ソテー用）：適宜

Recipe

Memo

フィリングは具材をすべてミックスし、葉巻型に成型する。フライパンで油を熱し、フィリングの表面に焦げ目をつける。

Chole Kulche ‖ チョーレー・クルチェ

肉なしヒヨコ豆のカレーをフラットブレッドにはさんで食べる

　チョーレーはとくにインドの北部で広く親しまれている。ヒヨコ豆を使った、いってみればベジタリアンのカレーである。チョーレー・マサラと呼ぶことも多い。豆はベジタリアンにとって重要な蛋白源で、中でも、ほかの豆とは違った歯ざわり、味があるので好き嫌いがあるが、栄養豊かなヒヨコ豆はよく使われる。クルチェはイースト発酵させたフラットブレッドで、ロティとは違って厚みがある。生地にいろいろな野菜を混ぜて焼いたり、出来上がったクルチェに具をはさんだりして食べることも多い。このパンはクルチャと呼ぶこともある。小さいクルチェはそのまま、大きいものは三角に切る。その上にチョーレーをのせて食べるとおいしい。はさんでもいい。

Recipe

材料（2～4人分）

【パン】クルチェ・ブレッド：2～4枚【具材】チョーレー：2～2と1/2カップ＊
＊乾燥ヒヨコ豆：100g／サラダ油：大さじ5／ローリエ：2枚／玉ネギのみじん切り：1個分／ジンジャー・ガーリックペースト：大さじ2／ターメリック、クミン、チリパウダー：各大さじ1/2／チャーナ・マサラ・パウダー（p.296）：大さじ1／タマリンドの果肉：大さじ2／水：1カップ

Memo

ヒヨコ豆は前日に水に入れてもどしておく。油を熱し、ローリエを入れて少し炒め、玉ネギを加えて薄茶色になるまで炒める。スパイスを加え、スパイスで油の色が変わってきたら残りの材料を鍋に入れて、豆が柔らかくなるまで煮る。

Malai Sandwich ‖ マライ・サンドイッチ

インド

フレッシュチーズでクリームをはさんだベンガル地方のデザート

　マライ・サンドイッチはチーズのサンドイッチである。けれどもチーズをはさんだサンドイッチではなく、チーズではさんだサンドイッチである。ミルクにライムジュースなど酸の強いものを加えると、白い固形物と液体に分かれる。固形物はカード、液体はウェイ（乳清）と呼ばれる。カードはいわゆるフレッシュチーズで、カッテージチーズといえばわかるだろう。ウェイは乳清飲料の原料で、リコッタチーズはこのウェイから作る。このサンドイッチに使われるのは固形物のカードだ。このカードを湯で調理したものをパンの代わりに使う。中身はインドのデザートによく使われる、マワという固形のミルクで作ったクリームだ。

材料（8人分） Recipe

【パン】カードのシロップ煮：12〜16個*【シュガーシロップの材料】砂糖：2と1/4カップ／水：5カップ／砕いたコリアンダーシード：少々／ローズ・ウォーター：大さじ1【フィリング】スウィート・マワ（固形ドライミルク）：1/2カップ／砂糖：小さじ3／サフラン：少々（お好みで）　●すべてをよくミックスする【飾り】ピスタチオのスライス、ミントの葉：適宜
*ミルク：1000ml／ライムジュース：適宜／セモリナ粉：小さじ1／ベーキングパウダー：少々
●沸騰したミルクにライムジュースを少しずつ加え、カードと乳清を分離させる。布で漉して取り出したカードを水洗いしたあと、水分を搾り出す。カードにセモリナ粉とベーキングパウダーを混ぜ、生地が滑らかになるまでよくこねる。カードを切り分け、四角く形を整える。煮立てたシロップで中火で20分くらい煮る。火を消してしばらくそのまま放置してから皿に取り出す

Kangaroo Burger

カンガルー・バーガー

オーストラリア Australia

オーストラリアといえばカンガルー、カンガルーといえばハンバーグ

　オーストラリアであれば、食肉用に飼育されているため、カンガルーの肉はスーパーでも手に入る。高タンパクで脂肪が少ないのが特徴だ。しかし、ほかの国で手に入れるのはなかなか難しい。あったとしても高い。このレシピで使用したカンガルー肉はアメリカでは、1ポンド（約450g）で20ドルだった。オーストラリアではよく、牛肉の代わりにカンガルーの肉が使われる。牛肉と比べると風味が強いといわれるが、気にするほどではなく意外と癖がない。鹿肉に似た野生味ある風味が魅力だ。ステーキなどにして食べると、牛肉と違った独特の味を楽しむことができるが、ハンバーガーのように挽き肉にしてソースをかけるとそれが随分和らぐ。

材料（1人分） Recipe

【パン】ハンバーガーバン：1個【具材】カンガルー肉のハンバーグ：1個＊／チェダーチーズのスライス：1枚／トマトのスライス、赤玉ネギの輪切り：適宜／酢漬けビーツのスライス：4枚【ソース】マヨネーズ：適宜
＊カンガルーの挽き肉：150g／玉ネギのみじん切り：大さじ1／クミン、ドライオレガノ、塩、コショー：各少々

VEGEMITE* Sandwich

| ベジマイト・サンドイッチ

ほかの国の人にはわからなくても、オージーはみんな大好きなスプレッド

オーストラリア

ベジマイトをインターネットで検索すると、ベジマイトを塗ったパンを持ってうれしそうにしている子どもが出てくる。この茶色の物体はオーストラリアのピーナッツバターともいわれ、国民の圧倒的な支持を受けている。チョコレートのような色、うれしそうな子どもの顔、ピーナッツバターといわれて思い浮かぶのは、ヌテラのような甘いスプレッドだ。でも現実は甘くない。そして、ベジマイトも甘くない。ベジマイトはビールを作った後に残る副産物、醸造酵母エキスが原料だ。日本でよくうま味という言葉を使う。ベジマイトの味は、このうま味が非常に強くなったものだといえば想像がつくだろう。イギリスでは同じものがマーマイトという名で売られている。

材料（1人分） Recipe
【パン】食パン：1枚【具材】ベジマイト：適宜

*VEGEMITEは*Bega Cheese Limited*の登録商標

パンの作り方

ルグブロー *Rugbrød*

(p.106, 107)

ルグブローはデンマークを代表するライ麦パンで、北欧の各国でも同じようなパンがある。オープン・サンドイッチには、このパンを薄く切って使う。生地が柔らかく、焼くのが非常に難しいパンのひとつといえる。

材料（2本分）

【スターター】
ライ麦粉：250g／水：400ml／塩：ひと摘み／ハチミツ：大さじ2／ヨーグルト：大さじ2
（3日後からは1日または2日おきにライ麦粉、水を各大さじ1加える）

【生地】
1日目　スターター：500g／砕いたライの種：80g／砕いた小麦：80g／フラックスシード：80g／
　　　 ひまわりの種：80g／強力小麦粉：250g／ぬるま湯：500ml／塩：大さじ1／ハチミツ：大さじ1
2日目　ライ麦粉：1100g／塩：大さじ3／ハチミツ：大さじ1／水：900ml

作り方

　スターターの材料をボウルに入れ、ラップをかぶせる。サワー生地が呼吸できるようにラップに穴を空ける。2日間そのまま置き、3日目に大さじ1のライ麦粉と水を足してかき混ぜる。この作業を1日または2日おきに行う。気温によってかなり違いがあるが、暖かければスターターが5日ぐらいで泡立ってくるので、そこから実際のパン作りに入る。

　1日目の材料を別のボウルに入れ、よく混ぜたらぬれた布をかけて1日おく。1日目の生地と2日目の材料を混ぜ合わせて、10分ほどよくこねる。生地がとてもゆるく手でこねるのが難しいので、へらを使ってこねるのがいい。500gの生地を別にして、次のパン作りのスターターのためにプラスチックの容器に入れ、冷蔵庫にして保存し、たまに粉を足してやる。

　パン型にサラダ油を塗り、生地を流し込む。ぬれた布をかけ、4～6時間二次発酵させる。普通のパンのように膨らまないので注意。170℃のオーブンで1時間30分くらい焼く。焼く時間は生地の状態でかなり違うので、1時間過ぎたらチェックして、その後の焼き時間を調整しよう。焼けたら型から出し、水分を飛ばすためにもう一度オーブンに入れて5分焼く。

グラウブロート Graubrot

(p.30, 102, 103)

グラウブロートはドイツでもっとも食べられているライ麦パンのひとつ。ルグブローよりも小麦粉の割合が多いので、膨らみがよく、生地の硬さ（普通のパンより生地は少し硬め）に注意を払えば、比較的簡単にできる。

材料（1、2本分）

【スターター】
全粒小麦粉：1カップ／水：1カップ

【生地】
スターター：1カップ取った後の残り／ライ麦粉：4カップ／強力小麦粉：3カップ／キャラウェイシード：1/4カップ／コーンミール：適宜

作り方

　全粒小麦粉、水を半カップずつボウルの中に入れ、よく混ぜる。ラップをしたら穴を開けて1日おく。残りの半分を足して、かき混ぜたらもう1日おく。このスターターから1カップを取り、それは次のパン作りのスターターのために取っておく。たまに粉を足してやれば、2週間は保存可能。

　その他の材料をすべてボウルに入れて、10分くらいこねる。普通のパンのように滑らかになるまでこねる必要はない。普通の生地よりも硬めの生地ができる。生地をまとめて丸くしたら、サラダ油を塗ったボウルに入れる。ラップをして3〜4時間置いて生地を発酵させる。生地を2つに分け、それぞれを丸く、または楕円形にまとめる。大きなパンをひとつ作ってもいい。ベーキングシートを敷いたプレートにコーンミールを振り、丸くした生地を置く。ぬらした布をかぶせて、2時間くらい二次発酵させる。

　オーブンを220℃にセットする。生地に十字または斜めに切れ目を入れ、15分焼く。オーブンを200℃に下げ、さらに40分焼く。生地の状態によって焼き上がる時間が違うので、30分おきにチェックしながら焼く。叩いて軽い音がするのがひとつの目安。中央の温度は100℃弱。

パンの作り方

> **ムフォレッタ** *Muffoletta*
> (p.57, 58, 155)

ムフォレッタはイタリアのシシリーで、サンドイッチ用のパンとしてよく使われる。クラストが薄く、中も柔らかい。アメリカのムフラタも基本的には同じパン。自分の好みに合わせて、サイズを変えて作るのも楽しい。

材料 (4～6個分)

ぬるま湯：250ml／ドライイースト：小さじ2／塩：10g／
マニトバ粉（ない場合は強力粉＋強力粉10％のグルテン）：250g／
セモリナ粉（ない場合は薄力粉）：250g／ハチミツ：小さじ2／モルトまたはモラセス：5g／
サラダ油：1/4カップ／白ゴマ：適宜

作り方

ぬるま湯にイーストを加えてかき混ぜ、15～30分おく。マニトバ粉、セモリナ粉、塩をボウルに入れて混ぜたら中央にくぼみを作り、そこに白ゴマ以外の材料とイースト入りのぬるま湯をすべて注ぎ、生地がまとまるまでこねる。作業スペースに小麦粉を振って、その上で生地を30分ほど、生地が滑らかになるまでよくこねる。

生地を丸くまとめたら小麦粉を振ったボウルに移し、ラップをして1時間または生地が倍になるまで一次発酵させる。小麦粉を振った作業スペースで生地を少しこね、4～6個に生地を分け、手できれいに丸くする。大きいものをひとつ作ってもいい。

生地をベーキングシートを敷いたプレートに移し、生地の上にブラシで水を塗り、ゴマをそれぞれの生地に振りかける。生地の上にぬれた布をかぶせ、約2倍になるまで二次発酵させる。200℃に熱したオーブンで、表面がゴールデンブラウンになるまで10～15分焼く。

プチャ *Puccia*

(p.59)

イタリア南部のプーリアが起源のパン。いくつかのタイプがあり、オリーブが入ったプチャはとくによく知られている。何も入っていないプレーンなものは、サンドイッチ用のパンとして最適だ。市販のピザ用生地を使ってもいい。

材料（4個分）

ぬるま湯：150ml／ドライイースト：小さじ2／小麦粉タイプ00または00＋セモリナ粉：250g／モルトまたはモラセス：小さじ1／エキストラ・ヴァージン・オリーブオイル：25g／塩：小さじ1/2／白ゴマ：適量（お好みで）

作り方

ぬるま湯にイーストを混ぜ、15〜30分おく。ふるいにかけた粉をボウルに入れ、ほかの材料、イースト入りのぬるま湯を加え、生地がまとまるまでこねる。作業スペースに小麦を振って、その上で生地を30分ほど、生地が滑らかになるまでよくこねる。生地を丸くまとめたら小麦粉を振ったボウルに移し、ラップをして1時間、または生地が倍になるまで一次発酵させる。

小麦粉を振った作業スペースで生地を少しこね、4個に生地を分け、手できれいに丸くする。手のひらで生地のしわをすべて下側にまとめるようにすると、上にしわがなくなり滑らかになる。下側に集まったしわは、指で餃子の皮を閉じるようにしていき、しわでできた溝をすべてふさぐ。生地の上にぬらした布をかぶせ、倍くらいになるまで二次発酵させる。250℃に熱したオーブンで、表面がゴールデンブラウンになるまでおよそ15分焼く。

パンの作り方

コカ・デ・サン・フアン *Coca de San Juan*

スペインのカタロニア地方のパンで、ペーストリーの一種といわれる。大きさが30cm以上あり、オリジナルのコカ・デ・サンフアンにはカスタードクリームが使われる。単純にコカと呼ばれるパンは、甘くないタイプ。コカには10％のウィートブラン、ミルクの代わりに水、バターの代わりにオリーブオイル、松の実の代わりにゴマが使われる。甘みは砂糖少々のみ。

(p.88)

材料（1個分）

ミルク：100ml／ドライイースト：小さじ2／強力粉：400g／砂糖：100g／塩：ひと摘み／すりおろしたレモンとオレンジの皮：各1個分／柔らかくした無塩バター：80g／卵：2個／オレンジワイン大さじ1、またはオレンジ・ブロッサム・ウォーター小さじ1、またはポートワイン大さじ1＋オレンジエッセンス小さじ1／オレンジの砂糖漬け：8〜10枚／松の実：適宜／粉砂糖：大さじ1

作り方

ミルクを40℃くらいに温め、イーストを混ぜて15〜30分おく。ふるいにかけた強力粉、砂糖、塩をボウルに入れ、中央にくぼみを開けてイースト入りのミルクとオレンジの砂糖漬け、松の実、粉砂糖以外の材料を加えて、まとまるまでこねる。生地は少しべとつくくらいの硬さ。

作業スペースに粉を振り、その上で生地が滑らかになるまでよくこねる。生地をまとめて丸くしたら、サラダ油を塗ったボウルに入れ、ラップをして生地が倍になるまで一次発酵させる。

作業スペースに粉を振り、その上で生地を楕円形にまとめて、粉を振ったトレーに移す。生地の厚さは5cmくらい。ぬれた布をかぶせ、約1時間、生地が倍になるまで二次発酵させる。

オーブンを180℃にセットし、オーブンが熱くなる間に、水またはミルク（分量外）をブラシで生地に塗り、オレンジの砂糖漬けと松の実で生地を飾る。生地に少し埋もれるくらいがいい。最後に粉砂糖を全体に振る。約20〜30分オーブンで焼く。いちばん厚みのあるところにナイフなどを中央まで刺してすぐに抜き、何もついていないことを確認してすぐに舌の上にのせる。舌で熱さを感じられればオーケー。

| **ミユカカ&フヌカカ** |
| *Mjukkaka & Hönökaka* |

フラットブレッドというとピタやトルティーヤがすぐに思い浮かぶ。でもフラットブレッドはラテンアメリカ、中近東の特許ではない。アジアにもフラットブレッドが何種類かある。お好み焼きもフラットブレッド状の立派なサンドイッチである。ヨーロッパも例外ではない。とくに北欧の人たちは昔からさまざまなフラットブレッドを食べてきた。その代表がスウェーデンのミユカカとフヌカカである。写真はミユカカ。

（ミユカカ：p.99、フヌカカ：p.101）

材料

【ミユカカ（4〜6枚分）】　ミルク：170ml／ドライイースト：小さじ2と1/4／ライ麦粉：2カップ／強力粉：2カップ／柔らかくした無塩バター：25g／シロップ：大さじ1／塩：小さじ1/2

【フヌカカ（3〜5枚分）】　ミルク：250ml／ドライイースト：小さじ2／ライ麦粉：3/4カップ／強力粉：2カップ／ベーキングパウダー：小さじ1／柔らかくした無塩バター：25g／シロップ：大さじ1／塩：小さじ1/4

作り方

　ミルクを40℃くらいに温め、イーストを混ぜて15〜30分おく。ふるいにかけた粉ものと塩をボウルに入れ、さらにバター、イースト入りのミルク、シロップを加えて、ボウルの中で滑らかになるまでよくこねる。そのままボウルにラップをかけ、1時間くらい、倍に膨らむまで一次発酵させる。

　粉を振った作業スペースに生地を置き、ミユカカは4〜6個、フヌカカなら3〜5個に分けて、それぞれを麺棒で丸く伸ばす。ミユカカは直径14cm、厚さ1cm程度。フヌカカは直径15cm、厚さは5、6mmに伸ばす。生地にぬれた布をかけ、1時間ほど、生地が倍くらいに膨らむまで二次発酵させる。

　焼いたときに膨らみすぎないように、フォークで生地全体に穴を開ける。ベーキングシートを敷いたトレイに生地を移し、250℃に熱したオーブンで、ミユカカの場合は6〜9分、フヌカカの場合は約3〜5分焼く。

パンの作り方

タフトゥーン Taftoon

(p.134)

イランを起源とするタフトゥーンは、パキスタンなど他の国でも見かける。中近東の他のフラットブレッドと違い、ヨーグルト、ターメリック、ミルクが使われているため、より風味がある。ゴマやニジェラシードの香ばしさも魅力だ。

材料 (3〜5個分)

ミルク (40度前後)：75ml／ドライイースト：小さじ2／砂糖：小さじ1／ベーキングパウダー：小さじ1／小麦粉：180g／ギリシャヨーグルト：80g／サラダ油：大さじ1/2／ターメリック：小さじ1/4／塩：小さじ1/2／ニジェラシード：適宜／白ゴマ：適宜

作り方

ミルクにイーストと砂糖を加えて混ぜ合わせ、15〜30分おく。ふるいにかけた小麦粉、ベーキングパウダーをボウルに入れ、さらにミルク、ギリシャヨーグルト、サラダ油、ターメリック、塩を加え、ボウルの中でまとまるまでこねる。粉を振った作業スペースでさらに、10分くらい生地が滑らかになるまでこねる。生地をボウルに戻し、ラップをかぶせ、生地が倍になるまで1時間ほど発酵させる。

生地を3〜5個のボールにして、麺棒で長方形に伸ばしていく。1cm弱くらいの厚さになったらニジェラシードとゴマを生地の上にかけ、さらに5mmくらいの厚さになるまで麺棒で伸ばす。グリルまたはトレイを火にかけて熱し、その上で生地を両面焼く。

サムーン *Samoon*

(p.138)

両端を指でつまんだ変わった形のサムーンは、イラクが起源のフラットブレッド。ゴマつきとゴマなしの場合がある。そのまま食べることも多いが、シンプルで癖がないので、中近東だけでなくどんなサンドイッチにもよく合う。

材料（4〜6個分）

ミルク：1/2カップ／水：1/4カップ／ドライイースト：小さじ2／砂糖：小さじ1／強力粉：2カップ／ウィートブラン（麩）1/4カップ／塩：小さじ1/2／サラダ油：大さじ1／白ゴマ：大さじ1／溶き卵：1個（ブラッシング用）

作り方

ミルクと水を混ぜ、40℃くらいに温め、ドライイーストと砂糖を加えて15〜30分おく。ボウルにふるいにかけた強力粉、ウィートブラン、砂糖塩を入れて混ぜ、中央にくぼみを作ってそこにミルクと水を混ぜたもの、サラダ油を流し入れ、油をつけた手で10分くらいこねる。

ボウルにラップをかぶせ、1時間程度、倍くらいに膨らむまで一次発酵させる。こぶしで生地の空気を抜き、4〜6等分する。それぞれを手で15〜20cmくらいの楕円に広げ、両端を指でつぶしてひし形にする。ブラシで溶き卵を塗り、ゴマを振る。

ぬらした布を生地の上に置いて、約1時間、2倍程度になるまで二次発酵させる。オーブンを250℃にセットして、下段に空のトレイを置く。粉を振ったベーキングシートの上に生地を移し、それぞれシャープなナイフまたはカミソリでいくつか切り目を入れる。オーブンに生地を置いたトレイを入れたら、空のトレイに氷を1カップ投げ入れて直ちにドアを閉める。15〜18分、表面が黄金色になるまで焼く。

パンの作り方

セミタ *Cemita*
(p.193)

セミタはブリオッシュによく似たパンで、このレシピでブリオッシュのようなパンを作ってもいい。卵とクリームをふんだんに使っているのでリッチな味わいがあり、そのまま食べてもおいしい。

材料（6個分）

ヘビークリーム：230g／卵：3個／塩：小さじ1/2／強力粉：350g／ドライイースト：小さじ2／砂糖：大さじ3／粗塩：適宜／白ゴマ：適宜

作り方

クリームと卵2個、塩を混ぜておく。ボウルに粉、イースト、砂糖を入れて混ぜて、中央にくぼみを作る。そこにクリームと卵を混ぜたものを流し入れ、手で生地をまとめる。粉を振った作業スペースで、生地を滑らかになるまで20分くらいこねる。生地としては少し柔らかめだ。

オイルを塗ったボウルに生地を移し、ラップをして生地が1.5倍くらいになるまで一次発酵させる。粉を振った作業スペースの上で生地を6等分して、それぞれをきれいなボールにする。生地を粉を振ったベーキングシートの上に移し、ぬらした布をかぶせ、1時間くらい、生地が倍になるまで二次発酵させる。

オーブンを250℃にセットする。それぞれの生地にブラシで溶き卵を塗り、粗塩とゴマをかける。生地をオーブンに入れて、パンにきれいな焼き色がつくまで15分ほど焼く。卵が多く、焦げやすいので注意すること。

キューバン・スイート・ブレッド&マヨルカ
Cuban sweet bread & Mallorca

(キューバン・スイート・ブレッド：p.204、マヨルカ：p.200,201)

キューバン・スイート・ブレッドは、名前からもわかるようにキューバのパン、マヨルカはプエルトリコのパンだ。どちらも卵とバターをたくさん使った甘いパンである。何もはさまなくても、そのまま菓子パンやペーストリーの感覚で食べられる。とくにマヨルカは焼く前にもう一度バターが加えられるので、パイのような食感、味も備わっている。キューバン・スイート・ブレッドは普通細長いが、ハンバーガーバンのように丸くしてもいい。

Mallorca

Cuban sweet bread

材料（4〜6個分）

ぬるま湯（40℃前後）：60ml／ドライイースト：小さじ2／強力粉：2と1/2カップ／塩：小さじ1/2／砂糖：大さじ4／ミルク：90ml／柔らかくしたバター：大さじ6／卵：2個／粉砂糖：適宜（マヨルカのみ）

作り方

　ぬるま湯にドライイーストを入れて混ぜ、15〜30分おく。ボウルに強力粉、塩、砂糖を入れて混ぜ、中央にくぼみを作ってそこにイーストを混ぜたぬるま湯、ミルク、大さじ4のバター、卵を入れ、手で5分くらいこねてまとめる。

　粉を振った作業スペースで、さらに生地を滑らかで張りが出てくるまでよくこねる。生地は少し手にべとつく程度。バターを塗ったボウルに生地を移し、約1時間、生地が倍に膨らむまで一次発酵させる。

　粉を振った作業スペースで、生地を4〜6等分する。キューバン・スイート・ブレッドの場合は、厚みのある小判型にする。マヨルカの場合は、幅2cm、厚さ5〜8mmの長い帯を作り、残っている大さじ2のバターを、それぞれの帯にブラシで塗る。

　それぞれの帯を渦巻状に巻いていく。生地をぬれた布でカバーし、1時間二次発酵させる。200℃に熱したオーブンで15分ほど、表面が黄金色になるまで焼く。マヨルカの場合は、パンが冷めたら粉砂糖を全体に振る。

パンの作り方

アレパ Arepa
(p.226,228)

イーストやベーキングパウダーを使わなくても、おいしいパンが作れる。それがコロンビアやベネズエラでよく食べられるアレパだ。厚みのあるチーズ入りトルティーヤということもできる。材料さえそろえれば簡単。

作り方

熱湯にバターを入れて溶かしておく。ボウルに粉と塩を入れて混ぜ、中央にくぼみを作る。くぼみに水、バターを溶かした熱湯を入れて、木べらなどでよく混ぜ合わせたあと、生地を5分くらい休ませる。その後、チーズを加えて手でよくこね合わせる。生地を6～8等分して、コロンビアのアレパの場合は、直径10～15cm、厚さ6～8mmの円盤型にする。ベネズエラのアレパの場合はひと回り大きくして、厚さを1～1.5cmにする。フライパンに生地をのせ、中火で両面をイングリッシュマフィンくらいの焦げ目がつくまで焼く。ベネズエラのアレパの場合は、弱火で少し時間をかけて焼く。爪楊枝を刺して生焼けの生地がついてこないようなら焼き上がり。

材料（6～8個分）

熱湯：1/2カップ／バター：大さじ1／
水で溶いたコーンの粉：2カップ／
水：1と1/2カップ
塩：小さじ1／刻んだグリュイエールまたは
モッツァレラチーズ：125g

マラケッタ Marraqueta
(p.240,241,242)

変わった形をしているが、味も歯ごたえもフランスパンによく似た風味がある、南米チリのパン。焼き立てがいちばんおいしいが、少しトーストすれば、クラストのパリパリがでて、焼き立てのおいしさが蘇る。

作り方

ぬるま湯にイーストを加え15分おく。材料をすべてミックスしたら、粉を振った作業スペースで生地滑らかで張りがでてくるまでこねる。オイルを塗ったボウルに生地を移し、約1時間、倍に膨らむまで一次発酵。空気を抜いてボール状に16等分し、ふたつのボールをくっつけ、少し平らにする。オイルを塗ったベーキングシートにのせ、粉を振った布をかぶせて、約1時間生地が倍になるまで二次発酵。オーブンを200℃にセット、空のトレイを下段におく。丸棒で生地がふたつに分かれるくらいまで溝を作る。生地をオーブンに入れ、空のトレイに氷を1カップ投げ込み、ドアを閉める。15～20分、表面が黄金色になるまで焼く。

材料（8個分）

ぬるま湯（40℃前後）：1カップ／
ドライイースト：小さじ2／
強力粉：3と1/2カップ／塩：小さじ1

サンドイッチのソースとシーズニング

【アイオリソース】(p.179、p.190)
卵の黄身：1個分／レモンジュース：小さじ2／ディジョンマスタード：小さじ1／ニンニクのみじん切り：2粒分／エキストラ・ヴァージン・オリーブオイル：1/4カップ／塩：適宜
●オリーブオイルと塩以外の材料をボウルに入れて泡立て器でミックスし、引き続き泡立て器を動かしながらオリーブオイルを少しずつ加える。塩で味付けする。

【アシュタ・カスタード】(p.128)
ミルク：1カップ／ヘビークリーム：1/2カップ／砂糖：大さじ1／耳を取った食パン：2枚／コーンスターチまたは片栗粉：小さじ4／オレンジ・ブロッサム・ウォーター：大さじ1／ローズ・ウォーター：大さじ1
●1/4カップのミルクでコーンスターチを溶いておく。ソースパンにミルクとクリーム、砂糖を入れて沸騰させ、パンをちぎって入れ、泡立て器でかき回して完全に溶かす。かき回しながらコーンスターチを溶いたミルクを加えてひと煮立ちさせる。

【アヒ・クリオイヨ】(p.227)
グリーン・ホットペッパー：4個／パクチーのみじん切り：1/2カップ／水：1/2カップ／ニンニク：3粒／ライムジュース：1個分／玉ネギのみじん切り：大さじ3／塩：適宜
●玉ネギ、塩以外すべてをブレンダーに入れ、ソース状になるまで混ぜる。ボウルにあけ、玉ネギと塩を入れて、スプーンなどでよく混ぜる。

【アフガン・スピナッチ・ヨーグルトディップ】(p.139)
ギリシャヨーグルト：1/4カップ／ホウレン草の粗みじん切り：1カップ／玉ネギのスライス：1個分／ニンニクのみじん切り：2粒分／エキストラ・ヴァージン・オリーブオイル：大さじ2

【オランデーズソース】(p.159)
卵の黄身：2個分／レモンジュース：大さじ1/2／溶かし無塩バター：50g／チリパウダー：ひと摘み／塩：適宜

【オレンジ・ローズ・シロップ】(p.128)
砂糖：2/3カップ／水：1/2カップ／レモンジュース：大さじ1／オレンジ・ブロッサム・ウォーター、ローズ・ウォーター：各小さじ2
●ソースパンに水と砂糖を入れ、中火でとろみが出てくるまでかき混ぜながら煮る。オレンジ・ブロッサム・ウォーター、ローズ・ウォーターを加え、かき混ぜながら数分煮て火からおろす。レモンジュースを加えて冷ます。

【オールドベイ・シーズニング】(p.184)
塩：小さじ2／カイエンペッパー：小さじ1／ガーリックパウダー：小さじ1／パプリカ：小さじ1／オレガノ：小さじ1/2／タイム：小さじ1/2／コショー：適宜／オニオンパウダー：1/2

【ガーリック・ヨーグルト】(p.35、p.141)
ニンニク：2粒／ギリシャヨーグルト：½カップ／レモンジュース：大さじ1／刻んだイタリアンパセリ：大さじ1／塩とコショー：適宜

【グアカモーレ】(p.166、211)
マッシュしたアボカド：4個分／レモンジュース：2個分／オレガノ：小さじ1/2／イタリアンパセリのみじん切り：大さじ2／玉ネギのみじん切り：1/2個分／塩とコショー：適宜

【グアサカカ】(p.225)
アボカド（マッシュ）：2個／ピーマンのみじん切り：1個分／グリーン・チリペッパー：1/2本／ニンニクのみじん切り：3粒分／玉ネギのみじん切り：1/2個分／エキストラ・ヴァージン・オリーブオイル：大さじ1／パクチーのみじん切り：1/4カップ／塩とコショー：適宜
●すべてをボールでよく混ぜる。滑らかなほうがいい場合はブレンダーを使う。

【グリーン・シーズニング】(p.224)
スカリオンまたはアサツキのみじん切り、セロリのみじん切り、パクチーのみじん切り：各大さじ2／フレッシュ・タイム：大さじ1／フレッシュ・バジルのみじん切り：大さじ4／マジョラムのみじん切り：大さじ1/2／タラゴンのみじん切り：小さじ1/2／ローズマリーのみじん切り：小さじ1/2／玉ネギのみじん切り：大さじ2／ニンニクのみじん切り：大さじ1／スコット・ボネット・ペッパー：3個／塩：小さじ1
●すべてをブレンダーに入れて、細かくなるまで混ぜる。

【グリーンソース】(p.197、p.215)
グリーントマト：7個／玉ネギ：1/2個／ニンニク：1粒／セラノ・チリペッパーまたはハラペーニョ：4個／塩：適宜／水：適宜
●すべて鍋に入れ、ひたひたになるまで水を入れる。トマトが柔らかくなるまで煮る。煮た野菜をブレンダーに入れて、滑らかになるまで混ぜる。

【グリュイエールソース】(p.78)
クレム・フレッシュ：200ml／おろしたグリュイエールチーズ：大さじ4
●ソースパンでクレム・フレッシュを熱し、チーズを加えて溶けるまで混ぜ合わせる。

【ザーズィキ】(p.125)
すりおろしたキュウリ：1本分／ギリシャヨーグルト：1カップ／白ワイン・ヴィネガー：小さじ1／レモンジュース：大さじ1／ディルのみじん切り：大さじ1／エキストラ・ヴァージン・オリーブオイル：大さじ1／塩とコショー：適宜

【サルサ・ヴェローチェ・ヴェルアル・プレツェモロ】(p.58、p.67)
オイル漬けアンチョビフィレのみじん切り：3枚分／白ワイン・ヴィネガー：50g／ニンニクのみじん切り：2粒分／ケッパーみじん切り：大さじ2／エキストラ・ヴァージン・オリーブオイル：100g／耳を取り、小さくちぎった食パン：80g／イタリアンパセリのみじん切り：120g／茹で卵の黄身（マッシュ）：2個分／コショー：適宜
●パンをヴィネガーに漬けて柔らかくする。材料をすべて加えてよく混ぜる。

サンドイッチのソースとシーズニング

【サルサ・クレオール】(p.232)
赤玉ネギのスライス:1/4個分/ピーマンのスライス:1/2個分/イタリアンパセリのみじん切り:1/4カップ/ライムジュース:1個分/エキストラ・ヴァージン・オリーブオイル:大さじ2/塩:適宜

【サルサ・ロハ】(p.195)
缶詰のトマト:3個/焼いて皮をむいたアルボル・チリペッパー:5本/玉ネギ:1/4個/ニンニク:1粒/オレガノ:小さじ1/塩とコショー:適宜
●すべてブレンダーに入れて、滑らかになるまでよく混ぜる。

【サルモレッタ】(p.88)
半分に切ったニンニク:6粒分/缶詰のトマトの粗みじん:3個分/ニョラ:4個/スモークド・スパニッシュ・パプリカ:小さじ1(オプション)/オリーブオイル:大さじ3/塩:適宜
●ニョラを熱湯に30分漬け、へたと種を取って千切りにする。オリーブオイルでニンニク、ニョラを炒める。オイルが色づいてきたらトマトと塩を加える。すべてブレンダーに入れてクリーム状にする。

【ジャーク・シーズニング】(p.208、p.209)
オールスパイス、タイム、塩、コショー、砂糖:各小さじ1/ガーリックパウダー、チリペッパー:各小さじ1/2/シナモンパウダー、ナツメグ:各小さじ1/4

【スイート・チリソース】(p.187)
白ワイン・ヴィネガー:1/4カップ/ブラウンシュガー:大さじ1/ホットペッパー・フレーク:小さじ1/ニンニクのみじん切り:1粒分/塩とコショー:適宜

【スイート・ホットドッグ・マスタード】(p.27)
アプリコットジャム:大さじ1/ディジョンマスタード:大さじ1/全粒マスタード:小さじ2/マスタード・パウダー:ひと摘み/ドライ・パセリ:小さじ1

【タヒナソース】(p.250)
タヒニ:1カップ/ニンニクのペースト:2粒分/クミン:小さじ1/塩:小さじ1/レモンジュース:1/2カップ/水:1カップ
●水以外の材料をボウルに入れ、よく混ぜ合わせる。水を少しずつ加え、泡立て器で混ぜてクリーム状にする。

【タヒニソース】(p.135、p.142)
タヒニ:1/2カップ/ニンニク:2粒/レモンジュース:1/3カップ/水:1/4カップ/エキストラ・ヴァージン・オリーブオイル:1/4カップ/パクチーのみじん切り:大さじ1/イタリアンパセリのみじん切り:大さじ1/クミン:小さじ1/4/塩:小さじ1/2
●すべてブレンダーに入れて、クリーム状にする。

【ダベリ・マサラ】(p.278)
クローブ:4粒/フェンネルシード、粒のブラックペッパー、コリアンダーシード:各小さじ1/2/鷹の爪:4本/スターアニス:2個/ローリエ:1枚/グリーン・カルダモンシード:2粒/メースパウダー:小さじ1/4/すりおろしたショウガ:小さじ1/2/ターメリックパウダー:少々
●すべてフードプロセッサーに入れてパウダー状にする。

【チキン・シャワルマ・スパイス】(p.250)
クミン:小さじ2/パプリカ:小さじ2/オールスパイス:小さじ1/ターメリック:小さじ3/4/ガーリックパウダー:小さじ1/4/シナモンパウダー:小さじ1/カイエンペッパー:ひと摘み/塩とコショー:適宜

【チミチュリソース】(p.236)
イタリアンパセリのみじん切り:1/2カップ/ニンニクのみじん切り:4粒分/スカリオンまたはアサツキのみじん切り:1/2カップ/ホットチリペッパー・フレーク:小さじ1/オレガノ:小さじ1/2/赤ワイン・ヴィネガー:大さじ2/レモンジュース:大さじ1/エキストラ・ヴァージン・オリーブオイル:1/2カップ/塩とコショー:適宜

【チャートマサラ】(p.139、p141、p.273、p.275、p.276、p.277、p.278、p.279)
クミンシード:1/4カップ/粒のブラックペッパー:大さじ1/ドライミント:小さじ1/ジンジャーパウダー:小さじ1/マンゴーパウダー:1/4カップ/ブラックソルト:大さじ2/塩:大さじ1/アサフェティダ(ニンニクの匂いがするスパイス):小さじ1/2
●クミンシードをフライパンでローストして冷ます。クミン、ブラックペッパー、ドライミント、アサフェティダをブレンダーでパウダー状にし、他の材料を加えてよく混ぜる。

【チャーナ・マサラ・パウダー】(p.280)
乾燥させたポネグラネイト(ザクロ)シード:大さじ1/コリアンダーシード:大さじ3/クミンシード:大さじ1/カルダモンシード:小さじ2/粒のブラックペッパー:小さじ2/クローブ:2粒/シナモン:1本/チリパウダー:小さじ1/ブラックソルト:小さじ1
●ポネグラネイト、コリアンダー、クミンをフライパンでローストし、冷ます。すべての材料をフードプロセッサーに入れパウダー状にする。

【チャツネ・ライタ】(p.141)
ミント:1カップ/パクチー:1/4カップ/タマリンドの果肉:1/4カップ/グリーンホットペッパー:2本/砂糖、塩:各小さじ1、チャートマサラ:小さじ2 (p.296)/ヨーグルト:1カップ

【チャンドン・ベニ】(p.224)
チャンドン・ベニの葉またはパクチーのみじん切り:大さじ4/イタリアンパセリのみじん切り:大さじ4/スコット・ボネット・ペッパーまたはハラペーニョのみじん切り:小さじ1/スカリオンまたはアサツキのみじん切り:大さじ1/ニンニクのみじん切り:2粒分/ライムジュース:大さじ4/塩:適宜
●すべてブレンダーに入れて軽く混ぜる。

【チリ・アマリヨ・ソース】(p.232)
アマリヨ・ペッパー:6個/サラダ油:大さじ1

●ブレンダーでペースト状にする。

【チリビーンズ】(p.166)
牛挽き肉：450g／玉ネギのみじん切り：1個分／ニンニクのみじん切り：1粒分／ハラペーニョ・ペッパーのみじん切り：大さじ1／トマトの小口切り：400g／ビーフブロス：400g／トマトソース：200g／クミン：小さじ1／缶詰のキドニービーンまたは好みの豆：450g／塩とコショー：適宜
●挽き肉、玉ネギ、ニンニクを炒め、他の具材を加えて弱火で煮る

【ディル・マスタード】(p.167)
イエローマスタード：1/2カップ／キュウリのピクルスのみじん切り：1/4カップ／玉ネギのみじん切り：1/4カップ／ディルのみじん切り：大さじ1

【ディル・ヨーグルトソース】(p.138)
ギリシャヨーグルト：1カップ／レモンジュース：大さじ2／ディルのみじん切り：1/2カップ／ニンニクのみじん切り：1粒分／塩：適宜

【デュカ】(p.246)
ヘーゼルナッツ：1カップ／コリアンダーシード：大さじ2／クミンシード：小さじ2／塩：小さじ1/4／コショー：小さじ1/8
●すべてフードプロセッサーに入れて、ナッツが小さな粒になる程度に軽くブレンドする。

【トマトソース】(p.214)
パクチー：1/4カップ／ピーマン：1/8個／スカリオン：1/2本／ウスターソース、マスタード：各小さじ2／ケッパー：小さじ1/2／オールスパイス：ひと摘み／トマト：2個
●すべてをブレンダーに入れてミックスする。半量になるまで煮詰める

【ドミニカン・シーズニング】(p.206)
ドライ・パセリ：大さじ2／タイム：大さじ1／乾燥させたパクチー：大さじ2／オニオンパウダー：大さじ4／ガーリックパウダー：大さじ1／塩：大さじ2／コショー：大さじ1
●すべてフードプロセッサーに入れて、軽く混ぜる。

【パナソース】(p.61)
ヘビークリーム：1/3カップ／プロシュット・デ・パルマまたはサン・ダニエルのみじん切り：30g／おろしたパルミジャーノ・レッジャーノチーズ：大さじ1／塩とコショー：適宜／ナツメグ：少々／イタリアンパセリのみじん切り：大さじ1

【フムス】(p.135、p.138、p.170)
缶詰めのヒヨコ豆：1と1/2カップ／タヒニ：大さじ4／ライムジュース：1個分／ニンニク：1粒／塩：小さじ1/2／ギリシャヨーグルト：大さじ2／エキストラ・ヴァージン・オリーブオイル：適宜／スマック：適宜
●オリーブオイル、スマック以外の材料をブレンダーに入れ、クリーム状になるまで混ぜる。適量を皿などに盛り、オリーブオイルをたらし、スマックをかける。

【ベアルネーズソース】(p.51)
無塩バター：ソテー用大さじ1、ソース用1カップ／エシャロットのみじん切り：大さじ3／白ワイン・ヴィネガー：大さじ2／塩とコショー：適宜／レモンジュース：大さじ1／刻んだ生のタラゴン：大さじ1

【ポテトマサラ】(p.276)
サラダ油：小さじ2／マスタードシード、クミンシード：各小さじ1/2／カレーの葉：6〜8枚／マッシュポテト：1カップ／茹でたグリンピース：1/4カップ／ターメリック：小さじ1/4／グリーンチリペースト：小さじ1／刻んだパクチー：少々／塩：適宜
●マスタード、クミン、カレーの葉を油で炒め、残りの材料を加えてよく混ぜる

【マンゴーサルサ】(p.208)
マンゴーの小さいサイコロ切り：1個分／赤玉ネギのみじん切り：1/4個分／パクチーのみじん切り：大さじ2／ライムジュース：1/2個分／ホットソース：適宜／塩：適宜

【ミント・ヨーグルトソース】(p.251)
ギリシャヨーグルト：1/2カップ／レモンジュース：大さじ1／ミントのみじん切り：大さじ2／ニンニクのみじん切り：1粒分

【モホソース】(p.201)
ライムジュース：1/3カップ／オレンジジュース：1/3カップ／オリーブオイル：1/2カップ＋大さじ1／パクチーのみじん切り：1/4カップ／ニンニクのみじん切り：4粒分／すりおろしたオレンジの皮：小さじ1／オレガノ：小さじ1／クミン：小さじ1／塩とコショー：適宜
●大さじ1のオリーブオイルでニンニクを透き通るまで炒め、他の材料を加えてひと煮立ちさせる。冷蔵庫で冷やす。

【モロカン・ヨーグルトソース】(p.249)
水：1/2カップ／塩：大さじ1／4つに切ったレモン：1個分／ギリシャヨーグルト：3/4カップ／レモンを漬けていたジュース：大さじ1／パクチーのみじん切り：大さじ2
●水、塩、レモンをソースパンに入れ、水分が半量になり、皮が柔らかくなるまで煮る。ビンに入れて2時間ほどおく。ビンからレモンを取り、種を取る。レモン、ヨーグルト、レモンを漬けていたジュース、パクチーをブレンダーに入れ、滑らかになるまで混ぜる。

【ヨーグルトソース】(p.129、p.133、p.142)
ギリシャヨーグルト：250ml／タヒニ：大さじ3／ニンニクのみじん切り：1粒分／ミントのみじん切り：大さじ2／塩とコショー：適宜

【レムラード】(p.27、p.36、p.106、p.167)
エキストラ・ヴァージン・オリーブオイル：1/4カップ／卵の黄身：1個分／ディジョンマスタード：大さじ1／白ワイン・ヴィネガー：大さじ1／ガーキンのみじん切り：大さじ1／ケッパーのみじん切り：大さじ1／チャイブのみじん切り：大さじ1

サンドイッチに使われるパンの分類

> 材料で分ける

【小麦粉のパン】
もっとも一般的で、ベーシックな材料だけで作ったパンで、基本的な材料は小麦粉、水、イーストである。小麦粉のパンには2種類ある。ひとつは精製した白い小麦粉を使ったパン、もうひとつは全粒粉を使ったパンである。お米でいえば、純米と玄米の違いである。食パンだけでなく、バゲットやチャバタも小麦粉のパンである。

食パン

【ライ麦のパン】
北ヨーロッパ、東ヨーロッパの伝統的なパンといえば、ライ麦パンである。アメリカではジューイッシュ（ユダヤ人の）ライ麦パンも、食パンと同様日常的に食べられている。ドイツのプンパニッケルのように小麦粉を一切使わない100％ライ麦のパンもあるが、普通は小麦粉も加えられる。小麦粉の割合が多いほど色が薄く、ソフトになる。ライ麦の割合が多いと重く、密なパンになる。ライ麦は発酵させても小麦粉ほど膨らまないからだ。

ライ麦パン

【風味を加えたパン】
このタイプのパンには2種類ある。ひとつはバター、卵、ミルクを加えて、あるいは分量を多くしてリッチな味わいにしたパンだ。日本のバターロール、フランスのブリオッシュ、ジューイッシュのカラ、スイスのツォプフ、ラテンアメリカのセミタ、マヨルカ、キューバンブレッドなどがこれに当たる。

もうひとつは大麦、オーツ麦、各種ナッツがそのままの形で加えられたパン。デンマークのライ麦パン、マルチグレイン（複数の穀物）のパンがこれに当たる。

ブリオッシュ・ロール

【サワー生地、ベーキングパウダーのパン】
イーストが盛んに使われるようになるのは20世紀に入ってからのことだ。それまでは小麦粉などを自然発酵させたサワー生地を使っていた。いまでも世界各地でサワー生地を使ったパンが作られている。もうひとつはベーキングパウダーを使って膨らませたパン。マフィン、ビスケット、バナナブレッド、コーンブレッドなどがこれに当たる。

サワードウ・ロール

> 形で分ける

【ドームタイプ】
型を使わずに、平らなところで生地を丸くまたは楕円形にして焼く。型に入れて焼くパンよりも原始的ともいえる。フランスのブールは丸型の代表、ドイツのグラウブロートは楕円型の代表だ。水平に切って、大きなサンドイッチを作ることもあるが、普通はスライスして使う。もっとも種類が多いパンでもある。

ブール

サンドイッチに使われるパンの分類

パン・ドゥ・ミー

【食パンタイプ】
型に入れて焼くタイプのパンだが、実は2種類ある。ひとつはどの面も平らなパンで、生地を型に入れた後に蓋をして焼く。フランスのパン・ドゥ・ミーはこの代表、日本の食パンもこのタイプ。もうひとつは蓋をしないで焼くタイプ。蓋をしないので上が丸く膨らむ。実はこのタイプのほうが、日本の食パンタイプよりはるかに多い。アメリカでは、電車の寝台車に似ているところからプルマンとも呼ぶ。またサンドイッチローフといわれるように、サンドイッチにもっとも使われるパンである。

チャバタ

【ロールタイプ】
食パン以外のパンとして思い浮かぶパンのほとんどはこのタイプになる。丸いもの、長いもの、四角いものなど形もさまざまだ。食パンやドームタイプとのいちばんの違いは小さいことだ。多くはひとつで1人分である。バゲットは60cmくらいあることもあるが、タイプとしてはこのロールタイプといえる。20cm以下の小さいバゲットは明らかにロールである。チャバタも同じ。日本のコッペパンもこのタイプだ。ハンバーガーバンのようにバンと呼ばれるパンもロール、ホットドッグ用のパンもロールである。

【リングタイプ】
リングタイプでもっとも知られているのはおそらくドーナッツだろう。このドーナッツをイメージすれば、リングタイプがどんなものかわかる。ベーグルはその筆頭だ。他に何があるかとなると、ちょっと考え込んでしまう人もいるだろう。実際にリングタイプのパンはそれほど多くない。トルコのシミット、アルメニアのリングブレッド、ギリシャのシミティがこのリングタイプに分類される。マルタのフティーラもこのタイプ。リングタイプのパンはサンドイッチだけでなく、そのまま食べることも多い。

シミット（右）
リングブレッド（左）

【フラットブレッドタイプ】
ナン、チャパティ、トルティーヤ、ピタブレッドなど、平たいパンはすべてこのタイプに分類される。でも注意したいのは、ピタブレッドのように薄いパンだけがこのタイプというわけではないことだ。イタリアのフォッカチャ、南米のアレパもフラットブレッドだ。使い道がたくさんあるのがこのタイプの特徴で、具をくるむ、はさむ、上にのせるほかに、ちぎったフラットブレッドをスプーンや小皿代わりに使うことも多い。また生地を発酵させるものとさせないものがある。

ピタ

サンドイッチに使われる世界の珍味

Ajvar　アイヴァール
ナス入りのホットソースのようなもの。東ヨーロッパでは必要不可欠。パンにこれだけ塗って食べたりもする。

Alligator　アリゲーターの肉
ワニの肉で、アメリカで食用に飼育されているものだ。といってもまだまだマイナーで、メジャーにはなりえない肉である。

MARSHMALLOW FLUFF *
マシュマロ・フラッフ
パンに塗って食べるマシュマロ。アメリカのマサチューセッツ州が誇る変わった食べ物の代表。
*FLUFFとMARSHMALLOW FLUFFはDurkee-Mower Incのトレードマーク[登録商標]。

Brown Bread
ブラウンブレッド
日本の黒パンに似た、甘い、懐かしい味がするパンだ。

Catupiry　カチュピリ
ブラジルのパンに塗って食べるチーズ。こんなものと思うが、ほんのり甘みがあって意外とうまい。

Chickpea Flour　ヒヨコ豆粉
ヒヨコ豆の粉。ヨーロッパ、中近東、アジア、アフリカなど世界中で使われる。ナッツの風味がある。

Wasa　ワサ
ポーランドの固いクラッカー。どんな人が買っていくのかわからないが、アメリカのスーパーにはかならず置いてある。味はいたって淡白。癖がない。

Anchovy Fillet　オイル漬けアンチョビフィレ
ピザに、サンドイッチに、サラダに、パスタにと、これがなければヨーロッパの食卓は成り立たない。

Guava Paste
グァバ・ペースト
グァバで作ったようかんのようなもの。味は梅ようかんといってもいい。

Hagelslag　ハーゲルスラッハ
オランダ人がこよなく愛する、甘い粒々のローカルフード。いわゆるアイスクリームにパラパラとかけるやつである。

Harissa　ハリサ
チュニジアの辛い唐辛子のペースト。ヨーロッパや中近東でもけっこう頻繁に使う。

Holland Toast　ホランド・トースト
オランダの甘くないラスクで、どういうわけかいつも丸い。手荒く扱うとすぐに崩れるので、バターを塗るのに気を使う。

HP SAUCE THE ORIGINAL*
エイチ・ピー・ソース・ジ・オリジナル
このソースなしでイギリスの食卓は語れない。UK版のトンカツソースとでも思えばいい。*HP SAUCE THE ORIGINALは*H.J.Heinz Company*のトレードマーク［登録商標］。

Kangaroo　カンガルーの肉
牛肉よりも脂が少ないが、鹿肉、バッファローのような野性味のある風味を持っている。

Horseradish
ホースラディッシュ
ホースラディッシュは練りわさびの原料。それがみじん切りになって酢に漬かっている。マスタードのように使う。

Kataifi　カタイフィ
こんがらがった釣り糸のようなペーストリーの生地。地中海のデザートに欠かせない。

サンドイッチに使われる世界の珍味

サンドイッチに使われる世界の珍味

Maple Syrup　メープルシロップ
ニューイングランドではパンケーキやヨーグルトにかけたりして食べる。キャンディもお土産で売っている。

Muisjes　マウシェス
サンドイッチに関していえば、オランダはちょっと変わった国である。変なものをパンやラスクにのせて食べる。

Piri Piri Hot Sauce　ピリピリ・ホットソース
ピリピリは日本語ではない。アフリカ産唐辛子である。一般的なチリソースのように酢が入っていない。

Orange Blossom Water
オレンジ・ブロッサム・ウォーター
オレンジの花で作った水である。クリームやガナッシュにオレンジフレーバーを加えるのに最適だ。

Piccalilli　ピカリリ
早い話が、細かく切ったいろいろな野菜の甘いピクルスである。福神漬けのみじん切りみたいなものだ。

Pickled Herring
ヘリングの酢漬け
酢漬けにしたニシンである。ほかにマスタードソース漬けなどいろいろある。これがかなりうまいのだ。

Pickled Oyster Mushroom　ヒラタケのピクルス
正直いってちょっと変わった味と歯ごたえがある。好き嫌いが分かれるところだ。

Nutella
ヌテラ
世界中で愛される、イタリアのチョコレートとヘーゼルナッツのスプレッド。常温保存する。

Redcurrant Jelly　赤スグリジェリー
日本でもちょっと人気のマイルドな酸味を持つジェリー。ちなみにジェリーは果実で作ったジュースをゼランチンで固めたものである。

Rose Water
ローズ・ウォーター
バラの花で作った水。デザートに使うだけでなく、化粧品として顔に塗ったりもするのだ。

Smoked Sprats　スプラットの燻製
イワシのような小さな魚の燻製。こういうものの味を知ると癖になる。パンにのせて食べれば、ほかのものは何もいらない。

VEGEMITE　ベジマイト
嫌いな者には、なぜこんなものが食べられるのか信じられない。好きな者にしてみれば、こんなにうまいものはない。

Roasted Pepper　瓶入りローストピーマン
ピーマンはよく焼いて皮をむく。面倒くさがりはどこにもいるもので、ビン詰めで売っている。

Sambal Oelek
サンバル・オーレック
アジア、とくに東南アジアのホットソースといえばこれだ。普通のホットソースと違って味は複雑。

Sweet Pickle Relish
スイートピクルスのレリッシュ
アメリカ版のチャツネみたいのもので、ホットドッグの上にかけたりして食べる。

佐藤政人　さとう・まさひと

アメリカのボストン在住の編集者。アウトドア関連の書籍、雑誌の編集者や著者として活躍するほか、プロフェッショナル・フライ・タイヤー（フライフィッシングの毛ばり製作者）として、アメリカでは認知されている。また、料理にも造詣が深く、『日本の郷土料理』シリーズ（ぎょうせい出版）の編集などにも携わる。もちろん、無類のサンドイッチ好きである。

意外な組み合わせが楽しいご当地レシピ355
世界のサンドイッチ図鑑
NDC 596

2017年3月13日　発　行
2017年12月15日　第2刷

著　者　佐藤政人
発行者　小川雄一
発行所　株式会社 誠文堂新光社
　　　　〒113-0033　東京都文京区本郷3-3-11
　　　　（編集）電話03-5805-7761
　　　　（販売）電話03-5800-5780
　　　　http://www.seibundo-shinkosha.net/
印刷・製本　図書印刷株式会社

©2017, Masahito Sato.　　　　Printed in Japan

検印省略　禁・無断転載

万一落丁・乱丁の場合はお取替えいたします。
本書のコピー、スキャン、デジタル化等の無断複製は、著作権法上での例外を除き禁じられています。本書を代行業者等の第三者に依頼してスキャンやデジタル化することは、たとえ個人や家庭内での利用であっても著作権法上認められません。また、本書に掲載された記事の著作権は著者に帰属します。これらを無断で使用することを禁じます。

JCOPY　〈(社)出版者著作権管理機構 委託出版物〉
本書を無断で複製複写（コピー）することは、著作権法上での例外を除き、禁じられています。本書をコピーされる場合は、そのつど事前に、(社)出版者著作権管理機構（電話 03-3513-6969／FAX 03-3513-6979／e-mail:info@jcopy.or.jp）の許諾を得てください。

ISBN978-4-416-61647-5

撮影　　　　　佐藤政人
カバーデザイン　橘川幹子
デザイン　　　草薙伸行
　　　　　　　(Planet Plan Design Works)
校正　　　　　中野博子